FERNANDO BENÍTEZ

Un indio zapoteco llamado Benito Juárez

punto de lectura

UN INDIO ZAPOTECO LLAMADO BENITO JUÁREZ
D.R. © Fernando Benítez, 2002

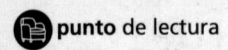

punto de lectura

De esta edición:

> D.R. © Punto de Lectura, SA de CV
> Universidad 767, colonia del Valle
> CP 03100, México, D.F.
> Teléfono: 54-20-75-30
> www.puntodelectura.com.mx

Primera edición en Punto de Lectura (formato MAXI): marzo 2008

ISBN: 978-970-812-053-1

Diseño de cubierta: Lilia Poblano
Diseño de interiores: Fernando Ruiz
Corrección: Antonio Ramos Revillas
Cuidado de la edición: Jorge Solís Arenazas

Impreso en México

Todos los derechos reservados. Esta publicación no puede ser reproducida total ni parcialmente, ni registrada o transmitida por un sistema de recuperación de información o cualquier otro medio, sea éste electrónico, mecánico, fotoquímico, magnético, electróptico, por fotocopia o cualquier otro, sin permiso por escrito previo de la editorial y los titulares de los derechos.

FERNANDO BENÍTEZ

Un indio zapoteco llamado Benito Juárez

Índice

Prefacio 9
Un indio zapoteco 13
La reforma 81
La intervención y el imperio 181
La patria recobrada 315
Epílogo 349

Prefacio

Nuestra historia en el siglo XIX es trágica y gloriosa por Benito Juárez, un indio zapoteco que nació en Guelatao, una aldea que no tenía iglesia ni escuela; un hombre que, no obstante haber nacido en las postrimerías del virreinato y sufrido en carne propia el infamante sistema de castas, concluyó estudios de jurisprudencia y llegó a ser presidente de México.

Benito Juárez fue el creador de un nuevo país regido por leyes. Máximo líder de una generación de jóvenes liberales empeñados en sanar las heridas nacionales, contribuyó a liquidar las supervivencias de la colonia, a arrebatarles el poder a los militares, el clero y los hacendados. Bustamante, Santa Anna, Miramón, representaron los papeles que un siglo después encarnarían los dictadores africanos. Vivían en el palacio de los virreyes, andaban en carruajes rodeados de guardias lujosamente ataviados, daban recepciones, publicaban proclamas altisonantes.

Parece un hecho extraño, casi milagroso, que Benito Juárez, un indio zapoteco, hubiera llegado a ser, más que el presidente de la república, el centro y el motor de la liberación. En la medida en que Benito Juárez, un hombre de leyes, se identificaba con su profesión, con las doctrinas y los métodos occidentales del partido liberal, en esa medida perdía los rasgos de su cultura original. Su eterno frac, su cuello y su sombrero altos, de los cuales no se separó ni en el desierto, correspondían a su nueva mentalidad, a sus nuevas costumbres. El mundo de su infancia era un mundo fatalista, conservador, vuelto hacia el pasado, impregnado de magia, encerrado en sí mismo y por ello enemigo de innovaciones; el mundo del hombre público, del estadista, era revolucionario, vuelto hacia el porvenir, abierto, esencialmente lógico y racional.

Su cara, como la de una urna zapoteca del periodo clásico, debe haberle ayudado mucho. Los miembros de su gabinete, los liberales, eran sentimentales, exaltados, amantes de discursos, románticos. Él permanecía impasible en medio de ellos. Despreciaba lo mismo la llorona sensiblería de Guillermo Prieto —a esa sensiblería le debió la vida— que las traiciones o la aparente adhesión de sus generales o gobernadores. No parecía importarle que lo amaran o lo detestaran. Luchó casi solo contra la iglesia, el partido conservador, la intervención francesa, el imperio de Maximiliano, y terminó derrotándolos. A ellos y a los suyos. Los que se oponían a la ley, a la república, a su idea de la patria, eran condenados sin misericordia. En esto recordaba las historias de los códices mixtecos: vio el cadáver de Maximiliano con la misma frialdad con que contemplaba un príncipe victorioso el bulto mortuorio de su enemigo derrotado, el Príncipe 8 Venado Garra de Tigre.

No volvió nunca la cara atrás, a su infancia miserable. En los apuntes de su vida que le dejó a sus hijos pudo haber compuesto una hermosa página sentimental —el niño sorprendido en el lago por la tempestad tocando su flauta de carrizo, etcétera—, pero les concedió ese trabajo a sus biógrafos, los blancos. Sustrajo el prólogo del neolítico, como los caciques de Oaxaca, a mediados del xvi, al establecer su genealogía sustraían el prólogo en el cielo con que se iniciaban los linajes indios, temerosos de que el Santo Oficio malinterpretara su origen divino. Juárez optó por cortar el cordón umbilical que lo ataba a la edad de la piedra pulimentada y prefirió dejarnos el retrato del hombre que había aspirado ser toda su vida: el retrato del forjador de la república, del estadista moderno, del revolucionario occidental.

Un indio zapoteco

El nacimiento de Juárez

En el año de 1806 nació Pablo Benito, hijo de Marcelino Juárez y Brígida García, en la pequeña aldea de San Pablo Guelatao, del distrito de Ixtlán, Oaxaca, habitada por 20 familias zapotecas. Desde las cimas de los montes cercanos a la aldea, se podían vislumbrar los fecundos llanos centrales, la ciudad de Oaxaca y casi inadvertidas las ruinas de Monte Albán, a las que nadie prestaba atención. A los tres años quedó huérfano de padre y madre, y en compañía de sus hermanas María Josefa y Rosa, fue recogido por sus abuelos paternos Pedro Juárez y Justa López, mientras que María Longinos, la hermana más pequeña, fue entregada a Cecilia García, tía materna. Muertos sus abuelos, Benito pasó al cuidado de su tío Bernardino Juárez.

A los cinco años, como todos los niños indígenas, Benito ayudaba en el cultivo de una pequeña parcela, y acompañado de su flauta de carrizo también era pastor de unas cuantas ovejas. Su tío, a quien quería mucho, sabía algunas palabras de español y le daba clases los sábados. Era tanto su empeño en aprender, que el propio Benito llevaba las disciplinas para ser castigado si incurría en alguna falta. En Guelatao no había escuela ni iglesia y los muchachos iban a la ciudad de Oaxaca como criados, a veces sin sueldo, a cambio de que pudieran estudiar. Ésa era la costumbre adoptada por los pobres de todo el distrito de Ixtlán para lograr que sus hijos se educaran.

A pesar de la miseria en que vivía Benito, no faltaba alguna felicidad. El domingo los niños del pueblo emprendían cacerías de conejos o de pájaros, y con suerte cazaban algún venado o bien se embarcaban en un bote de remos para pasear en la pequeña laguna cercana a Guelatao. Una tarde los sorprendió un ventarrón. Los niños abandonaron el bote y nadando ganaron la orilla; sólo Benito no abandonó la canoa y soportó la tormenta toda la noche en su frágil embarcación. A la mañana siguiente desembarcó sano y salvo, lo que dio lugar a un dicho usado hasta la fecha: "A mí me hizo lo que el viento a Juárez".

Al crecer sus hermanas se separaron del pequeño Benito. María Josefa se casó con Tiburcio López, de Santa María Yahuiche, y Rosa con José Jiménez, de Ixtlán.

Huida a Oaxaca

En *Apuntes para mis hijos*, Juárez narra que el miércoles 16 de septiembre de 1818:

> me encontraba en el campo, como de costumbre, con mi rebaño, cuando acertaron a pasar, a las 11 del día, unos arrieros conduciendo unas mulas con rumbo a la sierra. Les pregunté si venían de Oaxaca; me contestaron que sí, describiéndome, a ruego mío, algunas de las cosas que allí vieron, y siguieron su camino. Pero he aquí que al examinar mis ovejas me encuentro que me falta una. Triste y abatido estaba cuando llegó junto a mí otro muchacho más grande, de nombre Apolonio Conde. Al saber la causa de mi tristeza, refirióme que él había visto cuando uno de los arrieros se llevó la oveja.

El temor a las represalias por parte de su tío acosa a Juárez. "Ese temor y mi natural afán de llegar a ser algo me decidieron a marchar a Oaxaca." Caminando descalzo 14 leguas, llegó en la noche a la casa de la familia Maza, donde su hermana María Josefa servía de cocinera. Antonio Mazza era un genovés radicado en Oaxaca, dueño de un comercio y con hijas. En el barrio se le conoce como el "Gachupín" y Mazza quitando una "z" a su apellido, se convierte en Maza. La familia Maza toma a Benito, que entonces tenía 11 años, bajo su protección. Al principio trabajó en el cuidado de la grana al servicio de don Antonio, quien se dedicaba a este negocio, ganando dos reales diarios.

Por fortuna tuvo la suerte de conocer a don Antonio Salanueva, un encuadernador y empastador de libros, a quien le gustaba impulsar a los jóvenes desvalidos. Era un hombre muy religioso, que vestía el hábito de la Orden Tercera de san Francisco, y leía con gusto las obras del padre Feijoo y las epístolas de san Pablo. Fue un gran protector de Juárez, y a los pocos días de haberlo recibido lo llevó a confirmar, por lo que se convirtió en padrino suyo. Salanueva dividía su tiempo entre la práctica religiosa y la encuadernación de libros; aunque, según otra versión, tenía una escuelita de primeras letras. Hicieron un trato, Benito trabajaría con él y a cambio le permitiría estudiar en la escuela primaria. Alentaba la idea de que Benito se convirtiera en cura, diciéndole que sabiendo el idioma zapoteco (una lengua tonal parecida al chino) podía, conforme a las leyes eclesiásticas de América, ordenarse sin necesidad del patrimonio que se exigía a los otros aspirantes para su manutención mientras obtenían algún beneficio. Era el mayor futuro que podía tener un indio. Se les llamaba despectivamente "curas de misa y olla" o "larragos". Curas de misa y olla, porque decían misa, bautizaban o enterraban a los muertos y ganaban lo suficiente para medio llenar la olla de la comida; y larragos, porque estudiaban teología en el libro del padre Larraga. Se les prohibía decir sermones en el púlpito o intervenir en otros ritos de mayor calidad, dada su ignorancia. A su lado Juárez aprendió a leer y a escribir la lengua castellana, la doctrina, las prácticas religiosas del catolicismo.

Dice Juárez en los *Apuntes...*:

> En las escuelas de primeras letras de aquella época no se enseñaba la gramática castellana. Leer, escribir y aprender de memoria el catecismo del padre Ripalda, era lo que entonces formaba el ramo de la instrucción primaria. Era cosa inevitable que mi educación fuese lenta y del todo imperfecta. Hablaba yo el idioma español sin reglas y con todos los vicios con que lo hablaba el vulgo. Tanto por mis ocupaciones, como por el mal método de enseñanza, apenas escribía, después de algún tiempo, en la 4a. escala, en que estaba dividida la enseñanza de la escritura en la escuela a que yo concurría.

Con la idea de mejorar su educación entró a la Escuela Real. El maestro José Domingo González le preguntó en qué regla o escala estaba su escritura y Benito le respondió que en la cuarta. "Bien —le dijo—, haz tu plana que me presentarás a la hora en que los demás me presenten las suyas." Juárez escribió una plana con muchos defectos, y el maestro se irritó y lo mandó castigar, en vez de mostrarle los defectos de su trabajo y la manera de corregirlos. Además, la Escuela Real era racista. Los jóvenes "decentes" recibían una adecuada y esmerada educación, separados de los más pobres que tenían como maestro un ayudante de mal carácter que había nacido para ser rufián y no maestro. Esta injusticia en el trato ofendió profundamente a Juárez, quien decidió no volver a la escuela y estudiar por sí mismo.

La educación era entonces monopolio de la iglesia. Viendo Juárez que los jóvenes estudiantes del seminario eran muy respetados, y aunque no le agradaba ser hombre de iglesia, decidió entrar al seminario de Santa Clara, único plantel de instrucción secundaria que por entonces existía en Oaxaca. Ingresó como capense, es decir, alumno externo, el 18 de octubre de 1821, año en que se consumó la independencia de México.

El seminario y el instituto

En el seminario, Juárez comenzó el estudio del latín en octubre de 1821, siguió el curso de filosofía en 1824, y terminó ambos en 1827, con calificación de excelente. Para elegir carrera, Juárez no tenía otra opción que el sacerdocio, dadas las circunstancias personales y el estado que guardaba la educación en Oaxaca. En un examen de gramática latina el 3 de agosto de 1824 obtuvo calificación de excelente con la siguiente nota: "Es de sobresaliente aprovechamiento y de particular aplicación". El 1 de agosto de 1825 presentó examen del primer año de filosofía con la calificación de *Excelente nemine discrepante* y se le distinguió al permitírsele sustentar un acto público; el 3 de agosto de 1826 obtuvo otra calificación de excelente y la nota: "Es de particular aplicación y sobresaliente aprovechamiento". Comenzó a estudiar teología el año de 1827, obteniendo también notables calificaciones.

En México liberales y conservadores luchaban, y la elevación y caída de los presidentes determinaban la suerte de los gobernadores. En 1827, el gobierno del Partido Liberal, representado por Valentín Gómez Farías, ordenó que en todos los estados hubiera un instituto laico de ciencias y de artes, "para educar e instruir a la juventud en la doctrina liberal y progresista". En 1827, bajo el gobierno del licenciado José Ignacio Morales, se fundó en Oaxaca el Instituto de Ciencias y Artes. En cuanto se abrió, muchos estudiantes del seminario se incorporaron a él. Juárez, por consideración a su padrino, permaneció en el seminario un año y siete meses después de que fue inaugurado. Habiendo presentado su examen de estatuto en el seminario, convenció a Salanueva y en agosto de 1828 pasó al instituto a estudiar jurisprudencia.

Los seminaristas que se incorporaron al instituto fueron excomulgados por el obispo. El clero reaccionó llamando al instituto "casa de prostitución", y a los maestros "herejes y libertinos".

> Los padres de familia —según escribió Juárez— rehusaban mandar a sus hijos a aquel establecimiento y los pocos alumnos que concurrían a la cátedra eran muy mal vistos por la inmensa mayoría ignorante y fanática de aquella desgraciada sociedad. Muchos de mis compañeros desertaron espantados del poderoso enemigo que nos perseguía, unos cuantos quedamos sosteniendo aquella casa con nuestra diaria concurrencia a las cátedras.

El director y los catedráticos del instituto pertenecían a la cepa liberal, y la adquisición de un ex alumno del seminario los llenaba de orgullo. El cambio fue muy importante para la formación intelectual de Juárez, porque pasó de una institución conservadora a una liberal. El instituto se fundó con el deseo de propagar la instrucción y de anular el exclusivismo en la enseñanza de la cual sólo el clero era depositario, y como medio de emancipación que fundara la supremacía del poder público. El clero lo interpretó como ataque a la iglesia. Pero no debe olvidarse que en aquella época el clero estuvo también dividido, y que aun cuando la inmensa mayoría fue contraria a la independencia y a la república, también había religiosos con principios humanitarios como Hidalgo, Morelos o Matamoros.

En su biografía de Juárez, el señor Zerezero dice:

> Las ideas del siglo habían comenzado a hacerse oír en el seminario, y sus alumnos más distinguidos comenzaron a percibir un horizonte más extenso y más hermoso que el que les dejaba descubrir la suspicacia del clero: empezaron a abandonar la casa, y a recogerlos y abrigarlos en su seno el instituto. Entre estos alumnos, uno de los primeros que se pasó al instituto fue el malogrado, inteligente e ilustrado joven don Miguel Méndez, indio de raza pura, que descollaba entre toda aquella juventud, y a quien una temprana muerte arrebató del seno de sus amigos. Méndez era amigo íntimo de Juárez, y a esta amistad y a la de otros jóvenes que habían entrado al instituto, debió sin duda el haber resistido a la natural influencia que su protector hubiera ejercido en él, para inclinarlo a seguir la carrera eclesiástica.

Salanueva, convencido de que Juárez no deseaba ser clérigo, admitió que estudiara la carrera de leyes, pero desde entonces Benito tuvo que valerse de sus propios recursos. En la mañana asistía a las clases del instituto, en las tardes trabajaba en diversos oficios y en parte de la noche estudiaba a la luz de una vela. Sin duda lo que le costó más trabajo fue dominar el español, tan diferente a su lengua nativa. Fueron tiempos muy penosos que Juárez superó gracias a su constancia y a su fe en el porvenir.

De esta manera Juárez continuó sus estudios en el liceo, asimilando poco a poco todos los sucesos trascendentes que habían tenido lugar en la república y preparándose para el futuro.

El Leviatán mexicano

El notable escritor David Brading tituló "El Leviatán mexicano" al último capítulo de su libro *El orbe indiano*. El Leviatán bíblico es un monstruo que duerme en el fondo del mar y cuando despierta hace del hombre el lobo del hombre, genera guerras sangrientas y todo lo convierte en un caos. El Leviatán es el símbolo del mal que finalmente será derrotado por los poderes del bien. La opresión de la iglesia despertó al Leviatán de México. Los conservadores eran partidarios de que la iglesia mantuviera sus fueros, sus privilegios, sus riquezas y su dominio absoluto. Por su parte, los liberales consideraban que la iglesia era un obstáculo para el progreso del país y se desató una guerra fratricida interminable.

La iglesia tenía la autoridad de mandar las almas al cielo, al infierno o al purgatorio; este último era el destino más frecuente. Procesiones nocturnas desfilaban por las calles solicitando una limosna para salvar a las benditas ánimas del purgatorio. Todavía hasta la fecha hay en algunas iglesias cepos con estampas de cuerpos desnudos hasta la cintura, consumiéndose en llamas y con la súplica de que se deposite una limosna para la salvación de sus almas.

El México independiente

Luego de lograda la independencia, iniciada por el cura Miguel Hidalgo y Costilla, los criollos demostraron que no sabían gobernar y aunque aprovecharon algunos párrafos de la constitución norteamericana, al redactar la suya de 1824, mostraron que no conocían ese arte ni tenían la menor idea de qué era democracia. Divididos en dos bandos: conservadores y liberales, se combatían entre sí, no tanto en el congreso sino más bien en el campo de batalla. No había dinero pero sí armas. Para el pueblo, conservadores y liberales significaban lo mismo: exacciones, peajes, alcabalas, levas, vejaciones sin fin, azotes y muerte.

Como se sabe, el México independiente se inicia el 28 de septiembre de 1821, con la entrada del ejército Trigarante a la capital de la nación y el nombramiento de una Junta Provisional Gubernativa que decreta el acta de independencia del imperio mexicano, nombra, en la espera de un rey, un Consejo de Regencia y convoca al Soberano Congreso Constituyente. El nuevo virrey, don Juan O'Donojú, había desembarcado en Veracruz, y luego de firmar con Iturbide los Tratados de Córdoba, reconoció la independencia de México bajo la tutela del rey de España. La regencia quedó integrada por don Agustín de Iturbide, don Juan O'Donojú, el canónigo don Manuel de Bárcena, don José Isidro Yáñez y don Manuel Velázquez de León. Naturalmente el gobierno de España nulificó el acuerdo con la esperanza de recobrar su mejor colonia mediante la guerra. Al llegar la desautorización hecha por la corte española de los Tratados de Córdoba que realizaron la independencia, y muerto O'Donojú, hay una lucha interna en la regencia. El 18 de mayo de 1822 una multitud numerosa de la plebe de la Ciudad de México, capitaneada por el sargento Pío Marcha, recorre las calles de la capital poblando el aire de gritos: ¡Viva Agustín I! ¡Viva el emperador!

Se efectúa la coronación de Iturbide, pero al mes siguiente explota una conjura republicana. Iturbide disuelve el Congreso Constituyente y nombra una Junta Instituyente.

El brigadier Antonio López de Santa Anna se subleva en Veracruz. Se convoca a los miembros del constituyente, ante el cual presenta Iturbide su abdicación. Posteriormente se embarca en la fragata inglesa *Rowlins* el 11 de mayo. Al abandonar México publicó un manifiesto donde planteaba su difícil situación ante las diferencias irreconciliables de los partidos: "Estaba en el caso de aparecer como un hombre débil o como un déspota: preferí la primera alternativa y no me arrepiento. Yo sé que no soy débil." En sus *Memorias* afirmó que no quiso arrastrar al pueblo a una guerra.

Después del fallido intento imperialista, el problema principal para gobernar al país era la enorme división que existía entre la facción liberal, de hondo antihispanismo generado por tres siglos de colonización, y la facción conservadora que deseaba la monarquía, se apoyaba en la iglesia y no deseaba romper con su pasado histórico. El 31 de marzo de 1823, al gobierno imperial lo sucede un sistema republicano, con un poder ejecutivo temporal compuesto por un triunvirato: Pedro Celestino Negrete, Nicolás Bravo y Guadalupe Victoria. Guerrero, Miguel Domínguez y Mariano Michelena quedaron en calidad de suplentes. Es entonces cuando México recurre a empréstitos para hacer frente a la situación hacendaria: uno con la casa Goldsmith, por 16 millones, al 55 por ciento de pago, con cinco por ciento de intereses, y otro con la casa Richardson & Co., al 80 por ciento de pago y seis por ciento de intereses.

Por otra parte, el triunvirato había seguido los pasos de Iturbide al emitir papel moneda de similares características a los "haré buenos" imperiales, con la diferencia de estar impresos al reverso de bulas papales para evitar el rechazo del pueblo religioso.

Los conflictos nacionales giran alrededor de la cuestión de si habría de prevalecer bajo la república un sistema federal o uno centralista. Los conservadores, que formaban parte de la clase de los terratenientes, los militares y el clero profesaban el centralismo, en tanto que los liberales, ante todo mestizos que deseaban oportunidades en política, apoyaban el federalismo.

Cuando en octubre de 1823 es lanzada la convocatoria para un nuevo congreso constituyente, la opinión se divide claramente en dos bandos: el Partido Centralista, dirigido por fray Servando Teresa de Mier, y el Federativo, con Gómez Farías a la cabeza.

Mientras tanto, la Santa Alianza, que se había formado en Verona en 1822 con las principales potencias del continente europeo, favorece a España para la reconquista de México. Al mismo tiempo se inicia y plantea la doctrina Monroe. Mr. James Monroe presenta al congreso de los Estados Unidos un mensaje constitucional (2 de diciembre de 1823) por el medio del cual se declara que ese país impedirá siempre a los gobiernos europeos la conquista o colonización de nuevos territorios en el continente americano y que evitará toda intervención europea, bajo cualquier forma que se presente, para modificar el régimen interior de las naciones americanas.

En tales circunstancias, Inglaterra reconoce nuestra independencia. Poco antes ha salido rumbo a México, ante el peligro de una reconquista o una invasión europea, Agustín de Iturbide. Desembarca en Soto la Marina, y es hecho prisionero y declarado fuera de la ley por el constituyente. Se le fusila en Padilla, juzgado por el congreso local de Tamaulipas.

Al poco tiempo fue evidente que en el país se adoptaría un sistema federal y, en consecuencia, el 31 de enero de 1824 se publicó una serie de actas constitucionales como paso previo a la elaboración de una carta magna, que finalmente es presentada a la nación el 4 de octubre. En las sesiones del congreso y en muchas partes del país tenían lugar peticiones y revueltas para la expulsión de los españoles.

Tienen lugar elecciones, y el poder ejecutivo recae en Guadalupe Victoria, quien toma posesión el 1 de enero de 1825. Nicolás Bravo es electo vicepresidente. Aunque enfrentó problemas difíciles, Victoria dio ejemplo de buen juicio político al llamar a colaborar en su gobierno a miembros de todas las facciones. No obstante la situación pronto se polariza. Se acreditan las primeras misiones diplomáticas, y al frente de la americana viene Joel R. Poinsett, quien toma parte activa en las discordias interiores, al amparo de la francmasonería. La masonería estaba dividida en dos bandos: el escocés o moderado, entre cuyos mandatarios figuraba Bravo, y los yorkinos o exaltados, cuyo jefe, Vicente Guerrero, tiene por director a Poinsett.

Mientras Juárez continuaba sus estudios de jurisprudencia en el liceo, y sin salir de Oaxaca, en el país ocurrieron sucesos extraordinarios de los cuales Poinsett no era ajeno. Pero, ¿quién era Poinsett?

Joel R. Poinsett

En los últimos meses del "imperio iturbidista" llegó a México Joel R. Poinsett, agente norteamericano a quien se considera el precursor de la CIA. Su misión no sólo era informar sobre el estado interno del país sino dar los pasos iniciales con el fin de que avanzaran las fronteras del suyo. Aunque Iturbide prohíbe su entrada, el general Santa Anna, fervoroso partidario del imperio, le da paso libre. Poinsett se refugia en la casa del rico aventurero Wilkinson, quien le informa con el máximo detalle sobre la situación del imperio.

Encontró a Iturbide simpático, audaz y resuelto, pero sin talento ni escrúpulos. Recordó su crueldad con los insurgentes y el hecho de que nunca dejó vivo a un prisionero. En el mejor estilo del político profesional, Iturbide le dijo a Poinsett que, contra su voluntad, se había visto obligado a ceder a los deseos populares y permitir que se le coronara como freno contra la anarquía y el desgobierno. El emperador de México también le dijo que el sistema democrático que reinaba en los Estados Unidos no era admisible en México. No obstante, Poinsett logra que Iturbide acceda a dos de sus peticiones concretas: liberar a los conspiradores contrarios al gobernador de Texas, y refrendar los títulos de concesión de tierras dadas por el virreinato a Moisés Austin y a su hijo Esteban.

Quizá nada llamó tanto su atención como el sistema de castas, sistema de una gran complejidad. Señaló que en México la más importante distinción civil y política la daba el color de la piel. Ya que la blancura era sinónimo de nobleza, el rango de las castas estaba determinado por la mayor o menor aproximación a los blancos. Por tanto ocupaban el último lugar en la escala los descendientes directos y sin mezcla de indios o africanos. También a Poinsett, como a los demás interesados en sojuzgarla, le pareció que la población indígena estaba caracterizada por la indolencia, la sumisión, la abyecta miseria. No sólo era víctima de blancos y mestizos, sino también de sus propios caciques y aun de las leyes teóricamente dictadas para protegerla.

Poinsett intriga con los enemigos del imperio, y el 23 de diciembre de 1822, antes de abandonar México, recibe la noticia del levantamiento de Santa Anna y su proclamación de la república. De regreso a Washington exclama con orgullo: "Misión cumplida". En sólo nueve meses de estancia contribuye al derrocamiento de Iturbide, sienta las bases de la futura independencia de Texas y acelera la discordia ideológica, raíz de las guerras civiles que el país sufre durante el siguiente año. Poinsett escribe:

> Acababa de regresar de México, a donde había ido a petición de Mr. Monroe, con el objeto de informar sobre la probable duración del gobierno imperial, a fin de facilitarle la formación de una opinión sobre la conveniencia de iniciar relaciones diplomáticas con el emperador Iturbide. Mi informe fue desfavorable. Consideré inconveniente sostener relaciones con el usurpador, tanto en razón de la inestabilidad de su trono, como porque tal modo de proceder de nuestra parte desanimaría al Partido Republicano, compuesto por una gran mayoría de la nación, y engendraría además un sentimiento adverso hacia nosotros en el caso de que coronaran con el éxito su intento de derribar al gobierno imperial, lo cual me parecía indudable.

La doctrina Monroe

Con ayuda de John Quincy Adams y de Joel R. Poinsett, el gobierno de Estados Unidos sopesó las consecuencias del paso que estaba dispuesto a dar: el reconocimiento de la independencia de las antiguas colonias españolas. Se realizan sondeos nacionales e internacionales, cuyos resultados lograron erradicar los temores del gobierno. El siguiente paso en ese sentido lo dio el presidente Monroe, ante la Cámara de Representantes, el 22 de diciembre de 1823, en su *Mensaje continental*, que dice: "No intromisión de los Estados Unidos en los asuntos de Europa; no intervención de Europa en los negocios de América; no transferencia, no colonización; no extensión al nuevo mundo de los sistemas políticos europeos."

Poinsett regresó en 1825, ya como ministro plenipotenciario y rival del enviado británico sir Henry George Ward. Arribó al país con las siguientes instrucciones:

1o. Trabajar sobre el problema de Cuba, cuya tranquilidad debía quedar a salvo de las asechanzas de México y Colombia, empeñadas en liberarla del dominio español.
2o. Establecer nuevos límites más lógicos y ventajosos entre los territorios de México y los Estados Unidos, sobre todo tratándose de Texas.
3o. Comunicar al gobierno mexicano la satisfacción experimentada en los Estados Unidos al saber que México había adoptado la constitución americana como modelo para la suya de 1824.
4o. Notificar al propio gobierno de México el mensaje que el presidente de los Estados Unidos, mister James Monroe, había dirigido al congreso de su país el 2 de diciembre de 1823.

También se le había asignado, como misión secreta, gestionar la compra de Texas por la cantidad de 5 millones de dólares. Fracasó en este objetivo, pero se inmiscuyó en la política interna de México. La misión de Poinsett consistió en desterrar toda idea monárquica o europea, y en que se apreciara todo el ejemplo y enseñanza de los Estados Unidos, pero en todas partes encontraba la influencia de Inglaterra. Poinsett llegó a México luego que este país y la Gran Bretaña empezaron a negociar el Tratado de Amistad, Comercio y Navegación. El objetivo principal de Poinsett fue ajustarse a los principios de la doctrina Monroe, pero después decidió utilizar cualquier táctica para echar a perder la influencia británica en el país. Trató a toda costa de firmar un tratado similar, en beneficio de los Estados Unidos, pero el ministro centralista

Lucas Alamán se oponía diciendo: "estamos perdidos si no acude Europa en nuestro auxilio". Para favorecer sus planes apoyó a los masones "yorquinos", partidarios de la república federal, frente a los "escoceses" protegidos por Ward, partidarios de la monarquía auspiciada por Inglaterra. Convirtió a México en campo de batalla de las grandes potencias que disputaban con la mano del gato sus intereses imperiales. A pesar suyo, por su acción misma, Poinsett consolidó el naciente liberalismo mexicano. Gracias a sus maniobras se ganó la enemistad de todos. Hubo motines frente a su casa. A los cinco años de su llegada, desprestigiado y con pocas simpatías por parte del pueblo mexicano, el gobierno de Guerrero pidió su retiro y el presidente Jackson accedió.

No termina aquí la influencia de Poinsett, perfecto representante de la influencia de los Estados Unidos. De 1837 a 1841, ya perdida Texas, Poinsett ocupa la Secretaría de Guerra en el gobierno de Van Doren, y en ese importante cargo organiza, fortalece y prepara el ejército como ningún otro secretario de Guerra, con el objetivo inmediato de asestarle a México un golpe mortal con muy pocos riesgos.

Estados Unidos no admite que México, con una extensión territorial y una población mayores que las suyas, pueda convertirse —como lo predijo Humboldt— en potencia capaz de hacerle sombra. Poinsett se jacta de que él podría ser emperador de México y prefiere no serlo. Conoce bien al extraño país.

La ambición de los norteamericanos

El 22 de marzo de 1803 el barón de Humboldt llega al puerto de Acapulco y permanece en la Nueva España hasta el 7 de marzo de 1804, cuando se embarca para los Estados

Unidos. Así remata su famoso viaje de cinco años, a lo que entonces se llamaba las Indias Occidentales.

En Washington lo recibe con honores el presidente Jefferson; el barón alemán le describe la población, la riqueza, la geografía y la desigualdad de la Nueva España. De acuerdo con su predicción, en el futuro gobernarían América dos grandes imperios: el de los Estados Unidos y el de la Nueva España, a causa de su extensión territorial, de sus poblaciones, de sus habitantes, de sus recursos naturales y de su cultura.

Jefferson lo escucha ávidamente. Por primera vez conoce bien a sus poderosos vecinos. Desde 1807 se delinea el destino manifiesto. No deben existir dos grandes imperios, sino uno solo: el de los Estados Unidos.

Cuando Humboldt despliega ante los ojos de Jefferson el rico imperio español en América, los Estados Unidos ya ocupan un territorio mayor del ganado por Inglaterra a Francia luego de la guerra de los siete años. Por añadidura, en 1795 España le concede la libre navegación en el río Mississippi y, en 1803, Francia les vende la Louisiana.

De 1812 a 1814, en otra guerra con el Imperio Británico, los Estados Unidos ganan Panzacola y Mobila, y en 1819, gracias al tratado Onís–Adams, se anexan la península de la Florida.

La ambición de Jefferson de traspasar la barrera de los montes Apalaches y dominar los dos océanos, es la idea obsesiva de este gigante dotado de un apetito descomunal.

Uno de los propósitos fundamentales de los estadistas norteamericanos consistía en asegurar para los Estados Unidos la supremacía comercial en el continente, y Thomas Jefferson, padre de la constitución, había establecido la pauta en esa materia. Auguró la caída del imperio español y estableció las premisas para el avance de la doctrina del Destino Manifiesto de los Estados Unidos.

El ex presidente Jefferson, ya muy viejo, retirado en Monticello, le escribió a William Short una carta fechada el 4 de agosto de 1820 que decía:

> No está lejano el día en que podamos exigir formalmente un meridiano de división por medio del océano que separa los dos hemisferios, a este lado del cual no deberá oírse ningún cañón europeo, como tampoco un americano en el otro. E incluso durante el violento curso de las eternas guerras europeas, aquí, dentro de nuestras regiones, el león y el cordero podrán descansar juntos en paz.

Sólo que después el león tuvo hambre y de un zarpazo se comió Texas y de otro nos arrebató más de la mitad de nuestro territorio. El león juró tampoco intervenir en Europa, pero participó en las dos guerras mundiales.

Finalmente, en la carta fechada el 24 de octubre de 1823 en Monticello, que Jefferson dirigió al presidente Monroe, respondiendo a una consulta de éste, se contienen ya los lineamientos del mensaje:

> Nuestra máxima fundamental y primera debe ser: no mezclarnos jamás en los enredos de Europa; la segunda, jamás permitir la intromisión europea en los asuntos de este lado del Atlántico. América, tanto la del norte como la del sur, tienen un conjunto de intereses particulares y diversos de los que son propios de Europa y por lo mismo debe gozar de un sistema privativo separado e independiente de Europa. Cuando esta última labora por convertirse en el asiento del despotismo, nuestros esfuerzos tenderán seguramente a hacer de este hemisferio el domicilio de la libertad [...] Pero tenemos que contestarnos primero una pregunta: ¿deseamos agregar a nuestra confederación alguna o algunas de

las provincias españolas? Por mi parte confieso sinceramente haber considerado siempre a Cuba como la adición más importante que pudiera ser hecha en nuestro sistema de estados. El control que junto con Florida nos daría esa isla sobre el Golfo de México y sobre los países e istmos que la bordean, al igual que sobre aquellos cuyas aguas en él desembocan habrían de colmar la medida de nuestro bienestar político [...] Sin embargo, no vacilo en abandonar mi primitivo deseo con miras a oportunidades futuras y prefiero su independencia [de las antiguas colonias españolas], sobre la base de la paz y la amistad inglesa, y no su anexión a nosotros al elevado costo de la guerra y la enemistad con Inglaterra.

Un poco antes de que estallara la guerra de independencia en las colonias que hoy constituyen América Latina, el presidente Jefferson, considerando la debilidad de España, mandó agentes secretos a las colonias, temeroso de que Inglaterra o Francia pudieran apoderarse de ellas.

Juárez se inicia en la política

Benito Juárez se inicia en la política en 1828 durante la disputa electoral entre el partido yorkino y el partido escocés. El primero, liberal republicano, postulaba a Vicente Guerrero para la presidencia de la república, y el segundo, conservador y monárquico, apoyaba la candidatura de Gómez Pedraza. En Oaxaca la lucha fue muy dura. Los liberales fueron muy activos y se desató la violencia. Los alumnos del instituto, entre ellos Juárez, tomaron partido en favor de las ideas avanzadas.

Gómez Pedraza fue inexplicablemente apoyado por el gobierno del presidente Guadalupe Victoria, quizá por ser su ministro de Guerra, y éste, que no se preocupó en renunciar a su puesto para contender en la lucha electoral, envió cuerpos militares a los estados para que presionaran a las legislaturas, que eran las que entonces votaban, obteniendo así un discutible triunfo.

Guerrero desconoció el voto y con el apoyo de Santa Anna, de Juan Álvarez y de otros militares, se alzó en armas, derrotando a Gómez Pedraza. El movimiento es secundado en la capital por el federalista Lorenzo de Zavala y el general Lobato. Guerrero tomó posesión el 1 de abril de 1829, luego de un saqueo terrible del comercio de la capital, y desde entonces la presidencia de la república se ganaba y se perdía en las múltiples conspiraciones que se sucedieron. Poco tiempo más tarde Benito se afilió al Partido Liberal.

En el breve periodo de Guerrero la esclavitud quedó definitivamente abolida y se consumó la expulsión de los españoles. La ausencia temporal de quienes monopolizaban el comercio causó daños irreparables a la economía.

Ese mismo año, la noticia del desembarco de tropas de España en Cabo Rojo con dirección a Tampico, se extendió por todo el país, provocando sobresaltos. En Oaxaca, los alumnos del instituto, entre ellos Juárez, procedieron a darse de alta en las filas del ejército mexicano, dispuestos a defender la independencia de México. Juárez alcanzó el grado de teniente aunque no participó en la contienda.

España intenta reconquistar México

Los rumores que circulaban en Europa sobre las desavenencias entre los mexicanos y el disgusto del pueblo contra sus autoridades por las continuas revueltas, hicieron concebir al rey de España, Fernando VII, la ilusión de recobrar su mejor colonia. El gobierno español, así como el brigadier Barradas, supusieron que el país no había cambiado casi nada en 300 años y que podrían repetir la hazaña de Hernán Cortés, quien con un puñado de hombres sometió al imperio de Moctezuma.

Santa Anna, que había sido premiado con la gubernatura de Veracruz por su apoyo a Guerrero, fue nombrado general en jefe del ejército que se formaba para rechazar al enemigo. Condujo sus tropas, que no llegaban a 2 mil hombres, hasta Pueblo Viejo, a una milla distante del invasor que ocupaba Tampico con cerca de 4 mil hombres. Al norte de Cabo Rojo, el general Manuel Mier y Terán se fortificó en las cercanías de Tampico. El 9 de septiembre de 1829, Santa Anna, en coordinación con Terán, al mando de 5 mil soldados, acometió el fortín de la Barra, desatándose un fuerte combate. Barradas capituló, y en virtud de un convenio que se firmó, las tropas españolas entregaron sus fusiles y los oficiales conservaron sus espadas.

Juárez prosigue sus estudios

Con Vicente Guerrero y los liberales al frente del poder, en Oaxaca poco a poco tienen lugar radicales transformaciones. Los puestos públicos se reparten entre liberales y Benito Juárez conoce una situación más holgada.

Entre 1829 y 1830, Juárez sustenta dos actos públicos de derecho frente a un jurado compuesto por abogados del foro local. El estudiante desarrolla dos tesis revolucionarias. Tesis primera: a) los poderes públicos constitucionales no deben mezclarse en sus funciones; b) debe haber una fuerza que mantenga la independencia y el equilibrio de estos poderes; c) esta fuerza debe residir en el tribunal de la opinión pública. En aquel entonces, el gobierno del estado era conservador, y contra este gobierno se dirigen las afirmaciones del estudiante. La segunda tesis asentaba: a) la elección directa es más conveniente en un sistema republicano; b) esta elección se hace tanto más necesaria cuanto más ilustrado sea el pueblo.

Posteriormente la dirección del instituto le nombra auxiliar de física, y ahí expone, entre lecciones de física, sus recién adquiridos conceptos sobre la libertad de los pueblos. Miguel Méndez se convirtió en el joven maestro de la generación de Juárez. En su casa se discute de política y otros temas. Los estudiantes del instituto escuchan los discursos liberales de Méndez. Juárez asiste a las reuniones, siempre callado y un poco distante.

En una ocasión se discutía un tema importante: "se necesita un hombre" para encauzar la vida política en Oaxaca por firme camino. Méndez tomó un velón que iluminaba la reunión y pronunció estas palabras que asombraron a los presentes:

—Yo voy a enseñarles a ese hombre.

Se encaminó a un rincón de la sala donde la luz reveló de improviso la figura casi fantasmal de Juárez.

—Éste que ven ustedes —dijo Méndez— reservado y grave, que parece inferior a nosotros, éste será un gran político, se levantará más alto que nosotros, llegará a ser uno de nuestros grandes hombres y la gloria de la patria.

El vaticinio, que con el tiempo se cumplió, permite darnos una idea de lo que era entonces y lo que llegaría a ser Benito Juárez: un hombre de muy pocas palabras, casi un fantasma; un indio al fin, inferior sólo en apariencia a los jóvenes criollos que atestaban la sala.

El asesinato de Vicente Guerrero

Hacia fines de 1829, Santa Anna, proclamado héroe de Tampico luego de la frustrada expedición de Barradas, regresó a la Ciudad de México para unirse al vicepresidente Anastasio Bustamante contra el presidente Guerrero. El 1 de enero de 1830 Anastasio Bustamante ocupó la presidencia, sustituyendo a José María Bocanegra, elegido presidente interino por la cámara. El congreso inhabilitó a Guerrero declarándolo "imposibilitado para gobernar la república".

Guerrero fue el hombre que mantuvo encendido el fuego de la independencia en el sur de México, con grandes sacrificios y penalidades. Hombre del pueblo, no sabía nada de política, destacándose siempre como el protector de los más humildes. Guerrero reanudó sus ataques desde Acapulco. En el muelle del puerto estaba anclado El Colombo, con su capitán italiano Picaluga. El presidente Bustamante, José Antonio Facio, ministro de Guerra y Marina, y Lucas Alamán, ministro de Hacienda, le dieron en el mayor secreto a Picaluga 50 mil pesos en oro con el fin de que invitara a comer a Guerrero a bordo de El Colombo y lo hiciera prisionero. El confiado Guerrero aceptó la invitación, y llegado a bordo, los marineros lo aprehendieron y lo llevaron a Huatulco para entregarlo al capitán Miguel González, quien lo condujo a Oaxaca. Ahí se le formó consejo de guerra, fue condenado a muerte y fusilado en la villa de Cuilapan el 14 de febrero del mismo año. En México ha sido frecuente, y lo sigue siendo hasta la fecha, que el enemigo político sea eliminado por medio del asesinato.

La muerte de Guerrero mostró claramente el deslinde de posiciones en la lucha por el poder que empezaba a manifestarse en el país. Los liberales habían respondido al ataque intentando devolver el poder a Guerrero, y aunque finalmente lograron vencer en 1833, Guerrero ya había sido fusilado. Este acto pesó mucho en contra del gobierno de Bustamante, lo que posteriormente se tradujo en una victoria liberal, aunque con el oportunista Santa Anna al frente del movimiento.

Juárez, diputado

Entretanto, en el año de 1831, Benito Juárez terminó su curso de jurisprudencia en Oaxaca y de inmediato se instaló en el bufete del licenciado Tiburcio Cañas. Al mismo tiempo el gobierno le nombró secretario del plantel rival del seminario, y en 1832, al terminar el periodo de la legislatura local, el gobierno lo hizo diputado.

Salanueva no había perdido del todo sus intenciones de ver a Juárez vistiendo una sotana. Pero cuando explota la revuelta popular contra el gobierno de Anastasio Bustamante, en Oaxaca se dicta una ley de expulsión de todos los españoles. El obispo de la diócesis, don Manuel Isidoro Pérez, a pesar de estar exento, rehusó continuar en su diócesis y emigró a La Habana. Juárez ve cortada definitivamente su carrera eclesiástica, pues no habiendo obispos en Oaxaca, tampoco podía haber ordenación de sacerdotes. Aclara Juárez que sólo podían ordenarse en Cuba o en Nueva Orleans, mas para viajar se necesitaba tener dinero y él no poseía recursos.

Durante su desempeño en la cámara, Juárez se pronuncia contra el asesinato de Guerrero. En tribuna presenta un proyecto por medio del cual se declara que los restos del caudillo pertenecen en propiedad al estado de Oaxaca, que Cuilapan, pueblo en que había sido fusilado, se llamará en adelante Guerrerotitlán, y que se invitase a doña Guadalupe Hernández, viuda de Guerrero, a visitar la tumba del héroe, que habría de ser levantada por cuenta del estado. Era una protesta contra el crimen perpetrado por el presidente Bustamante y sus ministros Facio y Alamán. También solicitó la confiscación de los antiguos bienes de Hernán Cortés en beneficio del estado.

Comienza la era de Santa Anna

A esa época de caos y revueltas que siguió a la muerte de Vicente Guerrero, en la cual se proclamaron cinco constituciones, se peleó contra ejércitos extranjeros y se perdió más de la mitad del territorio, se le ha llamado la era de Santa Anna. Duró casi 33 años en los cuales Santa Anna, Bravo y Bustamante cambiaban de un bando a otro sin el menor escrúpulo. Santa Anna dominó el quehacer político en esos años, a veces desde la silla presidencial, otras desde su hacienda de Manga de Clavo o incluso desde los campos de batalla.

Uno de los hombres que se preocupó por definir un nuevo programa de acción política en este nuevo periodo del México independiente fue Lucas Alamán. Conservador y ministro de relaciones durante el triunvirato, se preocupó por la industrialización del país y vio con claridad los problemas económicos de México. Alamán, entre otras gestiones, promovió la instalación del Banco de Avío y fue el responsable de la política de fomento minero; pensaba que la minería era el principal impulsor de otras actividades.

La vicepresidencia de Gómez Farías

Bustamante no cosechó los triunfos de su traición. Como ya dijimos, con el triunfo en Tampico se había iniciado la era de Santa Anna. Valentín Gómez Farías había elaborado el Plan de Zacatecas en favor al derrocamiento de Bustamante y la vuelta de Gómez Pedraza. Con el apoyo del veleidoso Santa Anna se logró que Gómez Pedraza fuera presidente interino del 21 de diciembre de 1832 al 1 de abril de 1833. Tuvieron lugar elecciones presidenciales y Santa Anna resultó victorioso. Gómez Farías, quien con Lizardi es considerado el padre del liberalismo mexicano, fue elegido vicepresidente. Como Santa Anna prefería la jarana, la juerga y el reposo en sus haciendas de Manga de Clavo o El Lencero, próximas a Veracruz, transfirió el mando de la república al vicepresidente, y se retiró a esperar los nuevos acontecimientos. Gracias a ello los liberales más radicales obtuvieron el control del gobierno y pudieron realizar una serie de reformas, delineándose claramente el programa liberal. Gómez Farías, en calidad de presidente interino, presentó una serie de iniciativas de marcada tendencia anticlerical, cerró la clerical Universidad de México, suprimió la obligación civil de pagar diezmos y primicias a la iglesia, confiscó las misiones de California y los bienes de los misioneros filipinos y de los monjes de San Camilo. Por primera vez en la historia se atacaban los cimientos de la sociedad colonial, hecho que provocó una constante inestabilidad durante su gobierno.

Juárez obtiene su título de abogado

En Oaxaca hubo un ataque por parte de fuerzas conservadoras, encabezadas por el general Valentín Canalizo, que luchaba por religión y fueros, secundando la rebelión clerical y santanista emprendida en Morelia por el capitán Ignacio Escalada el 26 de mayo de 1833. El levantamiento concluyó con el triunfo del general opositor Isidro Reyes, comandante general de las Armas. El 30 de junio de ese mismo año Juárez pronuncia un discurso violento contra el gobierno central. Dice: "Las opiniones encontradas, exaltadas las pasiones, el poder ejecutivo vacilante y sin prestigio, la administración de justicia en su total abandono, exhausto el erario, la milicia reducida a una completa nulidad."

A fines de ese año Juárez solicita su último examen profesional ante la Corte de Justicia de Oaxaca, y el 13 de enero de 1834, aprobado por voto unánime, se le expide el título de abogado, siendo el suyo el primero habilitado por los tribunales de Oaxaca. Apenas recibido, el gobierno le nombra magistrado del Tribunal Superior de Justicia. Pero el cargo dura poco.

El regreso de Santa Anna

En diciembre de 1834, ante el escándalo desatado cuando Gómez Farías le quitó al clero la interpretación exclusiva de la palabra divina, Santa Anna volvió a la capital a ocupar la presidencia, cesó al vicepresidente y dio marcha atrás, anulando las leyes contra el clero. Fue inútil: los liberales habían mostrado su proyecto de nación y los alcances de su empresa. Habían dicho que para que fluyera la vida económica y la vida civil del nuevo país era preciso liberarlas de la sujeción eclesiástica. Sin embargo, para que pusieran en práctica sus ideas, iban a transcurrir casi 25 años y a suceder muchos desastres.

La defensa de los habitantes de Loricha

Con la llegada del partido conservador al poder, Juárez fue expulsado de Oaxaca. Es desterrado a la ciudad de Tehuacán, pero al poco tiempo vuelve a la capital del estado y se dedica a su profesión. Abre su bufete y defiende a los indios de los abusos de los curas. ¿Qué podía hacer un abogado indio en una ciudad atrasada donde reinaban los licenciados blancos y el clero? Sólo dedicarse a los más desposeídos, lo cual tampoco representaba ganar algún dinero. Los vecinos del pueblo de Loricha acudieron a Juárez para que llevara sus quejas e hiciera valer sus derechos ante el Tribunal Eclesiástico, contra un cura que les exigía mayores obvenciones y servicios personales sin sujetarse a los aranceles. Convencido de la justicia de sus quejas por la relación que le hicieron y por los documentos que le mostraron, Juárez se dirigió al tribunal o provisorato, como le llamaban entonces, para presentar la denuncia.

Como era de esperarse, la autoridad eclesiástica absolvió al cura, que volvió a su parroquia y se vengó de sus acusadores, extremando su crueldad y su rapiña. Juárez se dirigió entonces a la justicia civil ejercida por militares. El juicio duró mucho tiempo y al final se dictó sentencia contra Juárez, acusándolo de sublevar a los indios contra las autoridades, siendo que Loricha se encontraba a 40 leguas de Oaxaca y que él nunca había estado en el lugar. Juárez fue encarcelado por un día. Escribió:

> Estos golpes que sufrí, y que veía sufrir casi diariamente a todos los desvalidos que se quejaban contra las arbitrariedades de las clases privilegiadas en consorcio con la autoridad civil, me demostraron de bulto que la sociedad jamás sería feliz con la existencia de aquéllas y de su alianza con los poderes públicos, y me afirmaron en mi propósito de trabajar constantemente para destruir el poder funesto de las clases privilegiadas.

Constantemente acosado por los conservadores durante este periodo, Juárez se dedicó a su profesión de abogado y a la enseñanza del derecho civil y canónico en el instituto.

Federalista *versus* centralistas

Al ser destituido Gómez Farías, no había llegado la paz a la nación. Los centralistas ocuparon el poder pero Santa Anna siguió tan inconstante como siempre. Por enésima vez, pretextando motivos de salud, entregó la presidencia a Miguel Barragán en calidad de presidente interino y se retiró a su hacienda. Una nueva constitución vio la luz preparando el camino para una dictadura de tipo conservador y centralista, como la de Bustamante, elegido presidente en 1837. Hubo oposición de los federalistas en todo el país y alzamientos como en el caso de Zacatecas. Los opositores más fieros se pronunciaron en Texas, lo que habría de convertirse con el tiempo en una guerra por la independencia de esa región.

La guerra de Texas

El problema de Texas databa de los años que siguieron a la llegada de Stephen F. Austin con un grupo de colonos al norte de México, lo que derivó en un aumento considerable del número de inmigrantes que manifestaban grandes diferencias respecto a los habitantes originales, hispanohablantes y católicos, del estado de Coahuila, del cual formaba parte Texas.

Este desfase provocó que los norteamericanos de Texas apoyaran el federalismo y se opusieran al nuevo régimen conservador. El 3 de noviembre de 1835 declararon su independencia de manera oficial.

Santa Anna, en su retiro, al saber este acontecimiento, con un ejército producto de la leva, intentó recobrar Texas. En la frontera del norte de México se enamoró de una joven pequeña y atractiva, casándose con ella según las consejas.

Santa Anna atravesó el desierto, tomó San Antonio Béjar y ejecutó a los defensores del Álamo, muchos de ellos agentes norteamericanos, el 26 de febrero de 1836. Para celebrar su triunfo ofreció una comilona a sus soldados. Mientras dormía la siesta en una hamaca, como era su costumbre, Santa Anna fue víctima de un ataque sorpresivo de Samuel Houston, en San Jacinto. Su ejército fue derrotado y el general apresado. Además de la independencia de Texas, la captura de Santa Anna tuvo una repercusión antropológica. Encadenado Santa Anna a un árbol, el oficial que lo vigilaba le preguntó:

–¿Por qué mastica usted tanto si no come nada?

Santa Anna respondió:

–Mastico chicle, una especie de goma que se produce en mi país. El oficial de guardia se llamaba Adams y con el tiempo fundó el imperio del *chewing gum* norteamericano.

Houston no trató a Santa Anna como un general vencido, sino todo lo contrario: metido en una jaula de hierro, como si fuera un animal, lo llevó a Washington. En los pueblos y ciudades que cruzaban, la gente lo cubrió de injurias, de burlas y escupitajos.

En Washington, el presidente Jackson le dijo:

–O firma usted la donación de Texas a los Estados Unidos, o será usted fusilado por un pelotón que lo espera afuera.

Por supuesto, decidió salvar la vida y firmó. Entonces lo vistieron de general, le ofrecieron un banquete y en una corbeta lo regresaron a México.

Fue inútil que la Cámara de Diputados intentara nulificar el tratado: Texas pasó a ser independiente y con el tiempo se convirtió en un estado más de la Unión Americana, según lo había deseado desde el tiempo de Monroe.

La "guerra de los pasteles"

El conocimiento de que Santa Anna había intercambiado Texas por su vida pareció que era el fin de su carrera política. Al volver a Veracruz, el héroe de 1829 se encontró caído en desgracia e infamado como traidor y "vendepatrias". Se refugió en su hacienda, pero en abril de 1838, figuró de nuevo durante un bloqueo del puerto de Veracruz por buques franceses que participaron en la llamada "guerra de los pasteles". Este incidente se originó en el reclamo de un pastelero francés y de otros comerciantes por el cobro de deudas y por la reparación del saqueo de tiendas y otros daños sufridos en la sucesión de cuartelazos y pronunciamientos. Santa Anna ayudó en la contienda y como consecuencia fue herido por un obús en la pierna, que posteriormente le fue amputada y enterrada en la catedral metropolitana con honores.

Cojo, nunca usó muletas, y debió sufrir mucho al emprender grandes caminatas a caballo. Vestido siempre de generalísimo, cubierto de bandas y condecoraciones, incluso bailaba. Su pierna nos costó muy caro. No era tampoco un buen militar, ya que perdió todas las batallas, a excepción de la invasión española y la guerra con los franceses.

Desde lo que supuso su lecho de muerte, Santa Anna lanzó un manifiesto a la nación. Se despidió de ella con palabras tan sentidas que los mexicanos lloraron y le perdonaron sus pecados. Pero el drama y la farsa que fue su vida aún no habían terminado.

El éxito sobre la escuadra francesa se tradujo en el nombramiento de Santa Anna como comendador militar.

Las disputas de Santa Anna y Bustamante

Entre 1839 y 1840, Santa Anna y Bustamante contendieron por el poder, logrando Santa Anna ocupar la presidencia por sexta vez el 10 de octubre de 1841.

En un testimonio interesante, *La vida en México* (1843), madame Calderón de la Barca (Frances Erskine Inglis), escocesa casada con Ángel Calderón de la Barca, primer ministro plenipotenciario de España en México, describió el pronunciamiento de 1840 en que Gómez Farías y el general Urrea se alzaron en armas por el federalismo contra el presidente centralista, traidor y asesino Anastasio Bustamante. Los pronunciados entraron en palacio, sorprendieron en la cama al presidente y lo tomaron preso. A la cabeza de las tropas gobiernistas, el general Gabriel Valencia se dispuso a atacarlos. Comenzó el tiroteo, la gente corrió por las calles, a trote redoblado los indios regresaron a sus pueblos. Se difundió el rumor de que los sediciosos estaban armando a los "léperos". Las calles próximas a la Plaza Mayor se cubrieron de cañones y sus balas se dirigieron contra palacio. Todas las calles, balcones y azoteas se encontraban llenos de gente. Bustamante logró escapar, se refugió en la Ciudadela al lado de Juan Nepomuceno Almonte (el hijo del cura Morelos) que tan triste papel iba a desempeñar durante la intervención francesa. Desde allí cañonearon la sede del poder y semidestruyeron gran parte de la capital.

Santa Anna apoyó esta vez a su enemigo Bustamante, a quien al año siguiente desplazó del poder. La rebelión terminó con la derrota de Gómez Farías. El general Valencia, muy en el estilo de la época, expidió una proclama: "¡Soldados de la libertad! ¡La anarquía sacó la cabeza y vuestros brazos la han ahogado al momento!" Refiriéndose a los sublevados decía: "¡Yo les presento ante las naciones del orbe como un modelo inimitable de ferocidad y de barbarie!"

La marquesa Calderón de la Barca

Desde su llegada a México dos hechos llamaron la atención a madame Calderón de la Barca. El primero:

> El inmenso valle, alabado en todas partes del mundo, cercado de montañas eternas, con sus volcanes coronados de nieve y los grandes lagos y las fértiles lagunas que rodean la ciudad favorita de Moctezuma, orgullo y vanagloria de su conquistador, y antaño la más brillante de las joyas, entre muchas, de la corona española.

La segunda:

> Los curiosos y pintorescos grupos de gente que vemos desde las ventanas: hombres de color bronceado, con sólo una frazada encima con la que se envuelven [...] Mujeres con rebozo de falda corta, hecha jirones casi siempre, aunque por debajo de las enaguas asomen encajes; sin medias, con sucios zapatos de raso blanco, aún más pequeños que sus pies morenos [...] Léperos holgazanes, patéticos montones de harapos que se acercan a la ventana y piden con la voz más lastimera, pero que sólo es un falso lloriqueo, o bien, echados bajo los

arcos del acueducto, sacuden su pereza tomando el fresco, o tumbados al rayo del sol.

La marquesa también recogió los pregones callejeros de los años treinta del siglo XIX:

> ¡Carbón, señor! / Mantequía di a rial y di a medio / Cecina buena, cecina buena / Hay ceboooooo / Tejocotes por venas de chile / Gorditas de horno calientes / ¿Quién quiere petates de la Puebla, petates de cinco varas? / Pasteles de miel / Requesón y melado bueno / Caramelos de espelma, bocadillo de coco / El último billetito, el último que me queda por medio real / Tortillas de cuajada / ¿Quién quiere nueces? / Castaña asada, caliente / Patos, mi alma, patos calientes / Tamales de maíz...

De regreso a España en 1842, su esposo don Ángel ocupó un cargo importante en el Palacio Real de Madrid, muriendo en 1861. La reina Isabel, admirada del talento literario y del dominio de lenguas de Frances, le encargó la educación de sus hijos. Desterrada la reina por un motín, su hijo Alfonso XII nombró a Frances marquesa; vivió en palacio hasta su muerte, ocurrida en 1882.

El matrimonio con Margarita Maza

Benito Juárez, quien durante todo ese tiempo se había dedicado a su profesión y a la enseñanza en el instituto, fue nombrado en 1841 juez de primera instancia en la rama civil. Así transcurrieron dos años, y el 31 de julio de 1843 contrajo matrimonio con Margarita Maza, hija de su antiguo protector don Antonio Maza. Margarita era una bella joven de 17 años, en tanto que Benito contaba ya con 37 años. Doña Margarita, desde su elevada posición social, supo apreciar la valía de Juárez y aceptó casarse con él. Amó y admiró mucho a su esposo, convirtiéndose en su compañera y consejera por el resto de su vida.

El gobierno conservador del general León

En el año de 1844, Juárez es nombrado secretario del gabinete del gobernador conservador don Antonio León, lo cual suscitó dudas acerca de la nueva orientación de su liberalismo, e incluso cuando se instauró un nuevo gobierno santanista, más centralizado, el gobernador nombró a Juárez fiscal de su departamento recién creado.

La ruptura con el general León tuvo lugar luego de que éste emitió un decreto por medio del cual se establecía que se procedería en contra de quienes rehusasen satisfacer el diezmo a la iglesia, que representaba 10 por ciento de las cosechas de los campesinos y de los hacendados.

El farragoso y acerbo crítico Bulnes, en su biografía de Juárez, lo acusa de ser cómplice de los crímenes y saqueos que cometió siendo gobernador del estado el general León. Quien conozca la honradez y el rechazo a toda violencia por parte de Juárez comprenderá que se trata de una vil calumnia. Por otro lado, Bulnes no menciona que el mismo general León combatió más tarde en Molino del Rey a los invasores norteamericanos y que, gravemente herido, se envolvió en la bandera nacional manchada con su sangre y murió.

Algo que pudiera decirse en descargo de la aparente falta de definición ideológica de Juárez, y de las imputaciones a su liberalismo, es el hecho de que entre 1830 y 1850 la dirección de México no era clara. Federalistas y centralistas alternaban en el poder y las ambiciones de Santa Anna descollaban. Además se sufrieron constantes amenazas de países extranjeros, incluidos los Estados Unidos. Esos trágicos acontecimientos influyeron en Juárez, quien a lo largo de su carrera política luchó por alcanzar la unidad de la nación en medio de tantas posiciones encontradas.

En ese maratón de locos codiciosos que nada sabían de leyes o de política, lo que salvó a Juárez fue ser indio, heredero de los zapotecos que construyeron Monte Albán. Un indio habla poco, es impasible ante las peores circunstancias y nunca se queja; de él se ha hecho la imagen de un hombre cubierto con su gran sombrero y su sarape, dormido bajo un árbol, pero en realidad está pensando en él mismo y en la posibilidad de mejorar su vida espiritual.

La rebelión del general Paredes

En 1844, luego de tres años de casi ininterrumpida gestión al frente de la presidencia, Santa Anna sufrió un alzamiento por parte del general Mariano Paredes y Arrillaga, que terminó con el exilio del veracruzano en La Habana, y la ascensión al poder del moderado José Joaquín Herrera, en cuyo mandato se inició la guerra con los Estados Unidos.

El prestigio de Juárez como liberal no disminuyó con los ataques, toda vez que en 1845 fue elegido unánimemente diputado a la asamblea departamental en Oaxaca. Sin embargo, a principios de 1846, la asamblea fue disuelta a consecuencia de la sedición militar acaudillada por el general Paredes, que teniendo la orden del presidente José Joaquín de Herrera para marchar a la frontera y amagada por el ejército americano, se pronunció en la Hacienda del Peñasco (San Luis Potosí) emprendiendo la marcha hacia la capital para hacerse del control del gobierno como presidente. No puede haber nada más bochornoso. Así comienza una de las grandes tragedias nacionales. Los mexicanos se derrotan a sí mismos.

La guerra con los Estados Unidos

Pese a que el fantasma de la guerra con los Estados Unidos existía desde la anexión de Texas y aumentó con la ascensión al poder del presidente James K. Polk, no fue sino hasta que el general Zachary Taylor movilizó sus tropas hacia el norte del río Bravo cuando tuvieron lugar algunas fricciones entre los ejércitos de ambos países y se declaró la guerra. Sabedores de la precaria situación de México, los norteamericanos organizaron la guerra con la convicción plena de ganarla a muy poco costo.

El movimiento contra el dictador Paredes, con la ayuda de los santanistas, se gestó casi de inmediato, concluyendo el 6 de agosto de 1846 con la designación del general José Mariano Salas como presidente interino. A este movimiento se le llama la "revolución de 1846", y enarboló la bandera del federalismo. El nuevo gobierno aceptó el retorno a México del general Santa Anna, cuando éste expuso su conversión al federalismo. Santa Anna, a través de una misiva, solicitó al presidente Polk que le permitiera la entrada a México para negociar un acuerdo entre los dos países. Polk, quien conocía a Santa Anna mejor que los propios mexicanos, mandó un barco a La Habana para recoger al general mexicano, sabiendo de antemano que sería el jefe de las tropas que los Estados Unidos debían combatir. De esta manera Santa Anna logró atravesar el bloqueo naval de los Estados Unidos y desembarcar en Veracruz.

A pesar de la vergonzosa derrota de Texas, no se encontró a nadie digno de encabezar la defensa de México y se mandó llamar al hombre providencial. Sin embargo, los mexicanos esperaron confiados al invasor. Su optimismo se basaba en un sofisma: ¿cuál es el mejor ejército del mundo? El francés. ¿Quiénes lo derrotaron e iniciaron la ruina de Napoleón? Los españoles. Como nosotros vencimos a los españoles, los norteamericanos están condenados a fracasar.

En el transcurso de su viaje de Cuba a México, Santa Anna dejó de ser ladrón, tahúr y "chaquetero" que cambiaba de bandos con facilidad, para convertirse en genio militar. Así, el general Santa Anna se puso una vez más a la cabeza del ejército y el 6 de diciembre de 1846 fue nombrado presidente interino por el Partido Liberal, en contra de los votos de los partidos Moderado y Conservador, y Valentín Gómez Farías, vicepresidente. Santa Anna no quiso entonces asumir el cargo, para marchar a combatir a los norteamericanos, dejando el poder a Gómez Farías.

Juárez viaja a la capital

En ese año de 1846, Oaxaca reasumió su soberanía y la Junta Legislativa eligió un triunvirato para entregarle el poder ejecutivo, siendo Juárez electo como uno de los triunviros, en compañía de don Luis Fernández del Campo y don José Simeón Arteaga. El triunvirato tuvo una corta duración. Posteriormente se eligió como gobernador a Arteaga, y Juárez, por votación popular, fue nombrado representante en el congreso constituyente que se reunió en la Ciudad de México con miras a reformar la constitución de 1824 y enfrentar el problema de la guerra con los Estados Unidos.

Invadida la república, y ante la carencia de fondos suficientes para organizar la defensa, era preciso que el congreso le facilitara los medios de adquirirlos. Ya en la capital, Juárez votó la ley que mandó hipotecar los bienes del clero para hacer frente a los gastos de la invasión norteamericana. La ley, decretada por Gómez Farías, era un empréstito que preveía la obtención de 15 millones de pesos, producto de la venta o hipoteca de los bienes llamados de "manos muertas", las inmensas propiedades del clero.

Como es natural, la facción conservadora del congreso se opuso y Juárez procedió a la redacción y posterior lectura de un manifiesto. He aquí algunos de sus fragmentos:

> Firmes en el propósito que hemos formado de salvar a la república, cuya voluntad soberana estamos autorizados para creer que representamos, por corto que sea nuestro número, jamás consentiremos en concurrir a los funerales de la independencia y libertad, sin que pueda nunca separarnos de nuestro sagrado objeto, ni la grita fementida, ni las tramas insidiosas de sus solapados enemigos.

En el congreso figuraban las tres fuerzas políticas nacionales: la liberal, la reaccionaria y la moderada. Ninguna tenía mayoría absoluta y pese a muchas indecisiones triunfó el proyecto, votándose la ley el 10 de enero de 1847, ya cuando la presencia norteamericana asolaba a la nación. No obstante, la ley no se promulgó. Los derrotados en la cámara fueron los promotores del motín llamado de los "polkos".

La rebelión de los "polkos"

Típicamente, en vez de preparar unidos la resistencia, los mexicanos pelearon entre sí. Muchos estados se rehusaron a enviar contingentes: la guerra de los norteamericanos no era contra éstos sino contra su explotadora y opresora, la orgullosa Ciudad de México. En ella se daban mítines y circulaban panfletos de los "puros" o "rojos" (radicales del Partido Liberal) que incitaban al pueblo contra los extranjeros y sus propiedades. Los miembros del Partido Conservador, en cambio, exhortaban a castigar al gobierno por sus intolerables herejías.

Mientras proseguía el doble avance norteamericano por la frontera norte y por Veracruz, arzobispos y sacerdotes afirmaron que ninguna autoridad podía privar de sus bienes a la iglesia soberana. Cerraron los templos y amenazaron de excomunión a quienes de una o de otra manera convalidaran el despojo. Muchos ricos se exiliaron en La Habana y (como siempre) se llevaron sus capitales.

En el momento en que fue aprobada la ley del 10 de enero, el clero, los moderados y los conservadores redoblaron sus esfuerzos para derogarla y destituir de la presidencia a Gómez Farías, considerado como jefe del Partido Liberal. En pocos días lograron realizar sus deseos sublevando un batallón de la Guarda Nacional, llamado "de los polkos", que lanzaron estas consignas: "¡Mueran los puros!", "¡Abajo Gómez Farías y los radicales!", "¡Arriba la iglesia!" Les llamaban los polkos por haber convertido a la polka en el himno de la guardia; eran jóvenes de la alta sociedad, temerosos de que con los liberales en el poder la iglesia estuviera amenazada. Pertrechados desde las azoteas de las casas o desde las torres de las iglesias, los polkos convirtieron la ciudad en un infierno. En plena invasión hubo en la capital guerra civil, batallas religiosas y lucha de clases; en la pugna de polkos contra "rojos" se derramó sangre mexicana.

La indumentaria de los polkos —cuenta Guillermo Prieto— constaba de levita militar muy ajustada, chacós con placas doradas, botines y guantes de charol. Peinaban de raya en medio o rizos sobre la frente. Para que los jóvenes no se molestaran, sus lacayos cargaban armas y bagajes. Mataban y morían pero sentían que eran niños jugando a la guerrita en la Alameda. En vez de "nanas", las monjas los cubrían de reliquias, dijes, escapularios, amuletos, "detentes". Su cuartel general era La Profesa, donde se llevó a cabo la conspiración de Iturbide. Las señoritas aristócratas iban, entre combate y combate, a bailar polkas con ellos.

Santa Anna se encontraba en San Luis Potosí a la espera del enemigo cuando fue decretada la nacionalización de los bienes del clero y su venta en subasta pública. Dice Juárez:

> El motín que se llamó de los polkos fue visto con indignación por la mayoría de la república y considerando los sediciosos que no era posible el buen éxito de su plan por medio de las armas, recurrieron a la seducción y lograron atraerse al general Santa Anna que se hallaba a la cabeza del ejército en La Angostura. Santa Anna, inconsecuente como siempre, abandonó al Partido Liberal (que lo había nombrado presidente) y llegó a México violentamente a dar el triunfo a los rebeldes. Los pronunciados recibieron a su protector en la Villa de Guadalupe llevando sus pechos adornados con escapularios y reliquias de santos como defensores de la religión y de los fueros.

La Angostura

Santa Anna cometió un error fatal. En los desiertos de Coahuila, en la batalla que los mexicanos llaman de La Angostura y los norteamericanos de Buenavista, había logrado detener a las fuerzas del general Taylor; sólo le quedaba a éste un último reducto, y Santa Anna, en vez de tomarlo y realizar el ataque final, ordena la retirada y se proclama victorioso.

La retirada es atroz. Supone la derrota y la extinción del ejército mexicano. Ya no marchan: se arrastran y dejan en el camino centenares de heridos y de soldados extenuados. Nadie se ocupa de recogerlos, a pesar de que ya los cercan coyotes, perros y cuervos hambrientos. Casi todo el ejército se desbarató. Al llegar a San Luis Potosí, de los 18 mil hombres que salieron sólo quedaban 4 mil.

De vuelta a la capital, Santa Anna reasumió la presidencia por enésima vez, el 21 de marzo. Removió a don Valentín Gómez Farías de su cargo y lo exilió, derogó las leyes que nacionalizaban los bienes del clero, transigió con la iglesia y disolvió el congreso. El 2 de abril, Santa Anna salió nuevamente a campaña al llegar el general Winfield Scott a Veracruz con el grueso del ejército invasor, abriendo un segundo frente. Tras un terrible bombardeo y una heroica resistencia, Scott derrotó a Santa Anna en Cerro Gordo y avanzó inexorablemente hacia la capital.

Entretanto, Pedro María Anaya sustituyó a Santa Anna hasta el 20 de mayo, fecha en que éste regresó para promulgar, al día siguiente, el Acta de Reforma a la Constitución.

La derrota

Santa Anna dirigió la defensa contra la invasión norteamericana en el centro del país, perdiendo todas las batallas. El 19 de agosto de 1847 Gabriel Valencia logró frenar a los invasores en Padierna, a orillas del Pedregal. Santa Anna, en vez de apoyar a Valencia, se dedicó a jugar billar en la Casa del Risco en San Ángel. Mientras tanto, Scott abrió el camino a la Ciudad de México. En el convento de Churubusco, mil 300 soldados de línea y 600 guardias nacionales (muchos de ellos "polkos", que así se salvaron de la ignominia) se defendieron contra 6 mil norteamericanos. Santa Anna tampoco fue en su auxilio. Cuando el general Pedro María Anaya se vio forzado a rendirse le dijo a su vencedor: "Si hubiera parque no estaría usted aquí."

Scott situó su cuartel general en Tacubaya. Hubo un armisticio; Santa Anna no lo aprovechó. Los norteamericanos avanzaron hacia el bosque de Chapultepec. Aquí se destaca especialmente su ausencia en la batalla de Chapultepec, sitio donde tendría lugar la última batalla y donde había formado el 7 de septiembre de 1847 una magnífica línea oblicua con una triple hilera de sus tropas, protegidas por una caballería de 4 mil hombres. Ese mismo día, por la noche, Santa Anna casi destruyó la línea y se retiró a dormir a palacio como era su costumbre. Al amanecer marchó a la garita de La Candelaria, punto que creyó debería ser atacado. Mientras tanto, los norteamericanos, con moderno armamento, decidieron atacar Chapultepec y escalaron la colina paso a paso sufriendo importantes pérdidas. En la defensa de la rampa de acceso perecieron el coronel Xicoténcatl y todo su batallón de San Blas. Llegados al Colegio Militar, instalado en la cima, se enfrentaron a los cadetes, casi todos adolescentes, que heroicamente defendieron la plaza. Algunos fueron acribillados y otros se arrojaron al vacío. Entre ellos destacan: Juan de la Barrera, Juan Escutia, Francisco Márquez, Agustín Melgar, Fernando Montes de Oca y Vicente Suárez.

Por el equívoco de Santa Anna, la acción de Chapultepec careció de general en jefe y se redujo a los esfuerzos aislados de los que tuvieron suficiente honor y patriotismo para cumplir su deber, y que se vieron abandonados por su alto mando.

Esta derrota finalmente abrió la puerta no sólo de la capital, sino de las negociaciones que culminaron con la pérdida de más de la mitad del territorio nacional, y que están contenidas en el Tratado de Guadalupe Hidalgo. México cedió Nuevo México, Alta California, partes de Tamaulipas, Coahuila y Chihuahua: 111 mil 882 leguas cuadradas con una población de 108 mil personas. El convenio fue aprobado por el senado norteamericano.

Luego del triunfo, el ejército norteamericano desfiló desafiante por la Plaza Mayor. Las bandas de música entonaban el himno estadounidense y en Palacio Nacional ondeaba la bandera de las barras y las estrellas. El pueblo, la canalla, la plebe, los encuerados, apedrearon con furia a los invasores. Se desató la rebelión de los "léperos" que duró tres días; por un momento hubo cierta confusión, pero los soldados norteamericanos registraron las casas vecinas y se hicieron de prisioneros. Durante 10 meses el ejército norteamericano ocupó la ciudad. Los soldados no podían salir de noche porque invariablemente sucumbían víctimas del lazo y el puñal. La plaza de Santo Domingo se convirtió en el cadalso en que los resistentes eran muertos o azotados. La "buena sociedad" no permitió la entrada de invasores a sus salones; de nada sirvió que el general Scott visitara al arzobispo. El odio contra los ocupantes era doble: patriótico y religioso, porque se trataba de protestantes. En cuanto al general Santa Anna, luego de su vergonzosa actuación en la contienda, el 14 de septiembre abandonó la capital al frente de los restos del ejército. Dimitió el día 15 y pidió pasaporte para trasladarse al extranjero.

Como vemos, en todo este cúmulo de adversidades fueron la iglesia, sus defensores, los gobernantes de los estados y las ambiciones políticas de Santa Anna los causantes de nuestra derrota. Tal era la descomposición de nuestro país. En la conquista de Tenochtitlan fue el joven emperador Cuauhtémoc "el único héroe a la altura del arte", y en 1847 fueron los "niños héroes" los que salvaron el honor de México. Más de un siglo después, el 2 de octubre de 1968, fueron los jóvenes universitarios los héroes de la matanza de Tlatelolco. Por ello, siempre son los jóvenes en los que debemos confiar nuestro destino.

La generación del 48

Terminada la guerra contra los Estados Unidos se puede hablar de una generación del 48, marcada por el desastre y compuesta por los jóvenes liberales para quienes la mutilación nacional sólo admitía una cura: cambiar radicalmente el país, liquidar las supervivencias de la colonia y arrebatarles el poder a los militares, al clero y a los hacendados, a quienes culpaban del caos en que se engendró la derrota. En el siglo del progreso se pensaba que México había quedado al margen porque en él prevalecían las fuerzas oscurantistas del pasado. La generación liberal se formó sobre todo en los colegios de Ciencias y Artes de los estados. Había algunos criollos, pero en su mayoría eran mestizos y algunos, como Benito Juárez e Ignacio Manuel Altamirano, indígenas puros.

Su universidad había sido el periódico. En todas partes, incluido México, los periódicos desempeñaron un papel fundamental en la difusión de ideas y conocimientos. Los periódicos sostuvieron grandes controversias sobre los métodos, republicanos o monárquicos, que se proponían para salvar a México. Y aunque a partir de 1839 creció la censura, paradójicamente en esta adversidad surgió el gran periódico liberal de Ignacio Cumplido: *El Siglo XIX*, compitiendo por su calidad con *El Monitor Republicano*, de Vicente García Torres.

Juárez, gobernador

Durante la guerra con los Estados Unidos, los diputados liberales fueron hostilizados negándoseles la retribución que la ley les concedía para subsistir en la capital. Los diputados oaxaqueños no podían recibir ningún auxilio de su estado porque, habiéndose secundado en Oaxaca el pronunciamiento de los polkos, fueron destituidas las autoridades legislativas y sustituidas por las que pusieron los sublevados. Y como de hecho el congreso ya no tenía sesiones por falta de número, Juárez resolvió volver a su tierra. Don Benito escribe:

> En agosto del mismo año llegué a Oaxaca. Los liberales, aunque perseguidos, trabajaban con actividad para restablecer el orden legal y como para ello los autorizaba la ley, pues existía un decreto que expidió el congreso general a moción mía y de mis compañeros de la diputación de Oaxaca reprobando el motín verificado en este estado y desconociendo a las autoridades establecidas por los revoltosos, no vacilé en ayudar del modo que me fue posible a los que trabajaban

por el cumplimiento de la ley que ha sido siempre mi espada
y mi escudo.

El día 23 de octubre logramos realizar con buen éxito
un movimiento contra las autoridades intrusas. Se encargó del
gobierno el presidente del Tribunal Superior de Justicia
del Estado, lic. don Marcos Pérez; se reunió la legislatura
que me nombró gobernador interino del estado.

Juárez prestó juramento de ley el 30 de octubre.

Juárez impide el paso a Santa Anna

En una carta dirigida a Matías Romero, don Benito relata
lo que posteriormente aconteció:

Luego que me encargué del gobierno del estado de Oaxaca,
en 1847, los partidarios de la administración ilegal que acababa de desaparecer, unidos a los que deseaban la vuelta
del señor Arteaga al gobierno, comenzaron a trabajar activamente en formar un motín que diese por resultado la
realización de sus deseos, y obligaron al gobierno, que entonces se ocupaba en preparar la defensa del estado contra
la invasión extranjera, a dictar las medidas necesarias para
conservar el orden público. En tales circunstancias se recibió la noticia de que el general Santa Anna, que estaba ya
separado del mando del ejército de la república, había llegado a la ciudad de Tehuacán con el intento de dirigirse a
la capital de Oaxaca. Esta noticia alentó a los perturbadores
del orden en dicha capital, que redoblaron sus trabajos es-
cribiendo y mandando agentes al general Santa Anna para
obligarlo a apresurar su marcha. El ayuntamiento dirigió
una exposición y la legislatura una excitativa para que de

ninguna manera permitiese la venida de aquel general, porque su presencia en la ciudad en aquellas circunstancias era nociva al orden público. Entonces ordené al gobernador del departamento de Teotitlán del Camino, que en el caso de que el general Santa Anna se internase en el territorio del estado, le hiciese saber que podía pasar y permanecer en cualquier población del mismo, menos en la capital y sus inmediaciones. El general Santa Anna entró en efecto en el territorio del estado, estuvo algunos días en Teotitlán, y después se retiró rumbo a Orizaba, sin haber exigido que se le entregara el mando.

No pudiendo salir hacia Guatemala a través de Oaxaca, según sus planes originales, por habérselo impedido Juárez, Santa Anna marchó a los Estados Unidos. De ahí pasó a Jamaica y luego se estableció en Turbaco, Colombia. En sus memorias, Santa Anna narra este suceso y asocia la negativa de Juárez a la época en que éste fue estudiante y sirvió la mesa en un banquete dado a Santa Anna. Don Benito, por su parte, niega esta aseveración y señala que sus medidas solamente fueron dictadas en interés de la estabilidad de su estado y con el apoyo de otros oficiales.

El estilo de gobernar

Al inicio de su gestión como gobernador, Benito Juárez recibió la visita de los indios de Ixtlán, quienes encabezados por su jefe de tribu le dijeron:

> Te venimos a ver, Benito, en nombre de tu pueblo, para decirte que nos da mucho gusto que seas el gobernador. Tú conoces lo que nos hace falta y nos lo darás, porque eres bueno

y no te olvidarás de nosotros. Como no te podemos dar otra cosa, recibe esto que te traemos en nombre de todos.

Recibió como regalos animales, frutas y vegetales, concluyendo el encuentro con un apretón de manos entre el gobernador y sus visitantes. Se efectuaron elecciones para el trienio siguiente resultando vencedor Juárez, y en ocasión de su toma de posesión como gobernador electo, dijo en su discurso:

> Hijo del pueblo, yo no lo olvidaré, por el contrario, sostendré sus derechos, cuidaré de que se ilustre, se engrandezca y se críe un porvenir, y que abandone la carrera del desorden, de los vicios y de la miseria, a que lo han conducido los hombres que sólo con sus palabras se dicen sus amigos y sus libertadores, pero que con sus hechos son sus más crueles tiranos.

El estado de Oaxaca mostraba las mismas carencias y problemas que el resto de la república: lagunas en la impartición de justicia, falta de efectivos del ejército y problemas económicos. En cinco años de gestión como gobernador Juárez muestra claramente su afán de gobernar de cara al pueblo del que procedía. No obstante, no recurrió a medidas radicales con el deseo de no agravar las disputas internas. Sostuvo un acercamiento con la iglesia y los conservadores, permitiendo entre otras medidas, que los diezmos siguieran recaudándose según las leyes existentes, a pesar de que esto no comulgaba con las ideas liberales. Durante su mandato los títulos de propiedad de la iglesia fueron respetados y manifestó en ocasiones su creencia en la iglesia católica y sus preceptos.

Por supuesto que el clero seguía resistiendo las ideas liberales, pero se alió con Juárez en programas de infraestructura, construyéndose caminos y ensanchándose el comercio. Donde se manifestaron los mayores recelos por parte del clero fue en lo tocante al interés especial que Juárez mostró en el terreno educativo. La iglesia reaccionaba de inmediato frente a cualquier amenaza a su monopolio en la educación. Sin embargo, durante el periodo de Juárez fueron construidas varios cientos de escuelas primarias y ocho escuelas normales; asimismo, se expandió y fortaleció el Instituto de Ciencias y Artes. También aumentó la concurrencia de niñas a los centros educativos.

Zerezero, biógrafo de Juárez, afirma:

> Largo sería señalar todos los actos gubernativos de Juárez durante estos cinco años: bástenos decir que todos los ramos fueron atendidos, creados, reformados o mejorados: paga con demasía el contingente para el gobierno federal, que se tenía señalado a Oaxaca, cubre constantemente la lista civil y militar; amortiza completamente la deuda del estado, que durante 18 años había venido aumentando considerablemente, dejando en la Tesorería del Estado, al separarse del mando, unos 50 mil pesos de existencia. Organizando de esta manera el estado, cobró un nombre notable en la nación su gobernador diciéndose de Oaxaca que era un estado modelo en la república.

Juárez enfrentó también conflictos internos: en el año de 1850 tuvo lugar un brote de cólera que ocasionó la muerte a más de 10 mil personas, entre ellas su propia hija Guadalupe, de dos años de edad. La actitud de Juárez durante este incidente fue ejemplar: se desplegaron acciones conducentes a dotar de servicios sanitarios a la población, y en cuanto a la muerte de su hija, Juárez mostró una vez más su apego a la ley: existía entonces un cementerio municipal en las afueras de la ciudad destinado al entierro de personas fallecidas por enfermedades contagiosas. Pudiendo eludir por su alto cargo esta costumbre que en múltiples ocasiones era pasada por alto, Juárez no obstante optó por cargar en sus propios hombros el ataúd de la niña y disponer su entierro en el cementerio municipal.

Por otra parte, en octubre del mismo año ocurrió una revuelta en Tehuantepec, de corte conservador. El ejército intervino, con saldo de por lo menos un fusilado.

Juárez concluyó su mandato el 12 de agosto de 1852 y no pudiendo ser reelecto de nuevo por impedimentos legales, le sucedió en el poder Ignacio Mejía. Finalizada su gestión, Juárez volvió a la vida privada. Trabajó en su bufete, dirigió el instituto y dio cátedra de derecho civil. Cuando Juárez dejó el poder estaba consciente del enorme trabajo que restaba por realizar. Él mismo lo reconoce al escribir:

> Cuando una sociedad, como la nuestra, ha tenido la desgracia de pasar por una larga serie de años de revueltas intestinas, se ve plagada de vicios, cuyas raíces profundas no pueden extirparse en un solo día ni con una sola medida. Se necesita de tiempo para preparar los elementos con que se pueden reorganizar los diferentes ramos de la sociedad; se necesita de constancia para no desperdiciar esos elementos, a fin de llevar a cabo la obra comenzada; se necesita de firmeza para ir venciendo las resistencias que naturalmente oponen aquellos que han saboreado los frutos de la licencia y de los abusos, y se necesita de una grande capacidad para elegir y aplicar, con la debida oportunidad, los medios a propósito, que satisfagan las exigencias del cuerpo social sin exasperar sus males.

El regreso de Santa Anna

Durante los años que estuvo Juárez al frente del gobierno de Oaxaca, en el plano nacional la situación no era menos conflictiva. Luego de finalizada la guerra con los Estados Unidos y con Santa Anna en el extranjero, se sucedieron varios gobiernos breves como el de Peña, Herrera, Arista, Blancarte y Ceballos. Gobernando este último tuvo lugar un nuevo golpe militar que lo reemplazó por Santa Anna. Varios conservadores habían ido a Turbaco, con el deseo de que Santa Anna volviera a ocupar la presidencia, a pesar de su ignominiosa conducta en 1847. Santa Anna se hizo mucho del rogar alegando que en el país en que residía reinaba la paz y que poseía una finca muy hermosa. Al final accedió, pero siempre y cuando se le concediera el título de Alteza Serenísima. Santa Anna llegó a la capital de México en abril de 1853, siendo respaldada su toma de posesión, aunque no sin ciertos recelos, por gran parte del clero, de la milicia y demás conservadores como Lucas Alamán. Como si supiera que se trataba de su última oportunidad, Santa Anna rompió todos los límites y gobernó ya no como dictador, sino como monarca absoluto. Fue el colmo: el esplendor sobre un país en ruinas.

Procedió a restaurar las órdenes nobiliarias iturbidistas, fundó una dinastía, robó, despilfarró, exterminó a la prensa libre, encarceló opositores y se ganó el odio de todos por el medio infalible de inventar nuevos impuestos y aumentar los antiguos. Gravó el número de ventanas de las casas, los animales domésticos, las ruedas de los coches. De las confiscaciones no escapó esta vez ni el clero.

El destierro de Juárez

Cuando en Oaxaca el gobernador Mejía fue destituido por los santanistas, y en su lugar fue nombrado Martínez Pinillos, hubo muchos agravios de los conservadores en contra de Juárez, dándose incluso atentados contra su vida. El 27 de mayo de 1853, Juárez asistió al pueblo de Teococuilco para atender una queja de despojo contra indígenas. De vuelta a Etla, cuando redactaba las actas en el juzgado, un piquete de soldados, al mando del coronel Santoyo, entró intempestivamente:

—¿Quién es aquí Benito Juárez?
—Un servidor, capitán.
—Pues lea este papel, y dése preso.

Se le entrega un pasaporte y una orden de confinamiento en la ciudad de Jalapa, Veracruz.

Santa Anna no había podido olvidar que en su huida, después de la victoria de los Estados Unidos, Juárez le impidió la entrada a la capital de su estado. Santa Anna acostumbraba exiliar a sus enemigos, y esta vez le complació vejar a Juárez. Luego de la detención se le trasladó a Oaxaca, saliendo el día 26 rumbo a Puebla, custodiado por una fuerza de caballería. El día 4 de junio llegó a Tehuacán, hasta donde lo siguió su esposa, y ahí permaneció varios días. Juárez protestó por su destierro, pero el gobierno no respondió a sus quejas. Posteriormente se puso en camino rumbo a Jalapa cruzando la sierra de Veracruz, a veces a pie y a veces a caballo, llegando por fin el 25 de junio. Permaneció preso en esa ciudad 75 días. Entonces se le preguntó qué hacía en Jalapa cuando había recibido órdenes de residir en Jonacatepeque, Estado de México. Juárez escribe:

Esto sólo era un pretexto para mortificarme, porque el pasaporte y orden que me entregaron en Oaxaca decían terminantemente que Jalapa era el punto de mi confinamiento. Lo representé así, y no tuve contestación alguna. Se hacía conmigo lo que el lobo de la fábula hacía con el cordero cuando decía que le enturbiaba el agua.

Listo ya para partir rumbo a Jonacatepeque, sobrevino una contraorden: llegar al castillo de Perote, y a última hora se dio una nueva orden de que su destino final era Huamantla, en el estado de Puebla. El prisionero remontó de nuevo la sierra de Veracruz y pisó por fin Puebla. Ahí obtuvo un préstamo que le permitió un cierto desahogo, porque en "Huamantla no era fácil conseguirlo".

Logrado mi objetivo, dispuse mi partida para el día 16 de septiembre; mas a las 10 de la noche de la víspera de mi marcha fui aprehendido por don José Santa Anna, hijo de don Antonio, y conducido al cuartel de San José, donde permanecí incomunicado hasta el día siguiente, que se me sacó escoltado e incomunicado, para el castillo de San Juan de Ulúa.

El trayecto de Puebla a Veracruz se realizó en 10 días, llegando al puerto el día 29. Juárez fue confinado en una celda inmunda de las llamadas "tinajas", donde muchos prisioneros habían muerto. Héctor Pérez Martínez narra que:

El gobernador de la prisión, don Joaquín Roel, prepara a Juárez un recibimiento policiaco [...] Las celdas de San Juan de Ulúa gozan una fama sangrienta. Construidas en las entrañas de la isleta, quedan bajo el nivel del mar. El agua rezumba por sus paredes. Un dramático silencio se aposenta en ellas. Juárez prueba el tormento de la soledad.

El 9 de octubre se le comunica la orden de salir para Europa.

> Me hallaba yo enfermo en esta vez y le contesté al gobernador que cumpliría la orden que se me comunicaba luego que estuviese aliviado, pero se manifestó inexorable, diciéndome que tenía instrucciones de hacerme embarcar en el paquebote inglés Avon, que debía salir del puerto a las dos de la tarde de aquel mismo día; y sin esperar otra respuesta, él mismo recogió mi equipaje y me condujo al buque. Hasta entonces cesó la incomunicación en que yo había estado desde la noche del 19 de septiembre.

El barco que transporta a Juárez llega a La Habana el 9 de noviembre. Comienza su destierro totalmente en la miseria. Ya casi para abandonar el muelle se oye nombrado:
—¿Quién es Benito Juárez, pasajero del Avon?
Juárez voltea.
—¿Usted es Benito Juárez?
—Servidor.
—Tengo orden de entregarle este dinero.
Sus buenos amigos liberales habían logrado reunir algunos recursos que le permitieran embarcarse a Nueva Orleans, en el vecino país.

En Nueva Orleans se reúne con Melchor Ocampo, gobernador de Michoacán, considerado el líder de los refugiados; con José María Mata, de Jalapa; Ponciano Arriaga, liberal de San Luis Potosí; Juan Bautista Ceballos, ex presidente; Guadalupe Montenegro y Manuel Zepeda Peraza. Asimismo entra en contacto con Pedro Santacilia, exiliado cubano, que con el tiempo habría de convertirse en su yerno.

Son días de soledad y miseria. Juárez y sus amigos viven en la mayor pobreza. El grupo de Ocampo, Juárez, Mata, Montenegro y Zepeda Peraza entró en contacto con un impresor mexicano de nombre Rafael Cabañas, quien se hospedaba en la misma pensión y que por tener una posición más desahogada les daba la mano a los desterrados. A él le debemos algunas de las crónicas de las reuniones políticas del grupo en el exilio.

"Vivían en la pobreza, e iba ella tanto en aumento, que Ocampo se metió de alfarero; Mata de sirviente en un restaurante, y Juárez torcía cigarros." Cabañas relata que una noche, al llegar a su refugio, no vio rastros de alimentos, pero

> jamás —apunta— vi caer el desaliento en el alma de don Benito; siempre aparecía entero en las mayores dificultades [...] Una vez, entretenidos en pláticas, trascurrieron largas horas, y al darnos cuenta del tiempo e irnos cada uno a nuestro departamento, supe que apenas habían probado algo en el día. Le dije a don Benito llevándole algo:
>
> –Pero ¿es posible que no hayan comido? ¡Debe haber confianza entre nosotros!
>
> Don Benito se limitó a decirme:
>
> –Se ha retrasado el vapor en que debe llegarme carta de la familia.

Además de torcer cigarrillos, Juárez vivía en parte de los pocos recursos que le mandaba su esposa, quien había empeñado sus bienes patrimoniales e instalado una pequeña tienda de misceláneos en Etla.

Esta situación se vuelve desesperante para algunos de ellos. Ocampo, Montenegro, Arriaga, Calderón y Mata parten rumbo a Brownsville, Texas, donde logran allegarse fondos y editar un periódico, órgano de una junta revolucionaria. Juárez decide permanecer en Nueva Orleans.

Durante la copiosa correspondencia que dirige Juárez a sus compañeros de Brownsville, los alienta y aconseja sobre la rebelión contra Santa Anna. Juárez escribe:

> Dése a los prisioneros un trato humano y decoroso y podrán canjearse siempre que se presente la oportunidad de hacerlo, procurando entretanto alejarlos de los lugares en que su presencia pudiera ser peligrosa; procúrese guardar la mejor armonía con el clero y respetar los intereses de esa clase que la sociedad tiene aceptados como legítimos; pero si, por desgracia tratara de abusar de los objetos de su institución y ejercer una influencia ilegítima en la cosa pública que surja, díctense las medidas que sean suficientes a impedir semejantes abusos.

Los excesos de Santa Anna

En tanto los desterrados sufrían la desesperación y buscaban aliados en contra de Santa Anna, el general, quien ya se hacía llamar Alteza Serenísima, provocaba en México un creciente rechazo entre los liberales por su estilo de gobernar. Suspendió las legislaturas estatales y los gobernadores dependían directamente del jefe del ejecutivo, centralizando cada vez más el poder. Alamán, que se había constituido en contrapeso de los excesos de Santa Anna, había fallecido.

Dice Justo Sierra: "Jamás había estado la república con los pies más atascados en el fango de la miseria, de la ignorancia y del vicio, jamás había lucido un penacho más pomposo." Por su parte, Ivie E. Cadenhead Jr., biógrafo de Juárez, añade: "El gobierno asumió apariencias de monarquía con el consiguiente fausto real."

Mientras más poder acumulaba Santa Anna, más se corrompía su régimen. Derrochó mucho dinero en su costosa administración y pronto se vio sin fondos para sostener su gobierno. El país tenía una deuda de 20 millones de pesos y contaba con un ejército de 90 mil hombres. Los generales comenzaron a desertar y la fuerza revolucionaria volvió a tomar ímpetu. Empezaba a extinguirse la época de Santa Anna para dar paso a una nueva etapa en la vida de la nación.

El Plan de Ayutla

Los liberales sintieron que el país había llegado a un punto sin retorno. Organizaron la rebelión y para enlazarla con la lucha de Hidalgo y Morelos, eligieron como su cabeza visible a Juan Álvarez, último sobreviviente de la insurgencia y patriarca sureño que residía en Texca. Álvarez era en cierta forma un radical que no toleraba interferencia extraña dentro de sus dominios, y cuando Santa Anna dio señales de querer intervenir, el caudillo se aprestó a la lucha. Su ejército estaba formado por 400 campesinos de la Costa Grande y de la sierra, muchos de ellos afectados por la enfermedad endémica de la zona —vitiligo o mal de pinto, que cubría sus caras y sus cuerpos de grandes manchas blancas— e inspiraban miedo, asombro o desprecio.

Ignacio Comonfort, coronel retirado y ex administrador de la aduana de Acapulco, concibió un plan que fue aprobado por Álvarez. De acuerdo con éste, Comonfort atrajo a la causa al general Tomás Moreno y al coronel Florencio Villarreal. La redacción final del plan tiene lugar en la hacienda de la Providencia, cercana al pueblo de Ayutla, de donde toma su nombre la revolución. El 1 de marzo de 1854 Comonfort entregó a Villarreal el plan para que, a la cabeza de los pintos, lo proclamase en Ayutla y volvió a Acapulco.

Los artículos principales del Plan de Ayutla fueron los siguientes:

> 1o. Cesan en el ejercicio del poder público don Antonio López de Santa Anna y los demás funcionarios, que como él hayan desmerecido la confianza de los pueblos o se opusieren al presente plan.
> 2o. Cuando éste haya sido adoptado por la mayoría de la nación, el general en jefe de las fuerzas que lo sostengan, convocará a un representante por cada estado y territorio, para que reunidos en el lugar que estime conveniente, elijan al presidente interino de la república, y le sirvan de consejo durante el corto periodo de su encargo.
> 5o. A los 15 días de haber entrado en sus funciones el presidente interino, convocará a un congreso extraordinario conforme a las bases de la ley que fue expedida con igual objeto en el año de 1841, el cual se ocupe exclusivamente de constituir a la nación bajo la forma de república representativa, popular, y de revisar los actos del ejecutivo provisional de que se habla en el artículo 2o.

El plan fue ratificado en Acapulco el 11 de marzo, con algunas reformas, por Ignacio Comonfort y los oficiales y tropas acampados en ese lugar. El plan se comprometía además a no tocar al ejército, invitaba a Juan Álvarez, a Tomás Moreno y a Nicolás Bravo para ocupar el mando de las fuerzas revolucionarias y nombraba a Comonfort jefe de las fuerzas liberales.

Creen a Santa Anna predestinado

El 30 de marzo tuvo lugar la entrada de Santa Anna en Chilpancingo, acompañado de su ministro de Guerra, el general Santiago Blanco. Por coincidencia un águila real se paró entre las filas de los soldados. Uno de ellos atrapó al ave y se la presentó a Santa Anna. Los periódicos santanistas tuvieron este hecho como un pronóstico en pro de la dominación que ejercería Santa Anna. El águila fue llevada a la Ciudad de México y permaneció mucho tiempo en Palacio Nacional.

Santa Anna desplegó su fuerza para intentar acabar con la revuelta pero no lo pudo lograr debido al apoyo que recibió el Plan de Ayutla de muchos líderes del norte del país y al envío de sus fuerzas al combate. En mayo se unieron a la revolución los coroneles Epitacio Huerta y Manuel García Pueblita, en Coeneo. Luego se unió el gobernador tamaulipeco Juan José de la Garza, en Ciudad Victoria, Santos Degollado y el general mexicano de origen italiano Ghilardi. Asimismo, se levantó en armas el joven Porfirio Díaz, quien estudiaba jurisprudencia en el Instituto de Ciencias y Artes de Oaxaca, siendo su catedrático Benito Juárez. Siguieron otros pronunciamientos: el general Vidaurri en Lampazos, Nuevo León; el coronel Vega, en San Luis Potosí; Miguel Negrete, en Zamora, Michoacán; Ignacio de la Llave, en Orizaba, Veracruz. Así, la insurrección se extendió por casi todo el país.

A principios de mayo, Comonfort viajó a los Estados Unidos para conseguir armas. A su regreso, desembarcó en

Zihuatanejo encabezando una tropa de 300 hombres y estableciendo su cuartel general en Ario; después, ocupó Zapotlán el Grande y Colima.

En el mes de julio, dice el historiador don Agustín Rivera, todos los liberales notables de la república habían abrazado el Plan de Ayutla. Sin embargo Santa Anna parecía no inmutarse. Creía que sería fácil aplastar una insurrección como otras tantas pero estaba equivocado.

Piratas intentan apoderarse de Sonora

A mediados del mes Guaymas fue atacada por el filibustero francés conde Raousset de Boulbon, a la cabeza de 400 hombres, entre piratas norteamericanos y franceses colonos del mismo puerto, con el objeto de separar al estado de Sonora de México y anexarlo a los Estados Unidos. El gobernador y comandante general de la entidad, José María Yáñez, al frente de 300 mexicanos, defendió el puerto. En el ejército de Raousset hubo 48 muertos, 78 heridos y 313 prisioneros, incluido el mismo conde; en el ejército de Yáñez hubo 19 muertos y 55 heridos. La aventura de Raousset terminó con su fusilamiento en Guaymas.

Entretanto, Santa Anna consumaba su amable colaboración a la grandeza de los Estados Unidos con la venta del territorio de La Mesilla, último obstáculo para que el ferrocarril, la máquina propagadora del progreso, enlazara la costa atlántica con la pacífica y los Estados Unidos se convirtieran en poder imperial en ambos océanos. Gracias a esta acción recibió de Francisco de Paula de Arrangoiz, cónsul mexicano en los Estados Unidos, la cantidad de 7 millones de pesos, precio de la venta, menos 70 mil que se tomó Arrangoiz diciendo que eran sus honorarios por la comisión, y que ésta la había desempeñado no como cónsul sino como particular. La opinión pública reprobó el hecho, así como Santa Anna, quien destituyó a Arrangoiz, el cual con lo embolsado se fue de inmediato a Europa.

Dos meses más tarde, en septiembre 11, se estrenaba el Himno Nacional en una fiesta cívica. La letra fue compuesta por Francisco González Bocanegra y la música es obra del español Jaime Nunó; fue aprobado por decreto firmado por Santa Anna y su ministro de Fomento, Miguel Lerdo de Tejada.

Fin del exilio de Juárez

Impaciente en su destierro, Benito Juárez se comunica con la Junta Revolucionaria de Brownsville para acordar su retorno a México. El 20 de junio llegó a su fin la estancia de 18 meses en Nueva Orleans, embarcándose rumbo a Acapulco, vía La Habana y Panamá.

Cuando llegó a Acapulco, Juan Álvarez se encontraba en Texca y su hijo, Diego Álvarez, había viajado al puerto. A este último le fue solicitada una entrevista por parte de un humilde personaje, quien había expresado que "sabiendo que aquí se peleaba por la libertad, había venido a ver en qué podía ser útil".

Se le llevó al campamento de Álvarez, y como nadie sabía quién era Benito Juárez, se le mandó vestir como al más humilde de los soldados: camisa y calzones de manta, huaraches y un cobertor para que se cubriera en la noche. Rodeado de su ejército de "pintos", Álvarez recibió bien a Juárez y le encargó escribir algunas cartas sin importancia. Diego Álvarez escribe:

Pasados algunos días, llegó un extraordinario de México, participando el movimiento de aquella capital, y como el primer pliego del paquete viniese rotulado "Al Sr. Lic. don Benito Juárez," se lo presenté diciéndole: "Aquí hay un pliego rotulado con el nombre de usted; ¿pues qué es usted licenciado?

Me respondió afirmativamente, y entonces le dije:
—¿Con que es usted el que fue gobernador de Oaxaca?
—Sí, señor, me contestó.
Y sofocado yo de vergüenza, repuse:
—¿Por qué no me había usted dicho esto?
—¡Para qué!, repuso; ¿qué tiene ello de particular?"

Así, Juárez se convirtió en el secretario de Juan Álvarez y con ese carácter llegó a Cuernavaca.

La derrota de Santa Anna

Durante el viaje de seis semanas que había ocupado Juárez en llegar a Acapulco, tuvo lugar la derrota final de Santa Anna. La era del dictador había quedado atrás. El país entero lo repudiaba. Su proyecto de abdicación se convirtió en fuga cuando el pueblo de la capital quemó su retrato, vejó la momia de su pierna, llenó de mierda su estatua en la Plaza del Volador y luego la hizo pedazos. El general huyó de la Ciudad de México el 9 de agosto en dirección al puerto de Veracruz. El día 12 publicó en Perote un manifiesto renunciando a la presidencia de la república y se embarcó para Turbaco, Nueva Granada (hoy Colombia), el 18 del mismo mes. Y para mayor ironía, el hombre que había participado en la independencia y derrocó a Iturbide partía desterrado en el vapor Iturbide.

Una anécdota lo pinta de cuerpo entero: daba un baile en palacio cuando uno de sus ministros le dijo que había llegado un mensajero con una noticia muy grave. El mensajero le dijo que Comonfort y Juárez se habían rebelado en Acapulco contra su Alteza Serenísima. Colérico, Santa Anna gritó: "¿Y para eso me han llamado? ¡Bien podían esperar hasta mañana! Comonfort es un pobre diablo a quien por lástima le di la dirección de la Aduana de Acapulco y en cuanto a Juárez, fue un indio descalzo que me sirvió la mesa en un banquete dado en Oaxaca para honrarme." Dio un portazo y salió al salón diciendo: "Señoras y señores, a bailar." Y el que bailó fue Santa Anna; bailó tanto que llegó a exiliarse para siempre.

Así llegó a su fin la dictadura de Santa Anna, modelo de todos los dictadores de América Latina: vencedor o vencido, desterrado o en su país, liberal o conservador, desgobernó al país durante 30 años. Este bufón, que en sus pinturas más célebres aparece disfrazado de Napoleón, fue partidario de la dominación española hasta 1820, independentista hasta 1821, republicano y federalista en 1823, liberal en 1828, conservador en 1832, de nuevo liberal en 1833, abnegado patriota en 1836, traidor en 1837, defensor de la patria y mutilado heroico en 1838, dictador militar en 1842, héroe en 1846, infame, cobarde y de nuevo traidor en 1847, "Alteza Serenísima" y tirano de ópera cómica en 1854, maximilianista rechazado por Maximiliano en 1866, juarista repudiado por Juárez en 1867, trágico y casi ciego fantasma de sí mismo hasta su patética muerte en 1876. En la época donde 11 veces se apoderó Santa Anna de la presidencia, la capital fue escenario de pronunciamientos, cuartelazos, asonadas y revoluciones. Veleidoso en la política, hay que reconocer, no obstante, que fue el único político capaz de conservar a la nación bajo su mando.

La presidencia de Juan Álvarez

Después de la huida de Santa Anna, los restos de su ejército, que se encontraban en la capital, quedaron al mando del conservador Manuel Carrera, quien no se había rebelado contra el dictador, pero ahora, al verse al mando, ambicionaba la presidencia.

Juárez, al lado de Álvarez, hizo un llamado a Ocampo, Mata y Arriaga para que se les unieran y los ayudaran en la determinación del programa revolucionario. Los liberales no se ponían de acuerdo sobre el hombre que dirigiría el movimiento.

La junta de representantes de la capital nombró presidente interino a Martín Carrera pero una semana después, Comonfort entró a Guadalajara y expidió una circular declarando al general Juan Álvarez presidente interino. Finalmente, el 11 de septiembre la guarnición de la capital se pronunció en apoyo del Plan de Ayutla, proclamando a Álvarez para el interinato, del que se encargó en forma provisional el general Rómulo Díaz de la Vega. La misión de este último era nombrar una junta de representantes de la nación, dos por cada departamento, y que la Junta nombrase un presidente interino y éste convocase a un congreso.

Al mismo tiempo se pronunciaba el general Antonio Haro y Tamariz, proclamando su propio plan en San Luis Potosí, así como el general Doblado, quien proclamaba en Guanajuato un plan distinto, mientras que Santiago Vidaurri se aprestaba a encabezar la lucha en el norte del país.

El 16 de septiembre, Comonfort celebró en Lagos de Moreno, Jalisco, una entrevista con Haro y Tamariz, y con Doblado, obteniendo su apoyo; se acordó que Álvarez sería el jefe de la rebelión. Sea cual fuere el juicio que se haga de las acciones posteriores de Comonfort, debe reconocerse que se convirtió en un factor fundamental para lograr el acercamiento de los caudillos dispersos. A excepción de Vidaurri, con quien no pudo negociar entonces, Comonfort logró subordinar a todos los cabecillas y dar fin a la rebelión. El general Álvarez convocó al prometido congreso en Cuernavaca para la elección presidencial, resultando elegido él mismo como presidente el 4 de octubre de 1855. De inmediato hizo preparativos para trasladar el gobierno a la capital y designar un gabinete de este modo:

Justicia, Negocios Eclesiásticos e Instrucción Pública: Benito Juárez.
Relaciones: Melchor Ocampo.
Guerra: Comonfort.
Gobernación: J. Miguel Arrioja.
Fomento: Ponciano Arriaga.
Hacienda: Guillermo Prieto.

Por primera vez en su carrera política, Juárez tenía la oportunidad de actuar en un plano de repercusión nacional, cosa que hasta el momento no había tenido ocasión de hacer. Las decisiones que tomaría no habrían de aplicarse fácilmente. Aún no contaba con tanto apoyo como podrían tenerlo Álvarez, Ocampo o Comonfort. Había dado, sin embargo, el primer paso para llegar a la cúspide del poder.

La reforma

La Ley Juárez

Como se repetirá en la revolución, los campesinos de Juan Álvarez no tomaron el poder para ellos mismos, sino para un sector de políticos e intelectuales caracterizados por su urgencia modernizadora. Secularización era su vocablo preferido. No se proponían aniquilar las creencias de cada cual (muchos de ellos eran creyentes y algunos se mostraban fervorosos católicos) ni prohibir el derecho a reunirse en la iglesia.

Para los liberales mexicanos secularizar era poner la idea del paraíso, la noción de la edad de oro, no en otra improbable vida ni en el inmemorable pasado, sino en un futuro indefinido que iba a construirse y conquistarse mediante la inteligencia y el esfuerzo humano. El porvenir fue el gran mito del siglo XIX. En ese porvenir sin fecha fija los mexicanos se liberarían de sus ataduras. Con el saber y la riqueza acumulados habría justicia, empleo y bienestar para todos, aun para los que llevaban tres siglos padeciendo.

Al frente de su nuevo cargo ministerial, Benito Juárez realiza dos campañas: una contra la prepotencia del clero y otra en contra del poder del ejército, a través de una ley conocida como Ley Juárez.

No era nada fácil el paso que estaba dispuesto a dar, toda vez que la influencia del clero pesaba mucho en la sociedad entera y que el ejército, aunque con la moral muy baja y habiendo perdido a su cabeza principal, Santa Anna, aún podía dar sorpresas.

En cuanto a sus colegas, Juárez tenía el apoyo de todos los ministros, auténticos republicanos, pero no contaba con la simpatía del más influyente, el moderado general Comonfort.

Juárez y Ocampo deseaban reorganizar los tribunales de justicia. Había entonces en México dos clases de tribunales: los de la iglesia y los de la milicia, y ambos operaban en cuestiones de orden civil. Su proyecto estipulaba que los tribunales de la iglesia dejarían de intervenir en los problemas civiles, manteniendo su fuero únicamente entre el clero, mientras que los tribunales militares dejarían de intervenir en asuntos civiles, y se dedicarían a enfrentar los delitos relacionados con la milicia. Asimismo, Juárez y Ocampo deseaban suprimir el ejército como medida de orden, de paz y de economía pero Comonfort se manifestó tenazmente en contra.

Melchor Ocampo escribe:

Por dos veces el señor Comonfort nos dijo:
—Déjenme ustedes de general en jefe, y como entonces cesa mi responsabilidad de gobierno, en mi calidad de soldado haré cuanto ustedes me manden.
—Bien; pero entonces usted obedece al ministro de Guerra que nosotros nombremos.
—Supongo que ustedes nombrarán un ministro de Guerra con quien pueda entenderme.

Aprovechando una ausencia de Comonfort algunos días de la capital, Juárez obtuvo de Álvarez la firma de la Ley de Administración de Justicia, el 22 de noviembre de 1855, la citada Ley Juárez. Algunos vieron en ello una especie de treta del ministro de Justicia.

Juárez escribió entonces:

Cuando llegó el señor Álvarez a la Ciudad de México, en 1855, el punto a que dedicó preferentemente su atención, fue a la reorganización de la administración pública, por lo que en la primera junta de gabinete acordó que los ministros trabajasen en sus respectivos ramos y le presentasen los proyectos de leyes y reglamentos que debían expedirse con aquel objeto. Desde entonces manifesté que, en mi concepto, era indispensable introducir en el ramo de Administración de Justicia algunas reformas derogando, o modificando por lo pronto, las disposiciones que daban existencia a los tribunales especiales, por ser notoriamente nocivos a la sociedad, por el abuso de las clases a cuyo favor se dictaron y por estar en pugna abierta con el principio de igualdad que la nación, en la última revolución que acababa de triunfar, se había propuesto hacer efectivo. El señor Álvarez estuvo conforme con esta indicación, y el señor Comonfort no la contrarió. En este concepto formé el proyecto de ley de Administración de Justicia, que presenté al señor presidente, para que se tomase en consideración. El señor Comonfort, cuando le hablé de este negocio, me manifestó que estando sumamente recargado de quehacer en su ministerio, no podría asistir a la lectura y examen del proyecto; pero que se podía despachar sin su presencia, en el concepto de que estaba conforme con lo que se acordase. El señor presidente fijó día para que se tratase de este asunto, y llegada la hora convenida, el señor Álvarez dijo que el señor Comonfort no asistía al acuerdo, porque había salido de la ciudad para asuntos de familia. Entonces, y en atención a que la administración de justicia estaba paralizada por falta de magistrados y jueces legalmente nombrados, dispuso el señor presidente que no se difiriese por más tiempo el despacho de este negocio. Leído, discutido y aprobado el proyecto a que aludo, mandó el señor

Álvarez que se imprimiera y publicara como ley, sin que en esto hubiera sorpresa, ni estratagema de ninguna especie.

Comonfort al parecer no se opuso a la Ley sobre Administración de Justicia, aunque sí lo hizo tajantemente con el proyecto de disolución del ejército, como queda asentado en su publicación "Gobierno del general Comonfort". Comonfort escribió:

> El caso es que llegó a existir el proyecto formal de destruir el ejército, y que este proyecto se habría llevado a cabo, a no haberlo impedido yo, siendo ministro de Guerra, para lo cual tuve que hacer esfuerzos indecibles, habiendo logrado calmar las efervescencias del momento con la promesa de que se reformaría la institución conforme a las necesidades y el espíritu de la época.

Moderados contra radicales

Con el tiempo, Álvarez se convirtió en un problema para el gobierno del país. Su avanzada edad y su poca capacidad, aunadas a la mala fama de sus seguidores, "los pintos", le restaron muchos partidarios. Para colmo, el gabinete estaba dividido. Era claro que Ocampo y Prieto deseaban ir más lejos en las reformas que el rígido Álvarez y el moderado Comonfort.

Las pugnas en el gabinete llevaron a Ocampo y a Prieto a presentar su renuncia. Juárez resistió un poco más, probablemente debido a su interés de que se publicara la Ley Juárez, la primera del conjunto de leyes que llegarían a conocerse como Leyes de Reforma.

Esa falta de definición de Comonfort sembraba confusión. Melchor Ocampo vislumbró lo que venía cuando, al renunciar a la cartera que le confió el general Álvarez, dijo:

> Ahora comienzo ya a comprender la situación; y por las últimas y muy dilatadas conferencias que he tenido con el señor ministro de la Guerra he sabido, entre otras cosas, el verdadero camino que sigue la presente revolución. Yo lo suponía ya; pero no puedo dudarlo cuando el mismo señor ministro me lo ha explicado. Entonces, y muy detenida y fríamente, hemos discutido nuestros medios de acción y yo he reconocido que son inconciliables, aunque el fin que nos proponemos sea el mismo.
>
> Como en la administración "los medios son el todo" una vez que se ha conocido y fijado el fin; he creído de mi deber, llegando como he llegado al terreno de las imposibilidades, separarme del ministerio de Relaciones, "reconociendo que no es esta mi ocasión de obrar" PORQUE YO NO ENTRARÉ EN ESTE CAMINO, y porque la naturaleza misma de lo adelantado que se está pide ya separarse de él.

El Partido Liberal había aplaudido la Ley Juárez, pero tanto el Conservador como el Moderado se asustaron y la malinterpretaron como un ataque directo al poder del clero. En general, la nueva ley era moderada y únicamente señalaba la igualdad ante la ley como una meta deseable. Mas para los conservadores, tan contrarios a la igualdad de todos los mexicanos, suprimir los tribunales de la iglesia y del ejército era tanto como privarlos de sus fueros y privilegios tradicionales.

El arzobispo de México, don Lázaro de la Garza y Ballesteros, desde el púlpito externó su desaprobación:

> Declaro que la ley es contraria a lo dispuesto por la iglesia, y la renuncia que cualquier individuo haga del fuero, ya sea

en lo civil, ya en lo criminal, es nula, aun cuando lo jure, y que ya sea la renuncia de grado o por fuerza, sobre ser de ningún valor, quedará por lo mismo sujeto el que la haga a las penas que la iglesia impone a los contraventores.

Por su parte, el Partido Moderado (al que por esa época se le conocía burlonamente como el "partido del no es tiempo") también se opuso, tachando de perjudicial para el país a la Ley Juárez. El gobernador de Guanajuato, el general Manuel Doblado, y el comandante general Miguel María Echegaray, se pronunciaron el 11 de diciembre de 1855, proclamando presidente interino a Comonfort. Casi al mismo tiempo, en Tolimán, tuvo lugar el pronunciamiento del general Uraga, en el que proclamaba la constitución del 24 con las reformas que posteriormente se le habían hecho.

Durante ese mes de diciembre, Álvarez entregó el mando al ministro de Guerra y partió a Guerrero, con su ejército de "pintos". Esta decisión fue de gran trascendencia en el orden político, y al mismo tiempo realzó la reputación de Álvarez de hombre honrado y patriota. Al marchar rumbo a su tierra, escribió estas palabras:

> Pobre entré en la presidencia y pobre salgo de ella; pero con la satisfacción de que no pesa sobre mí la censura pública, porque dedicado desde mi tierna edad al trabajo personal, sé manejar el arado para sostener a mi familia, sin necesidad de los puestos públicos, donde otros se enriquecen con ultraje de la orfandad y de la miseria.

El ascenso de Comonfort

Comonfort ocupó el poder frente a la sospecha de muchos de haber promovido los motines militares que estallaron al promulgarse la ley. El nuevo presidente, quizá temeroso de la influencia radical de Juárez entre los legisladores que discutían la nueva constitución, pensó en alejarlo de la capital y le ofreció la gubernatura de Oaxaca. Juárez renunció a la cartera de Justicia y aceptó el ofrecimiento. En cuanto a los pronunciamientos de Doblado y de Uraga, ambos fueron sometidos, reconociendo en consecuencia al gobierno de Comonfort como legítimo.

Ignacio Comonfort formó su gabinete con personalidades del Partido Moderado: Luis de la Rosa, Ezequiel Montes, José M. Lafragua, Manuel Payno, Manuel Siliceo y el general José María Yáñez. De inmediato Comonfort comenzó a traicionar su propio Plan de Ayutla.

Juárez, gobernador por segunda ocasión

Al aceptar el cargo de gobernador de Oaxaca, Juárez explica: "Tanto por el interés que yo tenía en la subsistencia de esta ley [la Ley Juárez] como porque una autoridad legítima me llamaba a su servicio, acepté sin vacilación el encargo que se me daba, y a fines de diciembre salí de México con una corta fuerza que se puso a mis órdenes." Al frente de esa fuerza iba el coronel Ignacio Mejía.

En Tehuacán, rumbo a Oaxaca, se entera del llamado Plan de Uraga, secundado por el coronel Luis Villarreal, donde se intenta desconocer su autoridad. El 11 de diciembre, las autoridades y la guarnición que habían servido en el gobierno de Santa Anna se habían pronunciado contra la Ley de Justicia y Suspensión de Fueros promovida por Juárez. El decreto asentaba: "Considerando que si llegara a tomar el mando del gobierno don Benito Juárez causaría incalculables desgracias a los habitantes de Oaxaca, porque siendo el autor de la ley antieclesiástica es claro que la querrá hacer cumplir; considerando, en fin, que la nación de día en día camina a su ruina: se desconoce al señor don Benito Juárez."

La contestación del gobernante no se hace esperar:

> Estoy dispuesto a gobernar el estado conforme a las leyes; firmemente determinado a no permitir que por motivo alguno se falte a su puntual acatamiento; mi misión importante se dirige a restablecer y consolidar la paz como elemento principal de buen gobierno.

Además de estos conceptos, las fuerzas militares que acompañaban a Juárez se encargaron de convencer a los sublevados, quienes depusieron su actitud hostil.

A su llegada, Juárez encontró su tierra en un estado lamentable, y prácticamente anulados todos los beneficios de su anterior gobierno. Por otra parte, las fuerzas de Tehuantepec y Juchitán habían proclamado, el 19 de noviembre de 1855, la erección del Istmo de Tehuantepec en territorio federal. Una de las grandes satisfacciones de Juárez fue haber conseguido que el Congreso Extraordinario Constituyente de 1856 y 1857 acordara la reincorporación del territorio de Tehuantepec al estado. El 11 de diciembre la guarnición de Oaxaca se pronunció contra la Ley Juárez y la Guardia Nacional siguió fiel a los principios liberales, lo que ocasionó un serio conflicto entre ambas fuerzas, saliendo triunfante el ejército.

Juárez reinstaló el Instituto de Ciencias y Artes, que había sido degradado a la condición de escuela preparatoria.

Ensanchó mucho más la aplicación del sistema democrático en el estado, reformó y mejoró la instrucción pública, influyó poderosamente en la legislatura constituyente, y ésta desarrolló en la constitución particular el sistema municipal de un modo bastante amplio, estableciendo el sufragio directo de todos los ciudadanos para la elección de gobernador. Se reorganizó la hacienda y la administración de justicia, y se sancionaron los códigos Civil y Criminal del estado.

Por otra parte, Juárez reorganizó a la Guardia Nacional y disolvió la tropa permanente, que se había visto envuelta en numerosos motines y que aún conservaba la influencia de Santa Anna.

> Me propuse conservar la paz del estado con sólo mi autoridad de gobernador para presentar una prueba de bulto de que no eran necesarias las comandancias generales, cuya extinción había solicitado el estado años atrás, porque la experiencia había demostrado que eran no sólo inútiles, sino perjudiciales.

Comonfort no se muestra del todo conforme con las acciones del gobernante, manifestándose un cierto empeño en el sostenimiento de las fuerzas federales de Oaxaca por parte del Ministerio de Guerra. Comonfort nombra a Juárez comandante general militar del estado, quedando así en manos del gobernador una fuerza soberana, pero al mismo tiempo el gobierno federal incluye al gobernador en la Ordenanza. Juárez, receloso de la disposición de Comonfort, sugiere a los diputados oaxaqueños al congreso constituyente que dejaran excluidas de la constitución las comandancias generales.

Las relaciones entre el presidente de la república y el gobernador de Oaxaca entran en un "tira y afloja". Juárez llega a exponer:

> El espíritu de libertad que reina y que se aviva con el recuerdo de la opresión reciente del despotismo de Santa Anna, hace sumamente difícil la situación del gobierno para cimentar el orden público, porque necesita usar de suma prudencia en sus disposiciones para reprimir las tentativas de los descontentos sin herir la susceptibilidad de los estados con medidas que ataquen o restrinjan demasiado la libertad.

Pese a las exhortaciones, Comonfort no cede y expide un estatuto orgánico que centraliza la administración pública y sujeta aún más a las fuerzas policiacas, incluso municipales, al poder central. Esta disposición provoca descontento en las provincias. Juárez protesta y solicita que sea anulado el decreto. El presidente no responde y se enfrían más las relaciones, aunque continúan dentro de los marcos legales. Por fortuna el estatuto de Comonfort fue letra muerta en Oaxaca y el presidente tuvo la prudencia de no insistir más en su cumplimiento.

El gobierno de Comonfort

Como hemos apuntado, en el plano nacional gobernaban los moderados. Comonfort estableció un gobierno temporal que operaría hasta la conformación de una nueva constitución. El programa de gobierno, aunque era de corte centralista, ponía cotos al poder ejecutivo y contenía medidas liberales: prohibía la esclavitud, liberaba de préstamos forzosos, prohibía las distinciones civiles y políticas basadas en el nacimiento, origen o raza y contenía un proyecto de ley de derechos, permitía la libre instrucción privada y prohibía al clero participar en las elecciones.

Pese a sus esfuerzos moderadores, el gobierno de Comonfort casi no satisfizo a nadie. Los ultraliberales pedían medidas más radicales y los conservadores consideraban ya excesivas las reformas establecidas. Contra las medidas gubernamentales, a lo largo de toda la república, se sucedieron pronunciamientos que, uno tras otro, fueron sofocados. Pero, en enero de 1856, en Zacapoaxtla, Puebla, tuvo lugar una rebelión de mayor trascendencia encabezada por prominentes miembros del clero y de la milicia, enarbolando un plan que desconocía al gobierno.

Haro y Tamariz, quien desterrado por delito de conspiración era conducido a Veracruz para ser embarcado, se fugó de Córdoba y fue a ponerse a la cabeza de los pronunciados de Zacapoaxtla. Luego se le unieron los coroneles Luis G. Osollo, Miguel Miramón, Leonardo Márquez y José María y Marcelino Cobos.

Aunque fueron los reaccionarios y algunos clérigos, como el cura de Zacapoaxtla, Francisco Ortega y García, los que provocaron el alzamiento, debe subrayarse que no todos los miembros de la diócesis de Puebla apoyaban a los rebeldes y, en particular, el obispo de Puebla, don Pelagio Antonio de Labastida y Dávalos, aconsejaba a los clérigos rebeldes que se sujetaran a la ley. Por su parte, el arzobispo de México, don Lázaro de la Garza y Ballesteros, reprochó a la clerecía que desde el púlpito fomentaba la desobediencia y alentaba la insurrección. No obstante, estos esfuerzos por mantener la legalidad fueron inútiles. El 23 de febrero Haro y Tamariz y demás jefes de la rebelión ocuparon la capital del estado.

Al ver que nada detenía la revuelta en Puebla, donde la reacción había concentrado sus mayores elementos y amenazaba con propagar el incendio por todo el país, Comonfort, personalmente, ayudado por Manuel Doblado y el general Ignacio de la Llave, sitió la plaza. Varios días duró el ataque, sufriendo la ciudad los horrores de la guerra con carencia absoluta de agua y prohibida la entrada de víveres, obligándola a capitular en marzo.

Como en Puebla los fondos de la iglesia servían para fomentar las conspiraciones, Comonfort pidió una indemnización a la iglesia poblana por los motines registrados, tomando como garantía sus bienes. Las protestas no se dejaron esperar y el clero de Puebla continuó atacando con insistencia al gobierno desde el púlpito. Incluso el obispo Labastida cambió su actitud original y se rehusó a cumplir con el decreto gubernamental, exponiendo una serie de razones teológicas y canónicas sobre la soberanía de la iglesia y la ausencia de derecho de los gobiernos para intervenir en sus bienes, bajo pena de hacerse merecedores de graves censuras reservadas para esos casos. Hubo tantas protestas secundándolo que el gobierno optó por exiliar al obispo Labastida, quien en su protesta, entre otras cosas, había dicho: "Con bastante dolor veo que el pueblo cristiano mira con desprecio que se atente contra los bienes eclesiásticos."

Como consecuencia del incidente, creció la oposición al gobierno de Comonfort por parte de los conservadores. En efecto, el triunfo de Puebla no significó el afianzamiento definitivo de la paz. Los conservadores se mostraban tenaces en sus propósitos, y de nada sirvió la indulgencia que manifestó Comonfort con los derrotados para hacerlos cambiar su actitud frente al gobierno. Al contrario, su decisión de degradar a nivel de soldado raso a los oficiales que participaron en la revuelta fue contraproducente; aquellos militares no pensaban sino en la venganza.

Los liberales, por su parte, interpretaron la intervención de Comonfort como una muestra de la deseada energía que reclamaban del gobierno. Podían oponerse al poder centralista que ejercía Comonfort pero consideraban que el nuevo régimen, al menos, era preferible a la anarquía a la que había puesto fin. Entre tanto, en la capital de la república se había reunido el congreso constituyente. El 16 de junio de 1856 tuvo lugar la primera lectura del proyecto de constitución, comenzando su discusión el día 4 de julio de ese año. Los debates fueron muy acalorados y contradictorios, y habrían de ser fuente de actividad extraordinaria por parte de los conservadores. Aunado a ello, con la llegada de Miguel Lerdo de Tejada a la Secretaría de Hacienda, el 25 de junio de 1856, ve la luz una ley de desamortización de los bienes administrados por el clero que encendió más los ánimos. Pese a que esta ley permitía a los religiosos el usufructo de los productos de dichos bienes, los hacía a un lado en la administración de los mismos, lo que suscitó múltiples resistencias. Todos los obispos protestaron, incluso el de Puebla, quien escribió su protesta el 30 de julio a bordo del vapor "Isabel la Católica" frente al puerto de Vigo, en España. En Oaxaca, Juárez dispone acciones acordes con el espíritu de la nueva ley y dice:

> Entonces creí de mi deber hacer cumplir la ley no sólo con medidas del resorte de la autoridad, sino con el ejemplo, para alentar a los que, por un escrúpulo infundado, se retraían de usar el beneficio que les concedía la ley. Pedí la adjudicación de un capital de 3 mil pesos, si mal no recuerdo, que reconocería una casa situada en la calle de Coronel, de la ciudad de Oaxaca. El deseo de hacer efectiva esta reforma y no la mira espectacular, me guió para hacer esta operación. Había capitales de más consideración en que pude participar; pero no era ése mi objeto.

La conspiración del padre Miranda

Frente a la amenaza de la nueva constitución, el Partido Conservador no descansaba un solo día de conspirar contra el gobierno y en el mes de septiembre la reacción comenzó a tomar serias proporciones. En la capital se había organizado un directorio conservador, encabezado por el padre Miranda, cura del sagrario de Puebla, uno de los hombres que más guerra dio al gobierno de Comonfort. Había sido desterrado por el gobierno de Álvarez pero volvió disfrazado a la república; era él quien manejaba todos los hilos de la conspiración que se extendía a lo largo del país.

El 14 de septiembre tuvo lugar un pronunciamiento en el convento de San Francisco, con clérigos y oficiales fugitivos de Puebla, que fue sofocado por el coronel Vicente Pagaza, quien había conocido a tiempo la tentativa de insurrección. El convento fue cerrado, los frailes presos y el 16 se expidió un decreto previniendo que en el término de 15 días se abriera una calle a través del convento, que se llamaría de la Independencia, para lo cual sería necesario destruir una parte de él. Pero la revuelta no paró ahí. Casi al mismo tiempo estallaron en diversos puntos del país varios movimientos apoyados en impresos anónimos que incitaban al levantamiento de las masas contra el gobierno, expresándose en términos como éstos:

> ¡Atención, mexicanos! Alarma. Veis con asombro cómo el gobierno tirano de Comonfort ha calumniado a los inocentes sacerdotes de San Francisco no más para cogerse la plata de la iglesia; comenzar a destruir nuestra religión, y profanar esos lugares santos que respetarían Martín Lutero y Pedro Calvino. Mexicanos, no permitáis esto; primero la

muerte que destruyan la religión. ¡Odio eterno a los tiranos! ¡La maldición de dios caiga sobre estos hombres de nefanda memoria! ¡Sobre estos ladrones sacrílegos! ¡Malditos sean los puros todos: de dios y de los hombres! ¡Viva la inmunidad de la iglesia!

La marea revolucionaria seguía subiendo día a día, y luego de una rebelión considerable en Querétaro, estalló un segundo pronunciamiento en Puebla, ciudad que pese a su capitulación reciente era todavía el núcleo principal de la revuelta. El movimiento poblano fue secundado por múltiples conspiraciones descubiertas en varias ciudades y en la capital, obligando al gobierno central a luchar contra los enemigos que lo amenazaban por todas partes.

En Puebla, los sublevados, que eran cerca de 2 mil, no se consideraron capaces de luchar contra las fuerzas gubernamentales en campo raso y se encerraron en la ciudad a la espera de refuerzos. Poco a poco el sitio se fue estrechando, causando estragos en las filas conservadoras. Al final, frente a una deserción general de mando y de tropas reaccionarios, el ejército del gobierno ocupó la ciudad luego de 40 días de encarnizados combates.

La constitución de 1857

El 5 de febrero de 1857 el cuerpo legislativo había concluido la redacción de la nueva constitución, jurándola el día 8 Comonfort, los diputados al congreso, empleados y funcionarios públicos. En ella se cristalizaron muchas de las expectativas del Plan de Ayutla.

En sus cláusulas no existían más las castas, todos los mexicanos eran libres y tenían los mismos derechos. Los fueros y privilegios de la iglesia y del ejército debían suprimirse, ya que eran un estorbo para la igualdad propuesta. El artículo 1° declaraba: el pueblo mexicano reconoce que los derechos del hombre son la base y el objeto de las instituciones sociales; consecuentemente, todas las leyes y todas las autoridades del país deben respetar y sostener las garantías que otorga la presente constitución.

Los liberales procedieron a elaborar un total de 29 artículos para definir los derechos del hombre. Según la carta magna, ningún hombre podía ser esclavizado ni encarcelado por deudas; la educación debía ser libre; todo hombre podía abrazar la profesión, industria o trabajo que deseara; el servicio personal debería recibir un pago justo. Dentro de ciertos límites, prevalecería la libertad de imprenta, de expresión y de asociación; cualquier hombre que lo deseara podría portar armas, se prohibían los títulos de nobleza, todo mundo tenía derecho de entrar y salir de México conforme lo deseara, no podrían erigirse tribunales especiales ni expedirse leyes retroactivas, se abolía la pena de muerte para crímenes políticos (con algunas excepciones), los monopolios quedaban prohibidos; se garantizaba el derecho de petición y de reunión, se abolían las costas judiciales y la propiedad sólo podría expropiarse por causa de utilidad pública y previa indemnización. La cláusula final estipulaba que en tiempos de crisis graves, podían suspenderse dichas garantías.

Durante su discusión, la mayoría de estas proposiciones suscitó poca controversia. Sin embargo, dos puntos rechazados ocasionaron un gran debate: los juicios mediante jurado y, en especial, la libertad religiosa.

La nueva constitución, en vez de traer la paz y la democracia a México, fue la hoguera que encendió las pasiones rivales. Al difundirse fue causa de una repulsa y de guerras más devastadoras que nunca en varios estados de la república; la rebelión abarcó varios de ellos que combatieron con un furor inaudito. Comonfort ordenó que los empleados del gobierno, para mantener sus cargos, debían jurar su adhesión a la nueva constitución y muchos de ellos prefirieron no jurar y quedaron sin empleo. Por otra parte, muchos que sí juraron la constitución tuvieron que recurrir a bodas clandestinas en el seno de la iglesia católica.

Juárez era contrario a la centralización temporal del gobierno de Comonfort, como ya dijimos; no obstante, se mostró prudente y manifestó su apoyo tanto a la Ley Lerdo como a la constitución de 1857.

Juárez y los canónigos de Oaxaca

En Oaxaca la nueva constitución fue jurada el 23 de marzo y el 15 de septiembre se publicó la carta magna del estado, que fue jurada al día siguiente. En cumplimiento de la nueva constitución estatal, el pueblo de Oaxaca eligió una legislatura y Juárez, por una abrumadora mayoría, fue electo gobernador constitucional. Esta vez alcanzó la gubernatura no por decreto de Comonfort, sino por el voto popular.

Comenta Juárez:

> Era costumbre autorizada por la ley en el estado, lo mismo que en los demás de la república, que cuando tomaba posesión el gobernador, éste concurriera con todas las demás autoridades al Tedéum que se cantaba en la catedral, a cuya puerta saltan a recibirlo los canónigos; pero esta vez ya el clero hacía guerra abierta a la autoridad civil, muy especialmente a mí, por la ley de administración de justicia que expedí el 23 de noviembre de 1855, y consideraba a los

gobernadores como herejes y excomulgados. Los canónigos de Oaxaca aprovecharon el incidente para promover un escándalo. Proyectaron cerrar las puertas de la iglesia para no recibirme, con la siniestra mira de comprometerme a usar la fuerza mandando abrir la puertas con la policía armada y aprehender a los canónigos, para que mi administración se inaugurase con un acto de violencia o con un motín si el pueblo, a quien debían presentarse los aprehendidos como mártires, tomaba parte de su defensa. Los avisos repetidos que tuve de esta trama que se urdía y el hecho de que la iglesia estaba cerrada, contra lo acostumbrado en casos semejantes, siendo ya la hora de la asistencia, me confirmaron la verdad de lo que pasaba. Aunque contaba yo con fuerzas suficientes para hacerme respetar procediendo contra los sediciosos, y la ley aun vigente sobre ceremonial de posesión de los gobernadores me autorizaba a ello, resolví omitir la asistencia al Tedéum, no por temor a los canónigos, sino por la convicción que tenía que los gobernantes de la sociedad civil no deben asistir como tales a ninguna ceremonia eclesiástica, si bien como hombres pueden ir a los templos a practicar los actos de devoción que su religión les dicte [...] Este suceso fue para mí muy plausible para reformar la mala costumbre que había de que los gobernantes asistiesen hasta a las procesiones, y aun a las profesiones de monjas, perdiendo el tiempo que debían emplear en trabajos útiles a la sociedad. Además, consideré que no debiendo ejercer ninguna función eclesiástica ni gobernar a nombre de la iglesia, sino del pueblo que me había elegido, mi autoridad quedaba íntegra y perfecta con sólo la protesta que hice ante los representantes del estado de cumplir fielmente mi deber.

Frente a este desafío del clero, Juárez se decidió a implantar nuevas reformas:

Había muchas malas costumbres, entre ellas la vanidad y la ostentación de los gobernantes, como la de tener guardias de fuerza armada en sus casas y la de llevar en las funciones públicas sombreros de una forma especial. Desde que tuve el carácter de gobernador abolí esta costumbre, usando sombrero y traje común de los ciudadanos y viviendo en mi casa sin guardia de soldados y sin aparato de ninguna especie, porque tengo la persuasión de que la respetabilidad del gobernante le viene de la ley y de un recto proceder y no de trajes ni de aparatos militares propios sólo para los reyes de teatro.

Sin embargo, la figura de Juárez ya como primer mandatario de la república es designada como la del "presidente del frac negro", símbolo del gobernante civil por excelencia; contra esa falsa imagen, Juárez vestía el traje común y corriente durante el desempeño de sus actividades cotidianas y sólo se vestía de gala cuando concurría a las ceremonias oficiales o sociales, según lo exigía la costumbre.

La humildad de Juárez

Con motivo de la terminación de cursos, los estudiantes del liceo organizaron un baile en la casa del director Manuel Dublán. Juárez fue invitado al baile, asistiendo en compañía de su hija de 12 años.

En el salón, un estudiante sencillo y desconocido invitó a bailar a la hija del señor Juárez. La niña no aceptó, pretextando una indisposición. El estudiante se retiró corrido y don Benito observó la escena.

Casi en seguida, un caballero de los que brillaban en la sociedad de esa época invitó a la misma niña, quien se disponía a bailar; pero Juárez se acercó y, dirigiéndose al caballero, suplicó dispensara a la niña que, por estar indispuesta, no podía bailar en ese momento. El caballero se excusó y también se retiró sin comprender el porqué de aquello que era extraño en don Benito. La niña, no menos asombrada, preguntó la causa de tal conducta, a lo que don Benito contestó:

> No bailaste con el estudiante pobre y desconocido, porque creíste rebajarte. Recuerda que si a fuerza de trabajo no hubiese yo conquistado la posición que hoy tengo, entonces te considerarías muy honrada con que ese mismo estudiante te dirigiera la palabra. Menos que él fui yo: hoy no sabemos lo que podrá ser mañana el hombre más oscuro. Tu deber es satisfacerlo, porque no vales más que él.

Y el gobernador del estado no tuvo inconveniente en dirigirse al estudiante desairado, y con cortesía decirle: "Amiguito, mi hija no pudo bailar con usted hace poco porque se sentía mal, ahora ya está repuesta, y me encarga suplique a usted le haga el honor de acompañarla." Y bailó el estudiante con la hija de don Benito.

La intervención del papa

Entretanto, los ataques del clero contra la reforma cundieron por todo el territorio nacional, apoyados por los dictados del papa Pío IX, quien, aludiendo a la Ley Juárez, a la Ley Lerdo y demás leyes de reforma, señaló: "Levantemos nuestra voz pontificia con libertad apostólica en esta vuestra plena asamblea, para condenar, reprobar y declarar irritos y de ningún valor los enunciados decretos."

Luego que el gobierno federal ordenó que todos los funcionarios públicos debían hacer un juramento de lealtad a la constitución, el arzobispo de México ordenó a su grey no prestar juramento y llegó a las amenazas contra quienes lo hicieran: al morir, no tendrían un funeral eclesiástico y no se dirían misas en memoria de quienes muriesen sin arrepentirse de haber jurado lealtad a la carta magna; más aún, los sacerdotes no podrían confesar a quienes hubiesen jurado. Había castigos semejantes para quienes comprasen las propiedades eclesiásticas estipuladas por la Ley Lerdo.

Motín de jueves santo en la capital

En plenos forcejeos entre liberales y conservadores a causa de la constitución, relata Zamacois en su *Historia de México* que el gobernador del Distrito Federal, Juan José Baz, decidió asistir a los oficios de jueves santo en corporación, a pesar de la pretensión del arzobispo de que no asistiese. El 9 de abril, a las nueve menos cuarto de la mañana, en unión del ayuntamiento, se dirigió a la catedral. Llegado al atrio envió a su ayudante Mucio Reyes y enseguida el jefe de Policía Francisco Iniestra para que avisaran a los canónigos que esperaba en la puerta con el ayuntamiento. La respuesta dada primero por un capellán de coro y después por el canónigo Gárate fue que no se le podía recibir "porque tal era la orden del señor arzobispo". La multitud que se había reunido en el atrio, en la plaza y en las puertas de catedral se hallaba excitada, y hombres y mujeres profirieron gritos sediciosos contra las autoridades y el gobierno. La fuerza de policía se puso en actitud amenazadora: dos o tres soldados hicieron disparos al aire para disolver un grupo que creían hostil; su imprudencia fue castigada por Baz, quien los arrestó. Dentro del templo, la inquietud, la zozobra y exaltación dominaban los espíritus. Los canónigos, temiendo que se tratase de atropellarles por la autoridad, se encerraron en el coro.

Con motivo de este suceso, cita el padre Rivera en *La Reforma y El Segundo Imperio*, circuló secretamente entre los conservadores una poesía impresa e intitulada *La Batalla de Jueves Santo*, bajo el seudónimo de "El Cronista de los Reyes", que según se supo después era Aguilar y Marocho. Por haber colocado Baz soldados alrededor de la catedral, por la escaramuza que montado a caballo hizo en la plaza para disolver los grupos, por los tiros que dispararon los de la policía y por los gritos y gran desorden de la gente que abarrotaba la catedral asistiendo a los oficios, algunos de ellos interrumpidos, Aguilar y Marocho supone que Baz entabló formal batalla contra la catedral, los canónigos, los monagillos, las beatas, las imágenes de los santos y demás personas y cosas inermes e incapaces de resistir. Éstos son algunos de sus versos:

> Bajo este sistema ruin.
> En que no impera la ley,
> ¿Qué es Comonfort? Es el Rey.
> ¿Y Juan Baz? Es el Delfín.
>
> Fija cual buen general
> Su primera paralela
> En medio de la plazuela
> Para sitiar Catedral.
> Él en un punto central
> Dirige al coro visuales,
> Para que de los ciriales
> Los fuegos bien combinados,

Queden al punto apagados
Por sus fuegos transversales.

Contra un rojo monacillo
Una pieza diestro avoca,
Entanto que otra coloca
Frente del Empedradillo.
Infatigable el caudillo
Asesta una batería
Para enfilar la crujía,
Y ordena que a los blandones,
Que son hombres de calzones
Cargue la caballería.

Previene que haya desmocha,
Si resiste sin empacho
El Señor del Buen Despacho
O el Santo Niño de Atocha.
Una culebrina mocha
Apunta a San Valentín,
Un obús a San Martín
Y diez pistolas de muelles
A los pobres Santos Reyes,
Bisabuelos del Delfín.

Supone que Comonfort dice a Baz después de la batalla:

Mi gratitud es inmensa,
Igual a tu sacrificio:
¿Tan eminente servicio
Dejaré sin recompensa?
El elogio de la prensa
¿Qué vale aunque sea sesudo?

Yo mis decretos no mudo,
Mi resolución tomé
Y por premio te daré
Dos títulos y un escudo.

Aceptados, son primicias
Que tu denuedo y tu fe
Bien merecen. Así es que,
Formando tú mis delicias,
En uso de mis franquicias
Y amparado con el manto
Del Plan de Ayutla, por tanto:
A más de mi *Adelantado*,
Quedas desde ahora nombrado
El Duque del Jueves Santo.

De tu Casa en el blasón
Es bueno que se registre
Con escudo lanza en ristre
Manopla y yelmo un campeón,
Que al correr de su trotón,
Entre aplauso general,
Lleno de furia infernal,
Se vea con estudio y arte
Pasando de parte a parte
A la iglesia Catedral.

Moribundas dos navetas,
Desangrándose un telliz
Manca una sobrepelliz,
Una estola con muletas,
Una alba huyendo en chancletas,
Prisioneros dos manteos,

Dispersos seis solideos,
Contuso un bonete adulto,
Un misal pidiendo indulto:
Éstos serán tus trofeos.

La Ley Iglesias

Los temores del clero se atizaron cuando fue promulgada otra ley de reforma el 11 de abril de 1857, conocida como Ley Iglesias, por José María Iglesias, ministro de Justicia. Esta ley secularizaba los cementerios y regularizaba la cantidad y cobro de los honorarios del clero por sus servicios.

No obstante, el Partido Liberal se alejaba de Comonfort, y en vísperas de las elecciones nacionales anunciadas, el presidente interino quiso atraer a los liberales y el 20 de octubre cambió su ministerio. Como ya hemos dicho, la promulgación de la constitución de 1857 no fortaleció al gobierno de Comonfort, sino que por el contrario, lo debilitó. La prensa se pronunciaba en apoyo de la vuelta de Juárez al plano nacional y Comonfort, atendiendo el sentir popular, lo nombró ministro de Gobernación.

Juárez escribe al presidente desde Oaxaca, al conocer la nominación:

> Lo crítico de las circunstancias en que se encuentra la nación me obliga a aceptar dicho nombramiento, porque es un deber de todo ciudadano sacrificarse por el bien público, y no esquivar sus servicios, por insignificantes que sean, cuando se los reclama el jefe de la nación, y porque mi convicción me coloca en la situación de cooperar de todas maneras al desarrollo de la gloriosa revolución de Ayutla. Sin

estas consideraciones, rehusaría el alto honor a que soy llamado por la bondad de v.e.

El 24 de octubre Juárez obtuvo la licencia por parte del congreso de Oaxaca para separarse de su cargo y abandonó su estado para llegar a la Ciudad de México, tomando posesión de su ministerio el 3 de noviembre.

Anteriormente Comonfort había solicitado poderes mayores de lo que permitía la constitución pero enfrentó una fuerte oposición en el congreso, quien retuvo estos poderes hasta que se nombró a los miembros del gabinete. La configuración de su equipo parece haber satisfecho a los legisladores porque al poco tiempo aceptó ampliar los poderes del presidente. Incluso se asentó en plena sesión pública que se concedían dichas facultades "por la confianza que inspiraba la presencia de Juárez en el gabinete".

En el mismo mes de noviembre tuvieron lugar las elecciones generales para nombrar altos funcionarios de la federación. Comonfort salió electo presidente constitucional de la república y Juárez presidente de la Suprema Corte de Justicia, lo que lo convirtió al mismo tiempo en vicepresidente de la república. Ahora sí, Juárez tenía posibilidades de hacer avanzar a la nación por el camino de la reforma.

El Plan de Tacubaya

Por desgracia, a pesar de la ampliación de poderes, el gobierno de Comonfort sufrió innumerables rebeliones a lo largo de toda la nación. Además, el presidente tenía una madre fanática que lo acusaba de haber mandado al infierno a muchos inocentes por su intransigencia. Frente a las presiones de los conservadores, del clero y hasta de su madre,

Comonfort se dio a sí mismo un golpe de estado a través del Plan de Tacubaya, proclamado por el general Félix Zuloaga en esa ciudad la madrugada del 17 de diciembre.

No cabe duda que Comonfort actuó con premeditación y no obligado por Zuloaga, como apuntan ciertas versiones. El mismo Comonfort, al cerciorarse de que la constitución convocada y firmada por él era motivo de tantas guerras, decidió anularla y en su lugar imponer otra que conciliara los intereses sin dejar la presidencia. Su plan era conocido de antemano toda vez que en la sesión que celebró el congreso el 16 de diciembre de 1857, el diputado Juan José Baz anunció que esa sería la última. Y en efecto, al día siguiente, 17 de diciembre, tuvo lugar el golpe de estado.

Existe el testimonio de Manuel Payno (que para algunos es una anécdota apócrifa), quien relata que Comonfort había citado a Juárez a una conferencia dos días antes de la rebelión para decirle:

—Te quería yo comunicar hace días, que estoy decidido a cambiar de política, porque la marcha del gobierno se hace cada día más difícil, por no decir imposible: los hombres de algún valer se van alejando de palacio, los recursos se agotan, y yo no sé qué va a ser del país si no procuramos todos que las cosas vayan mejor. A la revolución física no le temo, la afrontaré como hasta aquí; pero la revolución moral exige otra clase de medidas, que no son las armas y la fuerza.

—Alguna cosa sabía yo, le contestó el señor Juárez, con mucha calma; pero supuesto que nada me habías dicho, yo tampoco quería hablarte una palabra.

—Pues bien —replicó el señor Comonfort—; ahora te lo digo todo: es necesario que cambiemos de política, y yo deseara que tú tomaras parte y me acompañaras...

—De veras, le contestó el señor Juárez sin perder la calma y como si le hablara de la cosa más llana de mundo; de veras, te deseo muy buen éxito y muchas felicidades en el camino que vas a emprender, pero yo no te acompaño en él.

Los artículos principales del Plan de Tacubaya fueron los siguientes:

1o. Desde esta fecha cesa de regir en la república la constitución de 1857.
2o. Acatando el voto unánime de los pueblos, expresado en la libre elección que hicieron del excelentísimo señor presidente d. Ignacio Comonfort para presidente de la república, continuará encargado del mando supremo con facultades omnímodas.
3o. A los tres meses de adoptado este plan por los estados en que actualmente se haya dividida la república, el encargado del poder ejecutivo convocará a un congreso extraordinario sin más objeto que el de formar una constitución que sea conforme con la voluntad nacional.

Reunido el congreso el mismo día 17, los diputados en su mayoría protestaron contra el pronunciamiento de Tacubaya.

Juárez, que había sido apresado y quedó al cuidado de Manuel Payno, es visitado por los cabecillas del movimiento, quienes tratan de convencerle de la necesidad de que apoye sus actos, inspirados "en la crisis nacional" y dirigidos a "la salvación del país". Juárez se niega terminantemente a sus peticiones.

Rafael de Zayas Enríquez, biógrafo de Juárez, afirma que no son admisibles las supuestas buenas intenciones de

Comonfort, y señala que en el manifiesto que publicó en Nueva York, en julio de 1858, dijo:

> La obra del congreso [constitución de 1857] salió por fin a luz y se vio que no era lo que el país quería y necesitaba. Aquella constitución, que debía ser iris de paz y fuente de salud, que debía resolver todas las cuestiones y acabar con todos los disturbios, ha suscitado una de las mayores tormentas que jamás han afligido a México [...] Su observación era imposible, su impopularidad un hecho palpable; el gobierno que ligara su suerte con ella, era un gobierno perdido [...] El Plan de Ayutla, que era la ley de mi gobierno y el título de mi autoridad, no me confería la facultad de rechazar aquel código; me ordenaba aceptarle y publicarle.

Afirma Zayas que si Comonfort hubiese sido un político honrado y de buenas intenciones, no habría aceptado la presidencia después de promulgada la constitución. Más aún, debió haberla promulgado, puesto que se creía obligado a ello, renunciando acto continuo a su alto cargo sin jurar el código como presidente interino. Y no hay que olvidar que había jurado "en el nombre de dios y con la autoridad del pueblo mexicano" reconocer, guardar y hacer guardar la constitución en el congreso constituyente el 5 de febrero de 1857.

Mientras tanto, muchos jefes reaccionarios, entre ellos Osollo y Miramón, se unieron a Zuloaga en la rebelión. Comonfort comprendió el peligro para su gobierno y trató de enmendar lo hecho. Empero, Zuloaga se le adelantó y el 11 de enero se pronunció declarando destituido a Comonfort y nombrándose nuevo titular del ejecutivo federal en tanto que una junta de representantes nombrara presidente interino.

Viéndose perdido, Comonfort liberó a Juárez del palacio donde había estado prisionero durante tres semanas y organizó un ejército para tratar de recuperar el poder en la capital. De inmediato, Juárez abandonó la Ciudad de México en dirección a Querétaro y Guanajuato, seguido por un reducido número de auténticos liberales.

Las tropas de Comonfort fueron vencidas por los reaccionarios. El presidente depuesto trabajaba en lo alto de palacio y en los patios y escaleras se amontonaban soldados, casi todos del ejército conservador. Comonfort logró escapar y el 21 de enero abandonó la capital. Previa autorización de Zuloaga y frente a la oposición de Miramón, Comonfort se dirigió a Veracruz, embarcándose posteriormente el 7 de febrero a los Estados Unidos.

Al día siguiente, la junta en la capital nombró presidente a Zuloaga y empezó a reorganizar al ejército, depurándolo de los elementos liberales.

Juárez es reconocido
como presidente por los liberales

Múltiples liberales, entre ellos varios gobernadores encabezados por el jalisciense Anastasio Parrodi, habían declarado ya que Comonfort había perdido su derecho a la presidencia al romper su juramento de lealtad a la constitución y que Juárez era el presidente legal del país. Al momento se estableció un pacto para reconocer a Juárez, dondequiera que se presentase, como presidente interino constitucional de la república.

De hacienda en hacienda, a bordo del carro del correo y durmiendo a campo raso, Juárez hizo el viaje de Querétaro a Guanajuato, donde declara establecido su gobierno el día 19 de enero. Enseguida publicó un manifiesto donde asienta que:

> Llamado a este difícil puesto por un precepto constitucional y no por el favor de las facciones, procuraré, en el corto periodo de mi administración, que el gobierno sea el protector imparcial de las garantías individuales, el defensor de los derechos de la nación y de las libertades públicas.

Juárez organizó su Ministerio de la siguiente manera:

Relaciones y Guerra: Melchor Ocampo.
Gobernación: Santos Degollado.
Justicia, Negocios Eclesiásticos e Instrucción Pública: Manuel Ruiz.
Hacienda: Guillermo Prieto.
Fomento: León Guzmán.
El mando del ejército se entregó al general Anastasio Parrodi.

La guerra de reforma

Con Juárez reconocido como presidente por los liberales y con Zuloaga por los conservadores, estamos frente al preámbulo del periodo de tres años de guerra civil (que en realidad fueron 10) conocida como "guerra de reforma".

Cercano a Guanajuato hay preparativos para el primer enfrentamiento entre las fuerzas conservadoras y el improvisado ejército liberal. El 13 de marzo Juárez sale rumbo a Guadalajara, desde donde dirige una carta a los jefes de su ejército: "Son las siete de la noche y en estos momentos se decide en el campo de Salamanca la gran cuestión entre los pueblos y sus opresores. Es bien difícil asegurar el triunfo cuando depende del éxito de las bayonetas, porque la guerra es siempre un azar."

La solución al conflicto en aquellos días no era clara. Un gran porcentaje de la capital y del Distrito Federal, de los estados de Tlaxcala, Puebla y San Luis Potosí estaban en favor del Plan de Tacubaya, en tanto que Aguascalientes, Jalisco, Colima, Michoacán, Querétaro, Guanajuato, Zacatecas, Veracruz y Guerrero apoyaban al grupo constitucionalista. Entre los líderes locales que más apoyaron a Juárez estaban Manuel Doblado en Guanajuato, Santos Degollado en Michoacán y Arteaga en Colima.

Juárez a punto de ser fusilado

Juárez y su gabinete emprendieron una campaña de propaganda con el fin de reunir elementos humanos y materiales en favor de las fuerzas liberales. El enemigo estaba bien preparado. Zuloaga contaba con militares de primera línea: Miguel Miramón, Luis G. Osollos, Tomás Mejía, Leonardo Márquez, y poseía además tropas muy disciplinadas, y los recursos económicos del clero, que habían sobrevivido a la Ley Lerdo. Como resultado, el ejército conservador derrotó a la coalición liberal en Salamanca, Guanajuato. La noticia llega a la capital de Jalisco en los momentos en que se celebraba una junta de ministros. Ese mismo día, en Guadalajara, se rebela el 5o. batallón, escolta de Juárez, al mando de Antonio Landa, al grito de "¡Viva el ejército! ¡Muera la Guardia Nacional! ¡Muera la constitución!" Juárez es detenido junto con los ministros Ocampo, Guzmán y Ruiz. Dos días más tarde Doblado capituló en Silao, de tal manera que el camino al interior parecía estar libre para las fuerzas conservadoras.

Sin embargo una noticia vino a serenar los ánimos. El general Parrodi se replegaba hacia Guadalajara, acompañado de más de 2 mil hombres y 18 piezas de artillería. Esta circunstancia hace que los rebeldes pacten un armisticio, firmando Juárez la orden que suspendía las hostilidades entre algunos de sus hombres leales, apoderados del barrio de Mexicaltzingo, y las tropas de Landa.

Un penoso incidente estuvo a punto de cambiar el futuro de México. El teniente coronel Cruz–Aedo, ignorante de la firma del armisticio, y temiendo por la vida de Juárez y sus ministros, organiza una tropa de asalto al palacio de gobierno, con el afán de rescatar al presidente.

Guillermo Prieto nos relata los pormenores del incidente:

Los gritos, los ruidos, los tiros, el rumor de la multitud se oían en el interior de palacio. Como pude, y tentaleando me acerqué a la puerta del salón en que me hallaba y daba al patio, apliqué el ojo a la cerradura de aquella puerta y vi el tumulto, el caos más espantoso; los soldados y parte del populacho corrían en todas direcciones disparando sus armas; de las azoteas de palacio a los corredores caían, o mejor dicho, se descolgaban aislados, en racimos y en grupos, los presos de la cárcel contigua, con los cabellos alborotados y blandiendo sus puñales. Algunos me instaban a huir; a mi me dio vergüenza abandonar a mis amigos. Luché por abrir la puerta; la cerraba una aldaba, que después de algún esfuerzo cedió; la puerta se abrió y yo me dirigí al grupo en que estaban los jefes del motín. A uno de ellos le dije que era yo Guillermo Prieto, ministro de Hacienda, y que quería seguir la suerte del señor Juárez.

Apenas pronuncié estas palabras cuando me sentí arrollado, herido en la cabeza y en el rostro, empujado y convertido en objeto de la ira de aquellas furias. Desgarrado el vestido, lastimado, en situación deplorable, llegué a la presencia de Juárez y Ocampo. Juárez se conmovió profundamente; Ocampo me reconvino por no haberme escapado, pero también muy impresionado, porque me honraba con tierno cariño.

Apenas recuerdo, después de muchos años que han transcurrido, las personas que me rodeaban. Tengo muy presente el salón del Tribunal de Justicia, sus columnas, su dosel en el fondo. Estoy viendo en el cuarto de la izquierda a León Guzmán, a Ocampo, a Cendejas, junto a Fermín Gómez Farías; a Gregorio Medina y su hijo frente a la puerta del cuarto, a Suárez Pizarro, aislado y tranquilo; el general Refugio González siguiendo al señor Juárez.

Se había anunciado que los fusilarían dentro de una hora; algunos, como Ocampo, escribían sus disposiciones. El señor Juárez se paseaba silencioso, con inverosímil tranquilidad; yo salí a la puerta a ver lo que ocurría.

En el patio la gritería era espantosa.

En las calles, el señor Degollado, el general Díaz, de Oaxaca, Cruz–Aedo y otras personas que no recuerdo, entre ellas un médico, Molina, verdaderamente heroico, se organizaban en San Francisco, de donde se desprendió al fin una columna para recobrar palacio y libertarnos.

El jefe del motín [Filomeno Bravo], al ver la columna [de Cruz–Aedo] en las puertas de palacio dio orden para que fusilaran a los prisioneros. Éramos 80 por todos. Una compañía del 50 se encargó de aquella orden bárbara.

Una voz tremenda, salida de una cara que desapareció como una visión, dijo:

"Vienen a fusilarnos".

Los presos se refugiaron en el cuarto en que estaba el señor Juárez: unos se arrimaron a las paredes, los otros como que pretendían parapetarse con las puertas y con las mesas.

El señor Juárez avanzó a la puerta; yo estaba a su espalda.

Los soldados entraron en el salón... arrollándolo todo; a su frente venía un joven moreno, de ojos negros: era Peraza. Corría de uno a otro extremo, con pistola en mano, un joven de cabellos rubios: era Moret [Pantaleón]. Y formaba aquella vanguardia don Filomeno Bravo, gobernador de Colima después.

Aquella terrible columna, con sus armas cargadas, hizo alto frente a la puerta del cuarto [...] y sin más espera, y sin saber quién daba las voces de mando, oímos distintamente: "¡Al hombro! ¡Presenten! ¡Preparen! ¡Apunten...!" Como tengo dicho, el señor Juárez estaba en la puerta del cuarto, a la voz de ¡Apunten!" se asió del pestillo de la puerta, hizo hacia atrás su cabeza y esperó... Los rostros feroces de los soldados, su ademán, la conmoción misma, lo que yo amaba a Juárez... yo no sé... se apoderó de mí algo de vértigo o de cosa de que no me puedo dar cuenta... rápido como el pensamiento, tomé al señor Juárez de la ropa, lo puse a mi espalda, lo cubrí con mi cuerpo... abrí mis brazos... y ahogando la voz de ¡fuego! que tronaba en aquel instante, grité: "¡Levanten esas armas!, ¡levanten esas armas!, ¡los valientes no asesinan...!, y hablé y hablé. Yo no sé qué hablaba en mí que me ponía alto y poderoso, y veía, sentía que lo subyugaba, que desbarataba el peligro, que lo tenía a mis pies... Repito que yo hablaba y no puedo darme cuenta de lo que dije... A medida que mi voz sonaba, la actitud enfrente, y con quien me encaré diciéndole "¿Quieren sangre? ¡Bébanse la mía...!", ¡alzó el fusil... los otros hicieron lo mismo... Entonces vitoreé a Jalisco!

Los soldados lloraban, protestando que no nos matarían, y así se retiraron como por encanto... Bravo se puso de nuestro lado.

> Juárez se abrazó a mí... mis compañeros me rodeaban, llamándome su salvador y el salvador de la reforma... mi corazón estalló en una tempestad de lágrimas...

De acuerdo con el armisticio, Landa y sus seguidores, que se comprometían a salir de Guadalajara cuanto antes, liberaron a Juárez y a sus ministros, siendo éstos alojados en la casa del vicecónsul de Francia, ubicada frente a la catedral. El día 16 se publicó la capitulación de los rebeldes. Más tarde Landa desalojó la plaza para incorporarse a las fuerzas de Osollo.

El mismo día 16, en un manifiesto a la nación, Juárez expresó su gratitud a los habitantes de Guadalajara por su conducta durante la rebelión de Landa y pidió a los pueblos de México cooperaran en la lucha de la luz contra las tinieblas. Entre otras cosas dijo:

> la democracia es el destino de la humanidad futura: la libertad su indestructible arma: la perfección posible el fin a donde se dirige [...] Un poco de energía, una ciega sumisión a la justicia, la proclamación y respeto a los verdaderos derechos volverán a la república la paz, no el sosiego; el espíritu de adelanto, no la sujeción servil; el reinado de la ley, no la aristocracia ridícula de nuestros vanos y mentidos redentores [...] ¡Levantaos y la explotación infame de los muchos para beneficio de unos cuantos quedará destruida!

Juárez peligra de nuevo

Al día siguiente de expedido el manifiesto, llegaron a Guadalajara las tropas de Parrodi, y el día 18 el mismo Parrodi y Degollado.

El día 20 el gobierno decide mudarse a Colima, en su camino a Veracruz, y es atacado por un grupo de 600 conservadores a las órdenes de Landa, que casi capturan de nuevo a Juárez. Con heroísmo el general Francisco Iniestra rechazó los ataques con sólo 80 rifleros de México. El presidente llamó a Ocampo, Prieto y Ruiz y les propuso que se escondieran, pues él "estaba dispuesto a seguir la suerte de las fuerzas leales". Sus ministros se negaron alegando que "no aceptaban la invitación cualquiera que fuese la suerte que les tocara".

A su llegada a Colima, el mandatario se entera de que Parrodi, a quien había nombrado ministro de Guerra al salir de Guadalajara, se había rendido, y entregado la plaza a Osollo. Juárez entonces nombró a Degollado ministro de la Guerra y supremo comandante de las operaciones militares en el norte y el oeste, con facultades omnímodas, y al civil don Pedro Ogazón, gobernador de Jalisco.

Las batallas a las que se enfrentó Santos Degollado fueron una sucesión de triunfos conservadores en que el ministro de Guerra llegó a ser conocido como el "héroe de las derrotas". Juárez y su gobierno continuaron su viaje a Veracruz, vía Panamá, Manzanillo y Acapulco. En Panamá cruzó el istmo por ferrocarril y tomó un vapor a Nueva Orleans, haciendo una escala previa en La Habana, sin desembarcar. Pocos días más tarde se embarcó de nuevo para llegar finalmente a la todavía entonces amurallada ciudad de Veracruz, el 4 de mayo. Fue recibido por don Manuel Gutiérrez Zamora, gobernador del estado.

Juárez establece su gobierno en Veracruz

A la llegada de Juárez a Veracruz, el mandatario estatal dijo:

Excelentísimo señor presidente: El estado de Veracruz, felicita a v. e. por su llegada en unión de los distinguidos ciudadanos que componen su gabinete. Yo no podría decir, sin agravio de los defensores de esta plaza, que la presencia del primer magistrado de la nación reanimará su valor. Están entre ellos los que en Oaxaca y los que en Cruz Blanca hicieron temblar al enemigo; y ninguno de los permanentes y guardias nacionales que lo esperan en estos muros, han necesitado otro estímulo para resolverse a no transigir con la reacción, que el deber y el amor a la libertad. Pero siendo v. e. testigo de su conducta, será mayor el placer de todos en el combate que se anuncia.

La entrada de v. e. en la ciudad heroica, en momentos tan solemnes y después de los peligros que le han cercado, es un acontecimiento que nos llena de esperanzas. Que éstas se vean cumplidas; que este acontecimiento sea el anuncio del triunfo de la nación sobre la inmoralidad y el obscurantismo. A este triunfo han de cooperar la reputación y la constancia de v. e.

Juárez, a su vez, contestó:

Señor gobernador: Agradezco la felicitación que v. e. dirige al primer magistrado de la república por su arribo a esta heroica ciudad, donde se defiende la constitución del país y los derechos del pueblo. Celebro debidamente la buena disposición que manifiesta el pueblo veracruzano para sostener al gobierno legítimo, y contando con la cooperación de v. e., yo le ofrezco que redoblaré mis esfuerzos hasta sacrificar mi existencia, si fuese necesario, para restablecer la paz y consolidar la libertad y la independencia de la nación.

El día 5 Melchor Ocampo comunicaba oficialmente la instalación del gobierno en Veracruz, haciendo mención especial de la gran recepción y hospitalidad del pueblo, tropas y autoridades del puerto.

Crece la reacción

Aunque la reforma y la persona de Juárez estaban a salvo en Veracruz, el destino militar de los liberales no parecía halagüeño. La reacción luchaba con fuerza en Jalisco, Zacatecas, Oaxaca, San Luis Potosí. Casi todos los poblados estaban en manos de Zuloaga, y para colmo Veracruz misma fue atacada. El 18 de junio había fallecido Osollo en San Luis Potosí, ocupando su puesto el general Miguel Miramón, quien fue secundado por el general Leonardo Márquez. Las tropas de Miramón lanzan de Guadalajara a las fuerzas de Parrodi; vencen en Paso de Carretas al general Zuazua; rechazan en Guadalajara a Santos Degollado y Zuazua; vencen de nuevo a este último en Ahualulco de los Pinos, donde obtuvo un primer triunfo de resonancia el 29 de septiembre. Posteriormente, el general Degollado toma Guadalajara, de la que es arrojado por las tropas de Miramón el 14 de diciembre de 1858. Las tropas juaristas, por su parte, toman Morelia.

Entretanto, tiene lugar una división en el Partido Conservador: el general Miguel María Echegaray desconoce a Zuloaga en Ayutla, proclamando el Plan de Navidad, designando a Miramón presidente de la república. Miramón se opone al plan y restablece en la presidencia a Zuloaga, quien, a su vez, designa a Miramón presidente sustituto, cargo que éste aceptó.

Juárez escribe:

La situación general de la república era verdaderamente anárquica: jefes liberales y conservadores, entre los que se contaban algunos eclesiásticos, imponían contribuciones excesivas y préstamos forzosos, especialmente a los del bando contrario; incendiaban pueblos; recurrían a la leva para aumentar sus ejércitos; aprehendían y fusilaban sin formación de causa a los enemigos de sus ideas y aun plagiaban a los ricos para obtener rescates considerables. Como resultado de esta lucha, ladrones y asesinos, cubriéndose con la bandera de defensores de la religión o de la libertad, hacían reinar la mayor inseguridad, no sólo en los caminos, sino dentro de las ciudades.

El 16 de febrero de 1859 Márquez publicó un decreto condenando a muerte, pena que se ejecutaría dentro de las 24 horas, a los que vertieran especies de cualquier clase. Por su parte, González Ortega, de las filas liberales, contestó con otro decreto en que ordenaba fusilar a los conspiradores, eclesiásticos y demás personas que se retractaran de haber jurado la constitución, y aun a los que sirvieran de testigos en dichos actos.

Miramón ataca Veracruz

El 19 de marzo de 1859 Miramón logró alcanzar Veracruz, al frente de una fuerza de caballería. Bastaron cuatro cañonazos para que Miramón desapareciera, prometiendo volver y hacer frente a la gran fortificación que Zamor había hecho de la plaza. Miramón vuelve a la capital frustrado por la derrota en Veracruz y por el reconocimiento que Washington acaba de hacer del gobierno de Juárez como el único legítimo en México.

Mientras tanto los liberales se movilizaban. Comienza a tomar forma una nueva fuerza popular, crisol de todas las castas, herencia del sistema colonial: los chinacos, que no eran ni españoles ni indios. De los territorios despojados por la guerra con los Estados Unidos llegan efectivos que ayudarán a cambiar el destino de México. Entre ellos se encuentra Ignacio Zaragoza, jefe de la segunda división del norte.

La concentración de las tropas en Veracruz había dejado desprotegida a la Ciudad de México. Degollado y Zaragoza, al frente de un ejército considerable, se dirigen hacia la capital, con la esperanza de que los capitalinos se levantasen contra Zuloaga y Miramón. Su intención era también aliviar un poco la presión sobre Juárez. Llegando por la ruta de Toluca toman Tacubaya y Chapultepec; Zaragoza ataca la garita de San Cosme, pero no consigue apoderarse de ella, debido en gran parte a los titubeos de Degollado.

El 10 de abril hace su aparición Leonardo Márquez y es recibido a tiros de cañón que son lanzados por los liberales desde el Castillo de Chapultepec, el Molino del Rey y las lomas de Santa Fe. Al día siguiente, la superioridad de la artillería de los conservadores rechaza a las fuerzas de Degollado, que tiene su cuartel general en el arzobispado, en una cruenta batalla que dejó 206 prisioneros.

El ataque es tan violento que los liberales levantan de inmediato el sitio de México. Zaragoza abandona Chapultepec y se parapeta en la hacienda de Los Morales. Santos Degollado huye hacia Toluca. Atrás dejan cañones, provisiones, heridos y hasta la camisa roja de Degollado, que será mostrada como trofeo en los muros de Palacio Nacional.

Los mártires de Tacubaya

Una vez recuperado el Castillo de Chapultepec, Miramón premia el triunfo de Márquez con la banda de general de división y le ordena fusilar a los prisioneros militares. Pero Márquez, que tenía el temperamento de un criminal, desoyó las instrucciones de Miramón y ordenó a sus subalternos entrar al improvisado hospital, en el arzobispado, y asesinar prisioneros militares y civiles. Según testigos presenciales, como Juan A. Mateos e Ignacio Manuel Altamirano, los heridos del combate fueron rematados a lanzadas en sus propios lechos, mientras que los médicos y pasantes, pese a ser neutrales y realizar una labor humanitaria y gratuita, fueron fusilados por la espalda como traidores en el jardín del arzobispado. Entre los mártires de Tacubaya están Manuel Mateos (hermano del novelista y testigo Juan A. Mateos, y cuñado de Ignacio Ramírez, el Nigromante) y Juan Díaz Covarrubias, poeta de 21 años. Márquez acribilló en total a 56 personas. Por ese asesinato en masa fue llamado "El Tigre de Tacubaya" y los liberales le declararon la guerra sin cuartel.

Miramón dijo posteriormente que la orden dada a Márquez fue la siguiente: "En la misma tarde de hoy y bajo la más estricta responsabilidad de v. e., mandará sean pasados por las armas todos los prisioneros de la clase de oficiales y jefes, dándome parte del número de los que les haya cabido esta suerte." Años más tarde, a punto de ser fusilado en el cerro de las Campanas, Miramón jura que ésta es la única verdad y Márquez el auténtico asesino. "El Tigre de Tacubaya" vivirá hasta 1913 y para el pueblo será durante años el ánima en pena que se aparece en la Alameda sin decir palabra; hasta su muerte alegará inocencia y se dirá una víctima de las intrigas de Miramón.

No obstante estas disculpas, ambos, Miramón y Márquez, son culpables del crimen. En tanto que comandante en jefe, Miramón era responsable de lo que hacían los hombres a su mando. Además no hizo nada por castigar a Márquez. Argumentó que nada podía hacer porque él era el derrotado en Veracruz y el Tigre el vencedor en Tacubaya. A lo largo de su carrera militar Miramón no se distinguió por sanguinario. Márquez, en cambio, exterminó a cuanto liberal cayó en su poder, y así lo registra la historia, por más que le haya valido a Márquez ser coronado por el clero de Guadalajara, el 15 de mayo de 1859.

Coronación de Márquez en Guadalajara

El periódico oficial *El Examen* relata así la coronación de Márquez, que tuvo lugar el 15 de mayo de 1859:

> Llegó s. e. con las comisiones hasta el arco de San Francisco: bajaron todos los coches y se incorporaron con las corporaciones, empleados, etcétera, que esperaban allí, y a pie caminaron, pasando por bajo el magnífico arco del triunfo colocado en la misma calle. Allí una comisión de cuatro niñas lujosamente vestidas, salió a encontrar a s. e. y le presentó una corona de laurel de oro puro, hábilmente cincelada, la cual le fue puesta sobre las sienes, diciendo: "El valor conquista los laureles"; y otra niña le prendió en la casaca una cruz de oro con una corona de lo mismo, en la extremidad superior, diciendo: "La cruz inspira el valor"; s. e. les dio las gracias con toda urbanidad, y se retiró la comisión de niñas para hacer lugar a la del I Ayuntamiento, que se acercó en aquella oportunidad a presentarle un bastón con borlas negras y puño de oro cincelado, con un cerco de brillantes y

un topacio en el centro, con estos motes en hermosas letras góticas: "La ciudad de Guadalajara, al excelentísimo señor general don Leonardo Márquez, vencedor en Tacubaya, 1859." El presidente de la comisión, le dijo: "El municipio de Guadalajara da a v. e. la bienvenida y lo felicita por el brillante hecho de armas con que ha añadido un laurel más a la corona de gloria que adorna ya las sienes de v. e. Para perpetuar el recuerdo de esa victoria, en prueba de adhesión y respeto, la ciudad ofrece a v. e. este bastón, símbolo de la autoridad que tan dignamente ejerce, y como prenda de la recta justicia, con que ha administrado al Departamento de Jalisco, promoviendo sin descanso su engrandecimiento moral y material." S. e. contestó en términos convenientes y continuó la comitiva en medio de una lluvia de flores, coronas y de versos arrojados por los balcones. Llegó a la Matriz, en cuya puerta como de costumbre una comisión del venerable cabildo recibió al E. Sr. Márquez, y colocado en el lugar preferente se le puso sobre el cojín al frente la corona de oro que en su tránsito se le había ofrecido. Se cantó en seguida un solemne *Te Deum*, en medio de una concurrencia numerosísima que llenaba las anchas naves de la catedral. Concluido, vino el Ilmo. señor obispo y el venerable cabildo a dar la bienvenida, y desfiló la comitiva por la misma calle por donde había venido, hasta la casa donde se hallan hoy provisionalmente situadas las oficinas del gobierno; allí, en el salón principal, se recibieron al mismo Ilmo. señor obispo que llegó a visitar al excelentísimo señor general y las demás comisiones del ilustre ayuntamiento, Tribunal de Justicia, colegios seminario y clerical, etc. etc. Cada corporación o personaje pronunció un pequeño discurso, que fue contestado oportunamente por el excelentísimo señor general Márquez.

Margarita se reúne con su esposo

Separada de su esposo cuando fue nombrado ministro de Gobernación en el gabinete de Comonfort, Margarita Maza permaneció en Oaxaca. Cuando cayó Comonfort y ascendió el Partido Conservador en el estado, es perseguida y hubo de refugiarse con sus hijos, primero, en la hacienda Cinco Señores y luego en otra de nombre Taelea. Posteriormente la esposa de Juárez se hizo de una tienda, que atendía personalmente.

Al enterarse de que su marido se encontraba en Veracruz decidió alcanzarlo, atravesando a pie la sierra de Oaxaca, acompañada de sus hijos. Al fin pudo reunirse de nuevo con su esposo, apoyándolo ya durante el bombardeo que sufrió Veracruz.

Leyes de reforma

Pese a las escaramuzas de Miramón, el peligro de una toma de Veracruz parecía entonces remoto, y Juárez y sus ministros pudieron dedicarse a enfrentar los problemas de su gobierno y a gestar poco a poco las leyes de reforma emanadas durante el ministerio de Juárez en el gobierno de Juan Álvarez. Ocampo es el promotor de esos decretos, y Juárez avala y firma las disposiciones por las que siempre ha luchado.

Llegado el momento, Juárez lanza un manifiesto a la nación: "Que se encuentra hoy en un momento solemne, porque del resultado de la encarnizada lucha que los partidarios del oscurantismo y de los abusos han provocado esta vez contra los más claros principios de la libertad y del progreso social depende todo su porvenir."

En un párrafo de su *Justificación de las leyes de reforma*, el gobierno constitucional dice a la nación:

> para poner un término definitivo a esa guerra sangrienta y fratricida, que una parte del clero está fomentando hace tanto tiempo en la nación, por sólo conservar los intereses y prerrogativas que heredó del sistema colonial, abusando escandalosamente de la influencia que le dan las riquezas que ha tenido en sus manos y del ejercicio de su sagrado ministerio, y despojar de una vez a esta clase de los elementos que sirven de apoyo a su funesto dominio, cree indispensable:
>
> 1o. Adoptar, como regla general invariable, la más perfecta independencia entre los negocios del estado y los puramente eclesiásticos.
>
> 2o. Suprimir todas las corporaciones de regulares del sexo masculino, sin excepción alguna, secularizándose los sacerdotes que actualmente hay en ellas.
>
> 3o. Extinguir igualmente las cofradías, archicofradías, hermandades y, en general, todas las corporaciones o congregaciones que existen de esta naturaleza.
>
> 4o. Cerrar los noviciados en los conventos de monjas, conservándose las que actualmente existen en ellos, con los capitales o dotes que cada una haya introducido y con la asignación de lo necesario para el servicio del culto en sus respectivos templos.
>
> 5o. Declarar que han sido y son propiedad de la nación todos los bienes que hoy administra el clero secular y regular con diversos títulos, así como el excedente que tengan los conventos de monjas, deduciendo el monto de sus dotes y enajenar dichos bienes, admitiendo en pago de una parte de su valor títulos de la deuda pública y de capitalización de empleos.

6o. Declarar, por último, que la remuneración que dan los fieles a los sacerdotes, así por la administración de los sacramentos como por todos los demás servicios eclesiásticos, y cuyo producto anual, bien distribuido, basta para atender ampliamente al sostenimiento del culto y de sus ministros, es objeto de convenios libres entre unos y otros, sin que para nada intervenga en ellos la autoridad civil.

A principios de julio Juárez había lanzado este manifiesto y el 12 de julio de 1859 se publicó la *Ley de Extinción de Órdenes Monásticas y Nacionalización de Bienes Eclesiásticos*; el 23, la *Ley sobre Matrimonio Civil*; el 28, la *Ley sobre el Estado Civil*; el 31, la *Ley sobre Secularización de los Cementerios*. En agosto 3, el *Decreto de Juárez suprimiendo la Legación Mexicana en Roma*; el 11, la *Ley sobre Días Festivos*, estableciéndose que no lo fueran más que los domingos y los siguientes: "El día de año nuevo, el jueves y viernes de la semana mayor, el jueves de corpus, el 16 de septiembre, el 1 y 2 de noviembre y los días 12 y 25 de diciembre."

Antes de que fuera publicado el manifiesto anunciando las leyes de reforma, entre los liberales se discutían las medidas que habrían de tomarse. Hubo un claro desacuerdo acerca de la oportunidad de la medida. El consenso en este asunto no era fácil, y de ello nos da cuenta Agustín Rivera, en su texto *La Reforma y el Segundo Imperio*:

> Las leyes de reforma habían sido objeto de largas conferencias y acaloradas discusiones entre los liberales radicales reunidos en Veracruz, opinando unos que se diesen dichas leyes y otros que no se diesen. No sé de cierto quiénes eran unos y quiénes eran otros; a excepción de Ocampo, Miguel Lerdo de Tejada, Fuente, Ignacio Ramírez y Manuel Ro-

mero Rubio, de quienes consta en la historia que seguían el parecer de Juárez. Los que estaban por la negativa decían: "Si ahora la constitución de 1857 y las leyes de reforma dadas en tiempo de Comonfort, especialmente la desamortización de bienes eclesiásticos, tienen envuelta a la república en una guerra y conflagración universal, ¿qué será echando nuevo combustible a la hoguera? Ahora, según el estado que guardan las cosas, hay esperanzas de que triunfen nuestras armas y se restablezca el orden constitucional. Cuando hayan transcurrido tres o cuatro años y se haya restablecido el orden constitucional y conquistado la opinión publica en pro de las leyes de reforma, entonces será tiempo de dar dichas leyes; pero si se dan ahora, se exacerbará la guerra, nos arrollarán, se perderá todo y el partido radical quedará reducido a la nulidad". Juárez, por su parte, decía: *"Vale más una guerra que dos.* Yo no confío en que esta guerra terminará pronto y se restablecerá el orden constitucional; y si el dar las leyes de reforma se aplaza para dentro de tres o cuatro años, entonces se suscitará una nueva guerra, tan cruda como la presente, y la república, en lugar de una guerra, sufrirá dos, con todos los grandísimos males consiguientes a ella."

Juárez ya no podía esperar más, estaba impaciente por acabar con el enemigo de una vez por todas y avanzar por el camino liberal.

Miguel, el siervo de dios

Casi al unísono con el manifiesto de Juárez anunciando las leyes de reforma, Miramón publicó un manifiesto, fechado en Chapultepec el 12 de julio de 1859, en el que explicaba los porqués de su política reaccionaria.

En los meses siguientes tuvo lugar el robo de una conducta de plata a San Blas, por 600 mil pesos, por parte del gobernador de Guadalajara, Leonardo Márquez. Al enterarse de este hecho, Miramón lo reprobó enérgicamente y ordenó a Márquez que restituyese el dinero. El 19 de noviembre de 1859 llegó Miramón a Guadalajara, destituyó a Márquez del cargo de gobernador por el robo, lo encarceló y nombró gobernador y comandante al general Pedro Espejo. Márquez fue llevado a la capital y permaneció preso hasta el 15 de agosto de 1860.

Instalado Miramón a sus anchas en Guadalajara, el 29 de diciembre tuvo lugar una fiesta solemne en la catedral de Guadalajara. El periódico *El Examen*, después de nombrar a las autoridades públicas que formaban la comitiva de Miramón, escribió:

Se dirigió con esta comitiva numerosa al palacio episcopal, donde está alojado el excelentísimo señor presidente; y habiendo salido luego s.e. en unión del excelentísimo señor ministro de estado, se dirigieron por entre una valla de tropa a la santa iglesia catedral, donde recibieron a s. e. bajo vara y palio, una comisión del venerable cabildo eclesiástico, que le hizo entrar por la puerta mayor, honor que sólo se dispensa a los presidentes de la república.

Al atravesar la nave principal de la iglesia y caminando hacia el altar, el coro cantó los siguientes versículos:

"Puse mi protección sobre el poderoso, y exalté al elegido de mi pueblo."

"Encontré a David mi siervo, lo ungí con mi óleo santo, porque mi mano lo auxiliará."

"Gloria al padre, al hijo y al espíritu santo. Por que mi mano lo auxiliará."

Llegó s. e. y ascendió las gradas del presbiterio, hincando ambas rodillas frente al altar mayor, y entonces siguió la salmodia:

Preste. "Salva Señor a nuestro presidente."
Coro. "Que espera en ti, oh dios mío."
Preste. "Envíale, Señor, auxilio de lo alto."
Coro. "Y desde Sión protégelo."
Preste. "En nada le ofenderá el enemigo."
Coro. "Y el hijo de iniquidad no le dañará."
Preste. "Haya paz en tu fortaleza."
Coro. "Y abundancia en tus torres."
Preste. "Escucha Señor mi oración."
Coro. "Y llegue a ti mi clamor."
Preste. "El Señor sea con vosotros."
Coro. "Y también con tu espíritu."

OREMOS

¡Oh Dios!, a quien todo poder y dignidad obsequia rendido, da a este siervo tuyo presidente nuestro Miguel, próspero efecto de su dignidad, en la cual siempre te respete, y se empeñe siempre en guardarte. Por nuestro señor Jesucristo. Amén.

Agustín Rivera afirma que era necesario andar con el pañuelo en la boca, porque el decreto de Márquez del 16 de febrero imponía pena de muerte a los que se rieran. En el misal romano se especifica que sólo podrá ser llamado *Siervo de dios*, en la *Oración por el emperador* de los países monárquicos, al monarca consagrado y por ningún motivo a un presidente sustituto ni a cualquier militar. Como a Miramón y a su ministro Isidro Díaz no les obligaba el decreto de Márquez, "y como eran jóvenes alegres y de buen humor, en el serio de sus amigos se rieron a carcajadas de aquella parodia" hecha por unos ancianos candorosos.

Miramón permaneció en Guadalajara hasta el 27 de julio de 1860, y luego de preparar un ejército se dispuso a atacar Veracruz por segunda ocasión. Se apostó frente a las murallas del puerto justo cuando Juárez declaraba nulo el Tratado Mon-Almonte, firmado en París por Alejandro Mon, ministro de la reina Isabel II, y Juan N. Almonte, hijo natural de Morelos, ministro del presidente Zuloaga en Francia, el 26 de septiembre de 1859.

Los tratados Mon–Almonte y McLane–Ocampo

El Tratado Mon–Almonte tenía dos puntuaciones relevantes: 1o. La ratificación del convenio de 1853 por el que el gobierno de Santa Anna se obligó a pagar a España una suma de muchísima consideración, por deudas atrasadas; y 2o. Obligación del gobierno de Zuloaga a pagar otra cantidad de consideración por los asesinatos de españoles en San Vicente y San Dimas.

El 30 de enero de 1860, el gobierno constitucionalista elevó una enérgica protesta contra el Tratado Mon–Almonte, el cual, no obstante, jamás llegó a tener efecto.

Pero, a su vez, el 1 de diciembre del año anterior, el gobierno de Juárez había celebrado en Veracruz el tratado llamado McLane–Ocampo.

Para beneficio del gobierno constitucionalista, los Estados Unidos habían reconocido a Juárez como legítimo presidente de México. El 6 de abril de 1859 Mr. Robert Milligan McLane se presentó en Veracruz como enviado extraordinario y ministro plenipotenciario de su país, provocando profundo malestar en el partido clerical.

El gobierno constitucionalista había juzgado necesario obtener el reconocimiento de los Estados Unidos y la ayuda económica requerida. El enviado a Washington que representaba al gobierno era Filomeno Mata, a quien le fueron planteadas las peticiones de territorio por parte del vecino país como requisito para su reconocimiento. Mata consideraba que era posible hacer algunas concesiones limitadas a las pretensiones de los Estados Unidos. De esta manera el gobierno del presidente Buchanan pensó que su homólogo mexicano estaba dispuesto a negociar. Juárez manifestó en todo momento que con el acuerdo se permitiría el paso, y no la permanencia, de tropas norteamericanas por el istmo de Tehuantepec, a cambio de ayuda económica, pero sin ceder un ápice la soberanía de México. McLane presionó para lograr los derechos de tránsito, pero también para alcanzar la venta de la Baja California y otros terrenos de los estados fronterizos, sin comprometer en forma directa al gobierno de su país.

En detalle, con el Tratado McLane–Ocampo se pactaba otorgar a los Estados Unidos el derecho a perpetuidad, de transitar con plena libertad por el istmo de Tehuantepec, y el otorgamiento de otras franquicias, como por ejemplo el paso de Texas al golfo de California, mediante el pago de 4 millones de pesos. Este tratado nunca llegó a tener efecto debido a que el senado de los Estados Unidos negó su aprobación, por temor a que su país se viera inmiscuido en asuntos mexicanos y creciera la influencia de los estados esclavistas. Dadas las ambiciones de los Estados Unidos, el tratado les pareció de ningún valor y el senado lo nulificó. Debemos aclarar que el país vecino estaba en plena guerra contra los estados esclavistas del sur y temían que los sureños se aliaran a México, lo que Juárez nunca consideró posible. El mismo McLane, sureño, se embarcó en Veracruz para ayudar a los suyos en el combate.

Sin embargo, los conservadores consideraron el tratado un crimen de *lesa patria*. La postura de Juárez no fue fácil, algunos ven en su firma un deseo del Partido Liberal de neutralizar el Tratado Mon–Almonte. Juárez habló todo el tiempo en favor de la integridad territorial del país en franca oposición a las argumentaciones del destino manifiesto procedentes de los Estados Unidos. Por fortuna ese país del norte ya había reconocido a Juárez sin que el tratado tuviera que ratificarse.

Miramón ataca de nuevo Veracruz

No obstante Miramón supo aprovechar la irritación que despertó el Tratado McLane–Ocampo para lanzar un segundo ataque a Veracruz. Compró a los españoles en La Habana dos barcos grandes y una balandra, a los que bautizó con los nombres de Marqués de La Habana, General Miramón y Concepción. Se trataba de viejas embarcaciones que poco podrían hacer frente a la gran defensa que el coronel Gutiérrez Zamora preparaba en el puerto. Éste había adiestrado perfectamente a sus guardias nacionales, y contaba con 148 cañones de varios calibres y 4 mil 250 hombres, al mando del general Ramón Iglesias y como segundo el mismo coronel Gutiérrez Zamora.

Cuando las embarcaciones pasaron frente a Veracruz, al mando del general Tomás Marín, Juárez y su ministro de Guerra, general Partearroyo, pactaron con Mr. Jarvis, jefe de una escuadrilla norteamericana que se encontraba en esa zona, y con el cubano Domingo Coycurría, el apoderamiento de esas embarcaciones, a las que se les dio categoría de piratas. Se organizó una expedición en contra de los barcos de Miramón, consistente en una corbeta, llamada *Saratoga*, remolcada por el vapor *Wawe* y acompañada por el *Indianola*, con 80 hombres a bordo, soldados y marinos norteamericanos. A la medianoche, Turner, subalterno de Jarvis, y el general Ignacio de la Llave, atacaron la escuadrilla de Marín en las aguas de Antón Lizardo, cerca de dos leguas de Veracruz. La expedición fue exitosa y en la santabárbara del Marqués de La Habana y del General Miramón, que enarbolaban la bandera española, fueron encontradas varias cajas de municiones con el rótulo de "Arsenal de La Habana". Las tripulaciones capturadas fueron llevadas a Nueva Orleans, disminuyendo así el peligro que corría Veracruz.

No obstante, el apresamiento de la barca española Concepción, donde fue encontrado el contrabando de armas, estuvo a punto de provocar un serio conflicto diplomático. El caso fue enviado por su propietario al juzgado de distrito, demorándose mucho los trámites. El comandante de la escuadrilla española, con base en Sacrificios, protestó por la captura y la demora, e hizo saber a Juárez que si en un plazo de 24 horas no devolvía el barco capturado, iría él a buscarlo con su escuadra. Juárez llamó al magistrado Mariscal y le preguntó si era posible contar con la sentencia al día siguiente antes de la una de la tarde. Mariscal le aseguró que así se haría, entregando finalmente la sentencia pronunciada a las 12, y se comunicó al Ministerio de Justicia y por éste al de Relaciones.

A las cuatro de la tarde llegó el representante del jefe de la escuadra española, y Juárez le entregó copia de la sentencia en última instancia, confirmando la declaración de buena presa, y declarando la cosa juzgada. Con anterioridad, Juárez había dictado órdenes para que fueran tomadas todas las providencias necesarias para la eventualidad de un ataque español, que no tuvo lugar. La barca incautada fue cubierta de brea e incendiada por orden del gobierno de Juárez. Luego del fracaso de su escuadrilla, Miramón inició el bombardeo de Veracruz. Juárez quiso permanecer en el puerto durante el ataque, pero Gutiérrez Zamora le convenció de que se pertrechara en San Juan de Ulúa. Luego de 16 días de bloqueo sin éxito, Miramón levantó el sitio de Veracruz y se volvió a México el 21 de marzo de 1860.

El descalabro de Miramón hizo circular unos versos que se burlaban del general conservador, uno de los cuales decía:

Me vuelvo de Veracruz
porque el mosquito hace roncha.
–¿Qué de veras, Miramón?
–Cómo te lo digo, Concha.

"Concha" era la mujer de Miramón, doña Concepción Lombardo y Partearroyo, que era liberal, por lo que su esposo la llamaba La Chinaquita. Los versos fueron muy populares principalmente entre los reaccionarios, a pesar de que se encarcelaba a quienes se sorprendía recitándolos.

Miramón y Zuloaga

Zuloaga, aunque retirado a la vida privada, era tenido oficialmente como presidente de la república y Miramón como presidente sustituto. Los principales conservadores de la capital, enfadados con Miramón, aconsejaron a Zuloaga que asumiese el ejercicio pleno de la presidencia; y así lo hizo por medio de un decreto que expidió el 9 de mayo. Al día siguiente, Miramón entró en casa de Zuloaga y lo tomó del brazo, lo hizo montar a caballo, y teniendo ya su ejército dispuesto a marchar al interior y con Zuloaga preso a su lado izquierdo, le dijo en voz alta delante de todos los jefes:

"Voy a enseñar a V. cómo se ganan las presidencias" y comenzó a marchar. Con sólo 27 años de edad, Miramón se convirtió en presidente de la república y estableció su gobierno en el Castillo de Chapultepec.

Luego que Miramón salió de la capital, el cuerpo diplomático, reunido en la casa del ministro inglés Mathew, declaró que el siervo de dios Miguel "no tenía abuela", que no había gobierno en México y que los ministros extranjeros, pese a su disgusto, permanecerían en la Ciudad de México para proteger a sus súbditos ante las autoridades locales.

Presiones para que Juárez renuncie

Los apuros económicos del gobierno liberal eran muy graves, y Doblado, días antes, decidió apoderarse de una conducta de plata, propiedad de los ingleses, en la hacienda de Lagunaseca, San Luis Potosí, que era transportada rumbo al puerto de Tampico. Degollado aplaudió la decisión y asumió la responsabilidad. No obstante, Juárez, más consciente del problema que sus subordinados, previó que podría tener lugar una intervención de la Gran Bretaña y lesionar la integridad moral de su gobierno; ordenó que fuese devuelto lo incautado y se enjuiciara al responsable. El fruto del asalto se convirtió al parecer en un intento de chantaje internacional para lograr la intervención extranjera. Degollado ya había recapacitado y no sólo propuso la devolución de la plata, sino también discutió con Mathew un plan de pacificación del país. Manifestando su convicción de que la paz vendría no por las armas sino a través de negociación, Degollado propuso que se convocara a un nuevo congreso en tres meses a partir de la fecha para promulgar una nueva constitución basada en las leyes de reforma, y que miembros del cuerpo diplomático, al lado de representantes de los dos partidos rivales, nombrasen un presidente, que no podría ser ni Juárez ni Miramón.

Degollado informó lo anterior a Juárez, le dijo que tanto Doblado como González Ortega estaban de acuerdo y amenazó con renunciar si el presidente se negaba a aceptar. Mathew presentó la misma proposición a Juárez, diciéndole:

> La opinión pública en el extranjero y el empleo de la fuerza, fundada en tal opinión y apoyado por ella, determinarán la suerte de México en muy pocas semanas. Debo confesar que esta opinión condena y se mofa unánimemente, tanto en América como en Europa, de los fueros de la legalidad y de la constitución de 1857. Por lo mismo, no puedo menos que censurar la posición que v. e. parece resuelto en sostener (muy malaconsejadamente para su patria) de no ceder nada, pero de no hacer tampoco nada para terminar esta guerra. Sólo añadiré que si v.e. invoca la cuestión de la legitimidad y de la constitución de 1857, en defensa del rechazo que usted parece meditar de las ofertas de mediación oficial, tal rechazo legitimará el empleo de la fuerza y tendrá consecuencias funestas para usted, para sus amigos, y para la causa progresista. A tal rechazo seguirá, si no lo anticipa, una división en su propio partido.

Poco después Juárez recibió otra carta de Degollado, más perentoria:

> Yo, como amigo sincero y apasionado de v., me atrevo a aconsejarle la aceptación de las bases propuestas, con la seguridad de que, en el remoto caso de que las admitan nuestros

enemigos, v., sacrificando su persona y salvando al país, se hace más y más grande a los ojos del mundo. Con la mano en el pecho, póngase v. delante de dios, del mundo todo, y de la nación mexicana que le contempla, y falle según su conciencia en este arduo negocio.

Parecía el colmo: el hombre acusado por robo se convertía en mensajero de la paz sugerida por los ingleses y en un demandante deseoso de figurar a la altura moral de Juárez. Como era de esperarse, el presidente rechazó la oferta.

Estas proposiciones de paz entre conservadores y liberales estaban apoyadas por hombres que habían estado muy cercanos a Juárez, como Degollado y Miguel Lerdo de Tejada, pero Juárez a toda costa quiso mantener la constitución de 1857 y no se logró ningún acuerdo con los conservadores. Lerdo de Tejada siguió insistiendo en un arreglo, y debido a esto y a un desacuerdo con Juárez acerca de una propuesta para suspender el pago de la deuda exterior, optó por dejar el gabinete. Degollado continuó al mando del ejército pero desconfiando de sus decisiones, en tanto que Doblado y Vidaurri criticaban a Juárez e intentaban destituirlo con la idea de que un gobierno más moderado podría poner fin a la guerra.

Para fortuna de Juárez, los ejércitos liberales triunfaron en varias batallas importantes. González Ortega venció en Peñuelas y luego se unió a otras fuerzas para arrinconar a Miramón en los cerros de Silao, en Guanajuato. Varias ciudades fueron tomadas por los liberales, mientras que Miramón huía a la Ciudad de México. El ataque final a la capital se demoró porque Degollado creyó conveniente destruir primero al ejército conservador de Guadalajara.

El sitio de Guadalajara

El periodista Manuel Cambre nos da una detallada crónica del sitio de Guadalajara:

> El hambre comenzó a producir sus efectos en el interior de la plaza: se acabó la carne y la manteca; el rancho a que estaba sujeta la tropa, se componía de arroz y garbanzo con una ración insignificante de pan y frijoles cocidos, sin tortillas, porque el maíz se dedicó exclusivamente a mantener caballos y mulas de tiro. Los vecinos estaban todavía en peor condición que la tropa, pues para ellos no había más que arroz y garbanzo.
>
> Dentro y fuera del recinto de la plaza se desarrollaba sensiblemente la fiebre. El 16 había en el hospital de Belén 196 enfermos y el 19 aumentaron hasta 206, todos del ejército de operaciones, fuera de los heridos que se curaban separadamente [...] El 25 de octubre para verificar el asalto de la plaza se emprendió la operación de demoler la mitad de la manzana contigua a la espalda de Santo Domingo, y terraplenar la otra mitad formando una gran explanada para situar en alto la artillería, abrir brecha por la espalda del convento, y dominar los parapetos de las calles laterales de ese edificio. Se reforzaron el día 25 los zapadores con 150 paisanos para terminar esa obra que se llamó *Torre de Malakoff*. Poco después se instalaba la artillería en la altura. [El día 29] En este y en los días siguientes, sitiadores y sitiados hicieron prodigios de valor. El coronel Basilio Pérez Gallardo, testigo presencial, refiriendo lo que pasó el día 29, dice entre otras muchas cosas: "Al fin, la superioridad numérica vence a los intrépidos soldados de Defensores y Mina [constitucionalistas], que sucumben gloriosamente [en las azoteas de las casas contiguas al convento del Carmen], cuando la sangre de unos

y otros combatientes corre por las canales al pavimento de la calle [...] El fuego de fusilería se apaga en todas partes; menos en Santo Domingo. Aquí prosigue la lucha, se hacen prodigios de valor, asaltados y asaltantes pelean como fieras, cuerpo a cuerpo, el arma blanca forcejeando en las alturas, mordiéndose, sofocándose, rodando abrazados por los escombros. Están en nuestro poder las manzanas inmediatas, los parapetos que ligaban esta posición y tres cuartas partes del convento de Santo Domingo. Todo ha caído en poder de los cuerpos de Zacatecas, Aguascalientes y San Luis.

Son las 10. La luna alumbra las ruinas y escombros de las casas que existían en este lugar [...] Pero ya no se avanza. El enemigo está reducido a la iglesia; un paso más y la iglesia y la plaza serán nuestras.

El robo de Miramón

Poco después Miramón declaraba el sitio de la Ciudad de México y manifestaba a la nación:

Grandes desastres en la guerra han reemplazado a los espléndidos triunfos obtenidos antes por nuestras armas; sucesivamente han sido conquistados los departamentos que estaban unidos a la metrópoli, y hoy sólo México y alguna que otra ciudad importante [Puebla] está libre del imperio de los contrarios.

Horas antes el "siervo de dios Miguel" no había podido resistirse a ordenar un robo en la calle de Capuchinas. Márquez, por orden de Miramón y con la ayuda del jefe de policía Lagarde, rompió los sellos en la casa de la legación inglesa en la calle de Capuchinas y tomó 660 mil pesos.

En ese mismo mes de noviembre, en Jalisco, tuvo lugar un curioso suceso. El comandante Sabás Lomelí recorrió los pueblos pertenecientes al municipio de Zapopan, a la cabeza de su tropa de caballería, y se llevó nueve esculturas de Santiago Apóstol, montado a caballo, con sombrero jarano, silla vaquera y espuelas; se las llevó a su cuartel en la villa de Zapopan y las puso en hilera en el zaguán. Los indios se fueron detrás de la tropa en seguimiento de sus imágenes, se las pidieron al comandante, y éste les contestó: "Me es imposible, porque estos no son santos, sino soldados de caballería que necesito para mi tropa", y después de estar bromeando con los indios les entregó sus imágenes. Ellos se las llevaron a las volandas, y después, cuando se acercaba una tropa a su pueblo, huían al monte llevando consigo la imagen del apóstol Santiago, la que acostaban en el suelo y cubrían con yerbas.

La batalla de Calpulalpan

En una secuencia de triunfos liberales, el 1 de noviembre Zaragoza derrotó a Márquez en Zapotlanejo. Como consecuencia de este suceso, el día 3 entró González Ortega en Guadalajara; el día 4 Juárez promulgó la *Ley de Libertad de Cultos* que vino a sumarse al *corpus* de las de reforma. El 23 del mismo mes Miramón enfrentó una batalla decisiva en Calpulalpan, donde el ejército conservador quedó prácticamente deshecho.

Vigil, en *México a través de los siglos*, apunta en relación con la batalla:

apareció González Ortega en el Valle de México al frente de un numeroso ejército que ascendía a 16 mil hombres [...]

Miramón, esperanzado en batir al enemigo en detalle, salió a su encuentro el día 20, llevando 8 mil hombres [...] El 22 por la mañana se avistaron los dos ejércitos: el liberal ocupaba las lomas de San Miguel Calpulalpan; Miramón principió el combate a las ocho de la mañana, atacando la línea del enemigo, y cuando creyó conveniente ordenó que la caballería, fuerte de mil hombres, al mando de su hermano d. Mariano, diese una carga con el fin de introducir el desorden en el campo liberal y decidir la acción, pero aquella maniobra le fue enteramente adversa, pues parte de la fuerza se pasó al enemigo, y el resto tuvo que volver grupas ante el nutrido fuego de cañón con que fue recibido. Esto decidió la victoria en favor de los constitucionalistas, y Miramón, con unos cuantos jefes, se volvió a la capital, llevando la noticia de su derrota.

González Ortega entró solemnemente a la Ciudad de México, al mando de más de 25 mil soldados, el 1 de enero de 1861. Había concluido la guerra de reforma.

El júbilo popular

Juárez recibió la noticia en el palco central del Teatro Principal de Veracruz, donde había asistido con su familia a la ópera. En el palco inmediato estaba Gutiérrez Zamora y los rodeaba prácticamente toda la sociedad veracruzana. Esa noche se cantaba *I Puritani*. Hasta el palco presidencial llegó un correo extraordinario que entregó un pliego a don Benito. Narra Zayas en su libro *Benito Juárez. Su vida y su obra*, que

> la función quedó interrumpida por la entrada violenta de aquel hombre. El público, los cantantes y la orquesta guardaron un

silencio profundo y lleno de ansiedad. ¿Qué pasaba? ¿Qué significaba aquello? ¿Era noticia próspera o adversa? Nadie lo sabía; pero todos presentían algo de muchísima importancia.

Juárez, que se había puesto en pie para recibir al correo, abrió el pliego, leyó tranquilamente las pocas líneas que contenía; después se acercó a la barandilla del palco. El público, anhelante, se puso también en pie, guardando el silencio profundo de la ansiedad. Juárez, con voz pausada y ligeramente conmovida, leyó la comunicación en que se le participaba la completa derrota de Miramón en Calpulalpan, y que inmediatamente ocuparía la capital el ejército de la reforma.

Lo que pasó después no puede ser descrito. Juárez y Gutiérrez Zamora se dieron un estrecho abrazo. Resonó un formidable ¡Viva!, que encontró inmediato eco en toda la ciudad. La orquesta tocó diana, los cantantes quisieron entonar la Marsellesa, pero el público, en el delirio del entusiasmo, no atendía a nada que no fuese Juárez, que no fuese Zamora, su glorioso colaborador. Y las aclamaciones a ellos dos, a la patria, a la constitución y a la reforma, atronaban la sala y repercutían en las calles. Toda la concurrencia salió violentamente del teatro, buscando aire que respirar, pues el de la sala estaba caldeado.

La amnistía de Juárez

Antes de la entrada de Juárez en la Ciudad de México para colocarse al frente del gobierno de la nación, González Ortega había publicado oficialmente las leyes de reforma y emitido decretos para sancionar el pillaje. Por otra parte, Ocampo promulgó decretos para castigar a los oponentes más conservadores y continuar por la senda de la reforma. Los más radicales pedían castigos más severos contra los reaccionarios, pero Juárez decidió no ensañarse con el enemigo y antes de su llegada a la capital publicó un edicto en que estipulaba ese programa. Juárez indultó a Isidro Díaz, cuñado y ministro de Miramón, que había caído preso, sensible quizás a que el propio Díaz había en una ocasión intercedido para evitar la ejecución de Gómez Farías y Degollado. Asimismo, Juárez otorgó la amnistía a casi todos los reaccionarios.

Pese a sus buenas intenciones, Juárez se enfrentó a los ataques del Partido Conservador, que atribuía su permanencia en el poder a su ambición personal, y no a su supuesto patriotismo o amor a México. Juárez respondió expidiendo el 6 de noviembre de 1860 la convocatoria para las elecciones de diputados al Congreso de la Unión y para presidente constitucional de la república, que tendrían lugar en enero del año siguiente.

Juárez vuelve a la capital

Juárez hizo su entrada triunfal a la capital el día 11 de enero de 1861, con grandes muestras de entusiasmo popular, que duraron todo el día. Al llegar a palacio, a las tres de la tarde, se echaron a vuelo las campanas de la catedral y el pueblo se reunió en el exterior. Juárez, escuchando la gritería, escribió un manifiesto:

> ¡Mexicanos! ¡Al restablecer el gobierno legítimo en la antigua capital de la nación, os saludo por la restauración de la paz y por los óptimos frutos de las victorias que lograron vuestras huestes valerosas! [...] Inmensos sacrificios han

santificado la libertad en esta nación. Sed tan grandes en la paz como lo fuisteis en la guerra [...] ¡Que sea más profundo que nunca el respeto a la legalidad y a la reforma! [...] En cuanto a mí, dentro de muy breve tiempo entregaré al elegido del pueblo el poder, que sólo he mantenido como un depósito confiado a mi responsabilidad por la constitución. Dos cosas colmarán mis deseos: la primera, el espectáculo de vuestra felicidad, y la segunda, merecer de vosotros, para legarlos a mis hijos, el título de buen ciudadano.

El mismo día de su llegada, Juárez estableció su ministerio de la manera siguiente: Relaciones: Ocampo. Gobernación: Francisco Zarco. Justicia e Instrucción Pública: Juan Antonio de la Fuente. Hacienda: Guillermo Prieto.

No obstante la amnistía a los conservadores, Juárez no se ablandó con los liberales que delinquieron y ordenó ese mismo día que Degollado tuviese la ciudad por cárcel y fuese procesado por el robo de la conducta en Lagunaseca. En esos mismos días fue aprehendido Manuel Payno y Juárez mandó que fuese puesto en la cárcel pública y procesado por haber ayudado a Comonfort a dar el golpe de estado.

Los más radicales se alarmaron por el anuncio de amnistía a los conservadores, y uno de sus más fieros atacantes, Francisco Zarco, editor del influyente diario liberal *El Siglo XIX*, escribió: "Si esto ocurre; ¡adiós a la libertad, adiós a la justicia, adiós al orden público! [...] Cierto es que la justicia se puede administrar con clemencia, y que nuestra constitución otorga al ejecutivo el derecho de perdonar; pero ese perdón no puede ser un escándalo ni un crimen en contra de la sociedad en conjunto." Zarco argumentaba que era necesario separar el poder judicial del ejecutivo y que en adelante, salvo excepciones, la responsabilidad de la amnistía debía recaer en la rama judicial. No obstante, ni él ni otros representantes radicales expresaron esa preocupación por la separación de poderes cuando Juárez, el 12 de enero, dio orden de expatriación a monseñor Luis Clementi, arzobispo *in partibus* de Damasco y nuncio del papa en México; a Joaquín Francisco Pacheco, embajador de España, y a los ministros Francisco de N. Pastor y Felipe Neri del Barrio, de Ecuador y Guatemala, acusados de ser enemigos del gobierno por haber ayudado a los reaccionarios. En el caso del ministro de Ecuador no se llevó a cabo la consigna, por haber probado el señor Pastor que la acusación en su contra carecía de fundamento. El caso de Pacheco había sido notorio. Habiendo desembarcado el 23 de mayo de 1860, en Veracruz, como embajador español ante el gobierno de Miramón, Juárez respetó su fuero diplomático y ordenó que se le diera paso libre y fuera escoltado dentro de los límites del estado. No obstante Pacheco no dispensó el favor y atacó con virulencia al gobierno legítimo de la república.

Paralelamente, las relaciones diplomáticas con el extranjero comenzaron a normalizarse y el 30 de enero Juárez recibió en audiencia pública al ministro plenipotenciario de Estados Unidos, Mr. J. Weller; el 3 de febrero fue recibido igualmente el barón E. von Wagner y el 16 de marzo presentó sus credenciales Mr. Dubois de Saligny, como ministro de Francia, quien vino a sustituir al vizconde de Gabriac.

Las primeras protestas por la invasión judicial del presidente Juárez se dieron con la expulsión del arzobispo de México, Garza y Ballesteros, y de los obispos Munguía, Espinosa, Barajas y Madrid, acusados también de ser enemigos de la patria. Juárez reaccionó frente a las críticas. Revocó el perdón de Isidro Díaz y ordenó que lo sometieran a juicio. Asimismo, aceptó la renuncia de Ocampo, de la Fuente y de la Llave, por no estar ellos de acuerdo con el destierro del arzobispo y de los obispos, alegando que con la entrada del presidente en la capital, habían cesado sus facultades omnímodas y se había restablecido el orden constitucional, y por lo mismo, aunque dichos personajes habían delinquido, conforme a la constitución de 1857 su castigo no era atribución del poder ejecutivo sino del judicial.

En medio de la tormenta política Juárez reorganizó su ministerio como sigue: Relaciones: Francisco Zarco. Gobernación: Pedro Ogazón. Justicia e Instrucción Pública: Ignacio Ramírez. Hacienda: Prieto. Fomento: Miguel Auza. Guerra: González Ortega.

Este gabinete juarista fue el más radical de todos los que tuvo, y su misión fue el establecimiento de un gobierno constitucional, la ejecución de las leyes de reforma y el mejoramiento de la economía.

Exclaustración de religiosos

El 2 de febrero decretó el presidente la secularización de los hospitales y demás establecimientos de beneficencia que hasta entonces estuvieron administrados por el clero, en las fincas, capitales y rentas de cualquiera clase que les correspondían. Este decreto fue un complemento de las leyes de reforma, al igual que el dado a conocer con anterioridad ordenando que el viático fuese llevado ocultamente, y regularizando el toque de las campanas de los templos.

El día 13 se publicó la orden de Juárez de que de los 22 conventos de monjas existentes en la capital sólo quedaran nueve, que a ocho fuesen trasladadas las monjas de los 13 restantes y que no se hiciese cambio alguno en el de Santa Teresa la Antigua.

En obediencia a las disposiciones de Juárez, el miércoles de ceniza el gobernador del Distrito Federal, Juan José Baz, cerró 42 templos y expulsó a las monjas de los 21 conventos aún abiertos. Se prohibieron las procesiones y el llevar vestimentas religiosas en la calle. Los más hábiles negociantes se enriquecieron adquiriendo a bajísimos precios los bienes de "manos muertas", es decir las propiedades confiscadas al clero.

Los habitantes de la ciudad se habían quedado sin el sonido de las campanas al que estaban habituados desde su nacimiento, pero encontraron en medio de tantas transformaciones una nueva distracción: la ocasión de conocer por dentro los prohibidos conventos de monjas. Fue un buen golpe propagandístico: en su interior no había ni pobreza ni abnegación, sino lujo, buen servicio doméstico y excelente comida.

Juan de Dios Peza describe cómo los comisionados se presentaron en el convento de la Concepción a cumplir con la orden presidencial de exclaustración. Fueron comisionados los jóvenes abogados Joaquín M. Alcalde, Juan A. Mateos y Manuel G. Parada, acompañados del arquitecto don Manuel Delgado.

> Llegaron los comisionados al convento a punto que los relojes daban las 12 de la noche.
>
> Juan Mateos había arreglado que le enviasen todos los ómnibus que hacían entonces en el distrito el servicio de transporte que vino a perfeccionar más tarde la compañía de ferrocarriles urbanos.
>
> Se había convenido con la guardia que custodiaba el convento, que el santo y seña serían las palabras "Libertad" y "Reforma".
>
> Era en esa ocasión jefe de día, el valiente e inolvidable Leandro Valle.
>
> Manuel Parada llamó a la puerta del monasterio, y al grito de "¿quién vive?", respondió "Libertad".

—¿Qué gente?

"Reforma", y se les franqueó la entrada.

He oído decir a uno de los comisionados que salió a recibirlos, a medio vestir, el capellán prebístero don Pascual Gregorio Gordo, y después los presbíteros Munguiondo y Barba, también capellanes del convento.

—¿Qué quieren ustedes?, preguntó uno de los capellanes.

—Que pasen ustedes a la prevención inmediatamente, le respondieron, y que avise a la abadesa que necesitamos hablarle.

Pasados algunos minutos, bajó la comunidad entera, compuesta de abadesa, vicaria, correctora, cantadora mayor, portera mayor, tornera mayor, enfermera mayor, sacristana mayor, obrera mayor, portera segunda, cantadora segunda, correctora mayor, cantora, secretaria mayor, tornera segunda, enfermera segunda, provisora mayor, tornera tercera, tornera última, tres sacristanas, refectolera, cinco contadoras, dos provisoras, cuatro cantoras, cuatro enfermeras, una correctora y dos novicias.

El hábito que usaban se componía de una túnica blanca con escapulario del mismo color, y un manto de color azul cielo. Completaban el vestido un calzón tosco, un cordón de cáñamo y una toca blanca de lienzo, que cubría la frente, mejilla y garganta, y sobre ella un velo negro sin ningún adorno.

Presentáronse delante de la comisión más de 40 monjas, presididas por la abadesa, formadas de dos en dos, todas con los rostros cubiertos por el velo, y llevando en la mano un cirio encendido.

—Señoras, dijo respetuosamente Mateos, el gobierno nos ha confiado el encargo de trasladar a ustedes al convento de Regina.

–¿Y a qué obedece disposición tan extraña?, interrogó la abadesa.

–Es una ley la que lo dispone, señora.

–Pues no saldremos de aquí, señores, no saldremos sino muertas.

–No saldremos nunca, respondieron en coro todas.

–Señoras, interrumpió alcalde, van ustedes a ser respetadas, pues somos unos caballeros, en sus personas, en sus celdas y en sus propiedades, pero tienen que mudar de casa e ir a vivir con las religiosas de Regina.

–¡Nunca!, dijo la abadesa.

–¡Nunca!, contestaron todas.

–Está bien, agregó Mateos, entonces voy a dictar la disposición que conviene al caso.

–¿Podríamos saber cuál es esa disposición?

–Dejar a la tropa con libertad para transitar en los corredores, entrar a las celdas, al refectorio, al coro, a todos los departamentos del convento.

Inclinó la frente la abadesa, y después, sollozando, se arrodillaron ella y todas las religiosas delante de los comisionados del gobierno, llorando, implorando, diciendo a un tiempo mismo frases que no era fácil de entender.

Con excepción de Delgado, que ya peinaba canas, los comisionados eran jóvenes, de distinguidas familias, de corazón bien puesto, de valor no desmentido, y, como era natural, se turbaron, se conmovieron, mirando aquel inmenso grupo de damas, algunas bellísimas, en la flor de su juventud, puestas de hinojos y bañadas en lágrimas delante de ellos.

Parada se mesaba su larga piocha rubia; a alcalde le brillaban húmedos sus grandes, negros y expresivos ojos, y Mateo, pálido pero sereno, buscaba la manera de obligarlas a que cambiasen de actitud y se calmaran.

Detrás de las monjas vino una legión de criadas y de niñas, que también se arrodillaron llorando.

–Pues, señores, dijo la abadesa levantándose, aunque formamos una comunidad, aquí cada una vive en su departamento con su familia, con sus niños y sus criadas.

–Está bien, interrumpió alcalde, irán por familias, y se respetará a las niñas y a las criadas.

–¿No hay remedio, señores?

–La ley es la ley, y no podemos desobedecerla.

–Que nos lleven al convento de las Hermanas de la Caridad.

–Es que allí han de tener escondido el dinero, le dijo Mateos a Leandro Valle, quien, como jefe de día, entró en esos instantes de visita al Cuerpo de Guardia.

Valle, que era muy listo, se fue inmediatamente a la casa de las Hermanas de la Caridad, buscó en varios sitios, y se le ocurrió ir al panteón de la Congregación; encontróse allí un sepulcro recientemente cerrado, ordenó que lo abrieran, y en lugar de un cadáver halló 17 mil pesos.

Entretanto, las monjas de la Concepción fueron ocupando los ómnibus con las niñas que designaban, y en la parte de arriba, en el imperial, que decimos ahora, Mateos dispuso que subieran las criadas, cargando cazuelas y jaulas con loros que armaban, con sus chillidos, un escándalo mayúsculo.

Cuentan que esa noche, el arquitecto Delgado, con extremada finura, ofreció a las monjas el brazo para ayudarlas a subir al ómnibus.

–Gracias, señor, le dijo una de ellas, sabemos andar y subir solas.

–¡Al fin mujeres!, murmuró por lo bajo el viejecito, que fue más tarde con sus cuadrillas de albañiles a derribar los gruesos muros y las sonoras bóvedas, para abrir las dos calles nuevas del Progreso y de 1857, que vinieron a dividir en tres la manzana inmensa que ocupó el monasterio.

El resto se dividió en lotes, que compraron muchos particulares.

Las monjas de la Concepción continuaron viviendo en Regina, hasta el 8 de Marzo de 1863, en que fueron definitivamente exclaustradas, y se dispersaron como una parvada de aves, tomando ignorados rumbos.

He transcrito lo que escribió Peza, porque lo mismo ocurrió en el resto de los conventos ocupados por monjas. En cuanto a los frailes, éstos salieron huyendo en masa dejando vacíos sus monasterios, en lugar de permanecer y entregar todos los tesoros acumulados por siglos bajo un inventario. En el abandono quedaron los marfiles, las reliquias, las porcelanas chinas, los niños dioses, los santos, los cuadros, los muebles y las bibliotecas con sus maravillosas estanterías, sus atriles, sus mesas, sus millares de libros y manuscritos encuadernados de pergaminos o de pieles grabadas y doradas. Aunque el gobierno nombró a varios comisionados, no pudo evitar el saqueo y el desorden entre los desposeídos, que no tenían idea del valor de lo que robaban.

Ya desalojados los conventos, entró la piqueta y destruyeron obras de arte, tal vez las mejores del continente americano. Arrasaron claustros, jardines y albercas; altares y hasta tumbas de sus cementerios. México no era la Ciudad de los Palacios, sino la Ciudad de los Monasterios.

Los fueros eclesiásticos eran muy codiciados. Cuando a la marquesa Calderón de la Barca le preguntaron qué le gustaría llegar a ser, contestó sin pensarlo: "Quisiera ser el arzobispo primado de México." El arzobispo vivía en un palacio y mandaba tanto o más que el propio virrey de la

Nueva España. Se le veía pasear en su lujoso carruaje, bendiciendo a una multitud arrodillada.

Casi todos los conventos se derribaron y los terrenos se vendieron a particulares. Iglesias como Capuchinas y la Merced fueron arrasadas. La piqueta quedó en definitiva instalada en la mentalidad mexicana como sinónimo de progreso y civilización. Los conventos cayeron para abrir paso al mundo moderno. También para que lucraran sin temor al infierno hombres de empresa hábiles y rapaces. Al menos logró impedirse el proyecto de destruir el sagrario, una de las obras maestras del barroco universal, para convertirlo en capitolio.

No obstante, Juárez se preocupó por salvar los libros conventuales, y nombró al ilustre erudito José Fernando Ramírez y al historiador Manuel Orozco y Berra como encargados de formar la proyectada Biblioteca Nacional en el convento de San Agustín. A otros funcionarios se les encomendó cerrar las puertas de las bibliotecas y trasladar los libros provisionalmente a la capilla de la universidad, entonces clausurada. Sólo la antigua biblioteca de los jesuitas, en manos entonces de los jerónimos, contenía códices, mapas, incunables de Europa y de México, y otras obras de gran valor.

Las disposiciones de Juárez se vieron frustradas por la falta de planeación y desorganización de los encomendados. *El Siglo XIX* publicó el 10 de febrero de 1861 la siguiente nota sobre las bibliotecas:

> Se nos ha informado que las de algunos conventos de religiosos exclaustrados, están enteramente abandonadas; y sus puertas, así como las de los mismos conventos, abiertas, y los libros y manuscritos a merced de todo el que quiera llevárselos. Uno de nuestros colaboradores, que ha estado ayer en

el convento de San Agustín, ha visto que su biblioteca se encuentra en ese estado, multitud de libros destrozados, esparcidos por los claustros y celdas, otros tirados en el suelo de la biblioteca, en el más completo desorden y toda ella en un estado tal, que manifiesta claramente que está entregada al pillaje. ¿Qué hacen los señores comisionados para recoger esas bibliotecas? ¿Qué hacen las autoridades que no remedian tan escandaloso desorden? ¿Hemos vuelto a los tiempos de la barbarie, que así se desprecian esos ricos tesoros de ciencia, y se entregan a la rapacidad de quien quiera pillarlos, o destruirlos? Llamamos la atención del señor ministro de Justicia e Instrucción Pública sobre un desorden tan vergonzoso para la nación.

El 11 de febrero, *El Siglo XIX* publicó un remitido de José Fernando Ramírez:

Muy señores míos: Dos artículos han consagrado ustedes a la Biblioteca Nacional en su apreciable diario de ayer, y como de sus especies podrían sacarse deducciones harto apreciables, me permitirán haga algunas rectificaciones.

Sea la principal, que yo sólo acepté la comisión de organizarla, mas no la de acopiar libros diseminados en las bibliotecas de los monasterios extinguidos. Esta la desempeña otra persona y a ella se han mandado entregar los mil pesos para gastos. ¿Por qué no se ha cumplido? [...] Por dos motivos poderosos: 1o. Porque solamente ha recibido la orden, y el señor Ministro de Hacienda dice que no hay dinero; 2o. Porque no hay quien dé razón de la mayor parte de los comisionados a quienes se entregaron las llaves de las bibliotecas. Los desórdenes y saqueos que ustedes lamentan, son positivos, pero no ha estado en mis facultades remediarlos.

Yo los pude precaver en la biblioteca de San Francisco, con el auxilio de su benemérito prelado, que mantuvo el puesto hasta el último momento. A su salida puse dos cuidadores, esperando que los trabajos comenzarían de un día a otro. No ha sucedido así, y en el ínterin estoy pagando a aquéllos de mi bolsillo.

En *El libro de los desastres* relato cómo la mano del bibliotecario que tomaba los libros con delicadeza, fue sustituida por centenares de manos torpes que arrojaron groseramente los volúmenes a las carretas destartaladas con rumbo a la universidad, donde se pensaba constituir la Biblioteca Nacional. Y agrego:

Su traslado oficial y su guarda habían sido reglamentados, pero ¿quién puede respetar o siquiera vigilar millares de libros en medio del caos y del tumulto? Las carretas sobrecargadas iban tirando volúmenes y manuscritos por las calles y éstos eran recogidos por las mujeres y quemados en sus cocinas o tirados en suelos húmedos. Ellas no sabían que las tortillas y los frijoles se cocían a un precio capaz de alimentarlas a ellas y a sus familiares toda la vida.

Ya antes del traslado había comenzado el saqueo de los libros, que de cualquier modo eran devorados por el agua, las ratas y la polilla. No podemos calcular lo que se perdió entonces, pero sí sabemos que también se estableció la edad de oro de los bibliómanos: ejemplares únicos o de extremada rareza costaban apenas unos centavos.

El trasiego de libros fue una especie de maná llovido del cielo. Lo mismo servían de camas o de carbón, que llegaban milagrosamente a manos de los muy raros conocedores de esas joyas.

Fuera de Juárez y de sus ministros, hubo entre muchos pequeños ladrones, algunos funcionarios menores. Cuando en el saqueo de la catedral salió el copón utilizado el jueves santo por el arzobispo para dar la comunión, el jefe de la policía desatornilló la cruz de diamantes de la tapa y se la echó a la bolsa; luego hizo "charamusca" con los cordones de la mitra de san Eligio y también se los embolsó. El botín fue enorme: desaparecieron la custodia de Borda, otra con el anverso de brillantes y el reverso de esmeraldas, docenas de copones y cálices de oro y plata, cuatro grandes pebeteros, candelabros, candiles, ciriales y cruces. Los candiles pesaban tanto que se los llevaron arrastrando, dejando huella en el entablado del piso. Al tenebrario de ébano le arrancaron a cincel y martillo los adornos de plata y destruyeron el maravilloso candelero del cirio pascual.

Este último saqueo remató la destrucción iniciada por los canónigos. Por supuesto, ya había desaparecido la virgen de la Asunción de oro macizo, patrona de la catedral, regalo del gremio de los plateros al iniciarse el siglo XVII; y también las estatuas de plata de los apóstoles y el sagrario de oro del antiguo ciprés, las obras admirables de los orfebres de un país minero. ¿Cómo podía conservarse un tesoro semejante en tiempos de ignorancia, de miseria, de guerras e invasiones?

El desastre económico

Ninguna de las medidas del gobierno para llegarse fondos remedió la bancarrota del estado. Los problemas económicos eran apremiantes, porque el ingreso de las aduanas, que en situación normal constituía la principal fuente de recursos del gobierno, se destinaba al pago de la deuda externa.

Los gobernadores se habían hecho de la mayor parte de las fuentes de ingreso durante la guerra, y a pesar de las peticiones del ministro de Hacienda, Guillermo Prieto, se negaron a devolverlas. Vidaurri, en franco reto, llegó a advertirle a Prieto: "Si ustedes dan un paso yo daré dos. Nuestro deber es claro, la resistencia por todas partes y por cuantos medios nos sean posibles."

La guerra había agotado los recursos del país, la nación estaba en la ruina. El gobierno cayó en déficit permanente y tuvo que recurrir al préstamo de particulares con tasas de interés muy elevadas. La venta de las propiedades de la iglesia no había otorgado los ingresos deseados, las tierras habían caído en manos de unos cuantos especuladores que ahora luchaban por sus propios intereses.

Por otro lado, existía el problema de qué hacer con el numeroso ejército que tan costoso resultaba para el presupuesto. De momento no podían licenciarse las tropas porque los grupos reaccionarios pululaban en toda la república, y habría obligado también a que la tropa dispersa se sumara con toda seguridad a las fuerzas conservadoras o a las bandas de ladrones.

El balance dado por el ministro de Hacienda el 18 de marzo era el de la bancarrota total. En resumen, las recomendaciones del ministro Prieto se basaban en la reducción de cuatro cargas nacionales: reducción del servicio de la deuda exterior, reducción del pago de la deuda interior, reducción de las fuerzas armadas y reducción de los estados a la autoridad del gobierno federal.

Ante los nulos resultados para solucionar la crisis económica, Prieto renunció a la cartera de Hacienda y unas semanas después su sucesor, Mata, hizo lo mismo al no poder aliviar tampoco la crisis. Se ensayó de todo: la reducción de los salarios de los servidores públicos, entre ellos el del presidente, y otros ahorros, la obtención de préstamos especiales y la puesta a discusión de la reducción del presupuesto de defensa, pero todo fue en vano. La medida más extrema ya había sido propuesta anteriormente: la declaración de una moratoria al pago de la deuda exterior con el fin de destinar los ingresos aduanales a otros requerimientos.

Divisiones en el Partido Liberal

Aunados a los problemas económicos crecían los conflictos políticos. Había llegado la hora de prepararse para las elecciones presidenciales y legislativas que deberían celebrarse en junio.

El Partido Liberal se hallaba dividido en tres fracciones: 1) los más radicales, que pedían el exterminio total de los conservadores; 2) los incondicionales de Juárez, que no constituían un verdadero partido juarista (porque Juárez ya había dicho: "Yo no soy jefe de un partido, soy el representante legal de la nación"; 3) el grupo contrario a Juárez, que creía que ya había cumplido con su obligación y debía abandonar su cargo. Comenzaron a brotar los personalismos. El contrincante más fuerte de Juárez era Lerdo, quien llegó a reunir a los adversarios de Juárez. A pesar de que era dudoso en aquel entonces que Lerdo pudiese derrotar a Juárez en las urnas, su muerte en plena campaña electoral terminó con esa fuerza opositora, pero ocasionó que los contrincantes se unieran en torno a otro importante candidato: González Ortega.

Con los triunfos alcanzados en la guerra de reforma, González Ortega contaba con un vasto apoyo por parte del ejército y varias facciones políticas nacionales, así como vastos sectores de la opinión pública. Sumándose a esto, Doblado manifestó su adhesión a González Ortega. Constituida esta fuerza opositora atacó a Juárez, llegando incluso a solicitar la destitución de todo el gabinete. Juárez luchó contra estas demandas con múltiples argumentaciones, pero las críticas no dejaron de arreciar. El mismo González Ortega demandó al presidente que destituyera a Zarco y a Ramírez debido a su impopularidad. Como Juárez rechazó también esta petición el ministro de Guerra renunció a su cargo, advirtiendo que permanecería a la cabeza de la División de Zacatecas para sostener a las instituciones democráticas.

Zarco salió en defensa de Juárez argumentando que González Ortega había confundido el sentir popular con el alboroto de una facción política intrascendente, que no poseía verdaderos principios políticos. Asimismo, notificó a González Ortega que debía esperar la decisión del gobierno acerca del mando en la División de Zacatecas. El militar replicó, a su vez, que el gobierno había perdido el apoyo popular por haber promulgado demasiadas leyes y decretos sin la consideración debida, porque Juárez demostraba marcado favoritismo a la conducción de su cargo y porque no se había instaurado la paz a pesar de la victoria militar. Alegó que era genuino su derecho al mando de la División de Zacatecas, por su calidad de gobernador del estado y dudó que el gobierno tuviera posibilidad de impedírselo.

Juárez no quiso abrir un nuevo frente y se mostró prudente y práctico: afirmó su autoridad sobre la Guardia Nacional, pero reconoció a González Ortega comandante de la División de Zacatecas para no romper definitivamente con el general.

Este último permaneció tranquilo, pero en sus partidarios ya había prendido la llama de la agitación y llegaron al extremo de exigir la entrada a Palacio Nacional para expulsar a los ministros impopulares. No obstante que el ejército de Zacatecas casi llegó a pronunciarse contra Juárez, éste se mantuvo firme ante las demandas.

Por su parte, González Ortega optó por publicar un manifiesto para amordazar los infundios pronunciados en su nombre. A través de un manifiesto publicado el 19 de mayo negó que él hubiera sancionado ningún movimiento revolucionario con su nombre. Advertía que la guerra había terminado y que ya era hora de empuñar la pluma y no la espada; asimismo, decía que otorgaría su apoyo al gobierno constitucional y que haría cuanto estuviera a su alcance para evitar la guerra civil. Pedía al pueblo que tuviera confianza en los servidores públicos y que se valiera de medios legales para resolver los problemas del país. Lo que sí se abstuvo de externar era la pretensión de continuar en oposición a Juárez y de contender por la presidencia de la república.

Calmados los ánimos luego de la intervención de González Ortega, el congreso recién electo se reunió por primera vez luego de la caída del gobierno de Comonfort. De entrada, Juárez renunció a sus poderes extraordinarios, alcanzándose al fin una aceptable estabilidad en las filas liberales, que pronto se verían enfrentadas a una atmósfera de inquietud frente a las incursiones de las guerrillas conservadoras en pueblos y ciudades, y sus ataques, que hacían intransitables los caminos. En su mayor parte las agitaciones venían de las entidades, toda vez que el gobierno federal no contaba con recursos para eliminar a los cabecillas conservadores del interior, que agitaban el país con la proclama de "Religión y Fueros".

El 7 de febrero Márquez y Mejía habían derrotado a las tropas de Mariano Escobedo en la batalla de Río Verde, mientras que a principios de marzo se destinaba una comisión para combatir a Manuel Lozada, cacique de Tepic, quien tenía una gran influencia entre los indios, y que por sus innumerables crímenes era conocido como "El Tigre de Alica". Márquez, por su parte, reconoció como presidente de México a Félix Zuloaga el 6 de mayo de 1861.

La ejecución de Ocampo

Entretanto, el 22 de marzo había fallecido el gobernador de Veracruz, Manuel Gutiérrez Zamora, y al día siguiente murió en la Ciudad de México Miguel Lerdo de Tejada.

En ese contexto de duelo por la irreparable pérdida de estos liberales, se supo que Márquez había capturado y ejecutado a Melchor Ocampo, quien luego de renunciar a su ministerio se había retirado a la vida privada en su hacienda de Pomoca, en Michoacán. Márquez, luego del fusilamiento que tuvo lugar en Tepeji del Río, mandó colgar el cadáver de Ocampo de un pirú. Ocampo, sereno, había redactado su testamento, que terminaba así: "Muero creyendo que he hecho por el servicio de mi país cuanto he creído en conciencia que era bueno." Y lo escribió con pulso firme, sereno, sin exhalar una queja ni pedir favor, siguiendo su máxima de "primero quebrarse que doblarse".

El pueblo reaccionó furioso y Juárez, a quien pesó mucho esta muerte, tuvo que ordenar sin embargo que se protegiera a los prisioneros conservadores ante la eventualidad de que se intentara su linchamiento. Dice el historiador Zamacois:

> La noticia del fusilamiento de d. Melchor Ocampo se recibió en la capital de México a las 5 de la mañana del día 4 de junio [...] La pintura del estado de efervescencia en que se hallaban las pasiones de la comunión progresista, se encuentra

fielmente referida en las siguientes líneas de *El Monitor Republicano*, correspondiente al 5 de junio: La cámara se reunió, acudió a las galerías en tropel el gentío, se presentaron los ministros, se leyeron las cartas, y estalló el delirio, el entusiasmo y el sentimiento del dolor. Forzando las puertas de la cámara, invadió el salón un grupo de gente, a cuya cabeza iban d. Ponciano Arriaga, d. Ignacio Ramírez y d. Guillermo Prieto, comisionados por la junta improvisada en el correo. A la vez por la puerta opuesta se presentaba dentro del salón el general Degollado: tronó una tempestad de aplausos en las galerías, los diputados se pusieron en pie, el señor Degollado dijo en medio de un profundo silencio: "Yo vengo en nombre de la justicia; quiero que se me juzgue; protesto ante los manes de Ocampo que no es mi deseo la venganza; no quiero el mando ni las ovaciones: deseo pelear contra los asesinos [...] Iré como el último soldado. Déjeseme derramar mi sangre en la batalla: yo no quiero preocupar el juicio de la cámara; permítaseme combatir a nuestros enemigos, y volveré a que se pronuncia el fallo de mi causa" [...] La conmoción fue extrema, el pueblo grita que se absuelva al señor Degollado [...] La agitación no cesa, la cámara está en sesión permanente. En los barrios se nota profunda inquietud. En estos instantes está reunido el cuerpo diplomático [...] La excitación del partido liberal era grande en aquellos momentos [...] En medio de la exaltación de las pasiones fueron reducidos a prisión por la policía d. Adolfo Cagiga [...] hermano del guerrillero que aprehendió a Ocampo, el doctor Moreno y Jove, canónigo (el deán) de avanzada edad, d. Benito Haro y doña María Palafox de Zuloaga [...] Mientras lo grupos que se habían dirigido a los puntos en que estaban los presos políticos no conseguían su intento, otros que recorrían las calles amenazando las casas de los conservadores, se dirigieron a la calle de las Capuchinas [...] en que estaba la imprenta de *El Pájaro Verde* [...] (cuyo director era Aguilar y Marocho) subieron al entresuelo, donde estaba el establecimiento, arrojaron por los balcones a la calle todos los útiles tipográficos [...] concluyendo la obra de destrucción con prender fuego en la calle a los objetos arrojados, fundiéndose entre las llamas la letra.

El 4 de junio, Juárez expidió un decreto:

> Artículo 1o. Quedan fuera de la ley y de toda garantía en sus personas y propiedades los execrables asesinos Félix Zuloaga, Leonardo Márquez, Tomás Mejía, José Ma. Cobos, Juan Vicario, Lindoro Cagigas y Manuel Lozada.
> Artículo 2o. El que libertare a la sociedad de cualquiera de estos monstruos... recibirá una recompensa de 10 mil pesos, y en el caso de estar procesado por algún delito, será indultado.

Pese a la gravedad de la situación y a la necesidad de unión entre las filas liberales para enfrentar la amenaza conservadora, los esfuerzos para destituir a Juárez no cesaban. El 24 de mayo un grupo de diputados propuso al congreso la creación de un comité de seguridad pública que se hiciese cargo de la administración del gobierno. Se propuso asimismo un triunvirato compuesto por Doblado, González Ortega y Uraga en sustitución del presidente, con Juárez, Ogazón y Degollado como suplentes. La administración rechazó también esta propuesta.

A la muerte de Ocampo siguió la de Santos Degollado, a quien el gobierno había puesto en sus manos una pequeña tropa que acabó por desbandarse. Degollado murió en la acción del Llano de Salazar el 15 de junio. Partió entonces Leandro Valle con 800 hombres con la intención de vengar a Ocampo y Degollado. La noche del 22, Márquez y Zuloaga tuvieron noticias en Atlaluco de que O'Haran, de Toluca, y Valle, de México, salían a combatirlos y dispusieron marchar en la madrugada del 23 para darles encuentro en el Monte de las Cruces. A las 10 y media de la mañana las avanzadas de las caballerías de los coroneles Almancia y Juan Silva tiroteaban a las de Valle en La Maroma. Luego Márquez ordenó cargar y tuvo lugar una sangrienta batalla, bajo fuego nutrido, hasta cerca de la una de la tarde, en que Valle, en su loma, sitiado, a la desbandada y muerta parte de su tropa, formó cuadro. Al ver lo irremediable montó y rompió el sitio. Un piquete de caballería enemiga le persiguió a escape y le hizo prisionero en Santa Fe. Avisaron a Márquez, quien se encontraba con su estado mayor y Zuloaga en una explanada. A Valle lo fusilaron a las pocas horas, alegando que se le había cogido con las armas en la mano.

González Ortega se alistó como voluntario para enfrentar la situación, y al mando de 2 mil 500 hombres salió al encuentro de Márquez, Zuloaga y otros líderes conservadores en Jalatlaco, a principios de agosto. Porfirio Díaz, subordinado de González Ortega, atacó sin recibir órdenes y derrotó a las fuerzas enemigas luego de que se le unieron los restos del ejército.

La noticia de la victoria provocó muestras de júbilo en la capital y constituyó un descanso para Juárez frente al crecimiento de la oposición política a su régimen. Asimismo, resultó un desmentido a las expectativas de los representantes extranjeros, incluido Thomas Corwin, ministro de los Estados Unidos en México, quienes presagiaban que restaba poco tiempo para que cayera el gobierno de Juárez.

Juárez es reelecto

Al verificarse las elecciones para presidente de la república, Juárez resultó vencedor con 5 mil 289 votos; Miguel Lerdo de Tejada (ya muerto) obtuvo mil 980 y González Ortega mil 846, un total de 9 mil 115. Si bien la cámara juzgó que la votación debía ascender a 15 mil votos, dada una población de más de 7 millones de habitantes, le dio el triunfo a Juárez sin hacer caso a las argumentaciones de Vicente Riva Palacio, quien puntualizaba que la nación no había manifestado su voluntad porque la ley pide mayoría absoluta de electores y que, computados éstos sobre la base de más de 7 millones de habitantes, debían ascender a 15 mil, "así, pues, el señor Juárez no ha obtenido la mayoría de ese número".

Por otra parte, suponiendo que los conservadores alcanzaran teóricamente 10 mil votos y los moderados otros 10 mil, los electores sumarían 30 mil, un índice revelador de que no podían existir las bases indispensables para una democracia. Posiblemente había unos 100 mil ciudadanos capaces de votar pero aun este número nos revela que la pretensión de ser un país democrático era hueca. Siete millones de habitantes de la república no existían, al menos electoralmente hablando. Así pues, el juego político se reducía a una minoría insignificante y ese juego se limitaba a unos 100 generales y a unos 20 mil o 30 mil civiles en continua lucha.

González Ortega, vencedor de los conservadores, siguiendo la tradición, era el principal opositor del entonces presidente. Juárez hizo la protesta como presidente constitucional de México el 15 de junio. Las presiones contra su gobierno no cesaron y el 27 de junio de 1861 González Ortega fue electo presidente interino de la Suprema Corte de

Justicia, convirtiéndose en virtual vicepresidente de la república.

Debido a las polémicas ministeriales, el 13 de julio se formó un nuevo ministerio, ocupando Manuel María de Zamacona la cartera de Relaciones; Blas Balcárcel, Fomento; Joaquín Ruiz, Justicia, y el general Zaragoza, Guerra. El 16 se hizo cargo de Hacienda José Higinio Núñez.

Por otro lado, los generales conservadores seguían combatiendo en diversos estados y llegaron a invadir la capital. La lucha encarnizada de los conservadores continuaba pese a ciertos logros de los liberales, como el hecho de que el general Pedro Ogazón atrajera para la causa liberal al "Tigre de Alica", quien a cambio de la promesa del gobierno de defender a los indios se puso a sus órdenes.

Juárez decreta la moratoria

Como ya hemos señalado, Juárez no podía licenciar al ejército ni pagarlo ya que habría dado el triunfo a los enemigos y convertido al país en un caos infestado de bandoleros. Los pequeños grupos armados seguían, en escala reducida, el ejemplo de los generales e invadían los caminos y los pueblos saqueando y matando. Con los liberales divididos, luchando contra conservadores y bandidos en plena disolución y, sin un centavo, Juárez propuso una ley aprobada por el congreso que suspendía los pagos de la deuda interior y exterior durante un periodo de dos años; una acción decisiva y grave.

El monto de la deuda era de 82 millones 256 mil 290.86 pesos, que se dividían como sigue: deuda inglesa 69 millones 994 mil 542.54 pesos; deuda francesa 2 millones 800 mil 762.3 pesos, (un millón 600 mil pesos de capital desembolsado y

384 mil pesos de intereses, calculado al uno por ciento mensual durante dos años), incluyendo el crédito del banquero suizo Jecker a quien Dubois de Saligny apoyó; deuda española 9 millones 460 mil 986.29 pesos.

Dubois de Saligny había pactado con el duque de Morny, hermano de Napoleón, presentar la deuda Jecker y cobrarla. Jecker había prestado a Miramón 750 mil pesos, recibiendo a cambio bonos del Tesoro mexicano por valor de 14 millones que Morny había adquirido. El duque era un gran derrochador de fortunas y el cobro de los bonos le permitiría pagar sus deudas, restablecer su fortuna y darle a Dubois de Saligny una recompensa. El chantaje era muy burdo. En primer lugar Jecker era suizo pero misteriosamente, de la noche a la mañana, se había convertido en ciudadano francés y protegido de Dubois. Por supuesto, esta deuda leonina ya había sido anulada por Juárez en enero de 1861.

Al declarar la moratoria, Juárez hizo frente a una situación que, de no encararla, no tardaría en provocar un colapso económico y los desórdenes subsecuentes. En el acto, los ministros de Francia e Inglaterra, Dubois de Saligny y Charles Wyke, respectivamente, se dirigieron al gobierno mexicano exigiendo la derogación del decreto en lo relativo a las convenciones extranjeras y agregaron que si para el 25 de junio de 1861 a las cuatro de la tarde no eran alcanzados sus deseos, cortarían sus relaciones con el régimen mexicano. Cumplido el plazo y ante la imposibilidad del gobierno de Juárez de acceder a sus requerimientos, rompieron relaciones diplomáticas. Los dos permanecieron en la Ciudad de México y encargaron a Wagner, ministro de Prusia, los negocios civiles de los ciudadanos franceses e ingleses.

Sorpresivamente, Ignacio Comonfort entró en escena y dirigió un risible comunicado al congreso manifestando que estaba dispuesto a someterse a juicio; que su separación del poder debía reputarse temporal, que no afectaba a su carácter de presidente y que se le permitiese volver al país a defenderse, protestando que renunciaría aun cuando fuese absuelto. Por votación de la cámara, se declaró que Comonfort había cesado de ser presidente desde el 17 de diciembre de 1857, fecha en la que atentó contra la soberanía del pueblo por medio del Plan de Tacubaya. Comonfort no se resignó; en agosto del mismo año entró a territorio nacional por Matamoros y llegó a Monterrey. Juárez ordenó a Vidaurri que lo detuviera y mandase a la capital para procesarlo pero Vidaurri no obedeció la orden y Comonfort quedó al amparo del líder neoleonés por varios meses.

Nuevos intentos de destituir a Juárez

Durante la apertura del periodo de sesiones extraordinarias que tuvo lugar en el congreso el 30 de agosto de 1861, Juárez leyó un informe que reflejaba la situación desesperada en que se encontraba la nación. Los grupos liberales rivalizaban entre sí cada vez con mayor encono. El 7 de septiembre se formó una representación de 51 diputados, solicitando a Juárez que renunciara a la presidencia para que subiese al poder González Ortega. Asimismo, los legisladores pedían que los gobernadores y las legislaturas de los estados se unieran a esta petición, alegando que la fuente de los problemas en México era la mala política del primer magistrado. Paralelamente, se organizó otra representación con la firma de 54 diputados que solicitaban que Juárez siguiera en el poder, planteando que cualesquiera fueran los errores cometidos por el presidente, la solución del problema no radicaba en la propuesta de sus compañeros del congreso.

Pese al sonado triunfo de los liberales en Jalatlaco, Estado de México, donde González Ortega y Porfirio Díaz vencieron a Márquez y Zuloaga, y ante la preocupación por los ataques de los conservadores en Sierra Gorda, el gobierno federal decidió confiar la empresa a González Ortega, quien obtuvo del congreso el permiso para separarse de la suprema corte y salir a la campaña. Sin embargo, fueron desmedidas sus pretensiones de recursos para partir anticipando un resultado negativo si no se los satisfacían. El gobierno tuvo que aceptar su renuncia a la empresa.

Mientras tanto los conservadores, sin una clara organización militar, invadían la capital, el Estado de México, Puebla, Michoacán, Guanajuato, Zacatecas, Jalisco, San Luis Potosí, Querétaro y Tlaxcala.

En ese momento ya se había recibido la nota del señor de la Fuente sobre sus frustradas gestiones ante las potencias y decidido la intervención. Poco después se firmaba la Convención de Londres. En ese momento tan crucial para el país, Juárez supo conservar la serenidad y enfrentarse con valentía al desastre. En lugar de pretender dar un golpe de estado o renunciar a la presidencia hizo preparativos para la defensa de México, tanto diplomática como militar, si llegara el caso.

Los representantes de las potencias europeas, interesados en que se les pagaran las deudas, dudaron que eso fuera posible al enterarse de que el gobierno tenía un déficit de 400 mil pesos mensuales y que los bienes de la iglesia, con cuyo valor podía pagarse la deuda, se enajenaban a muy bajos precios. Así, se multiplicaron los informes diplomáticos que indicaban la conveniencia de una intervención en México.

El desprestigio de México en el extranjero

El mal concepto de México en los países extranjeros era enorme, si bien había algo de cierto en la crítica a la conducta de los gobernantes a partir de la independencia. La mayoría de los gobiernos desde 1821 había provocado revueltas, gobernando con ineptitud y a veces con signos de corrupción. Era difícil hallar moralidad en la administración pública y respeto a la ley, a las personas y sus bienes.

El 13 de diciembre de 1858, la reina de España, Isabel II, se reunió con el senado, donde da a conocer el discurso de la corona, refiriéndose a la necesidad de intervenir en México, para "dejar en su sitio el honor vulnerado de España". Únicamente el conde de Reus se levanta y pide una enmienda para el discurso de respuesta:

> El senado ha visto con pena que las diferencias habidas con México subsisten todavía. Estas diferencias hubieran podido tener una solución pacífica, señora, si el gobierno de v. m. hubiera estado animado de un espíritu más conciliador y justiciero. El senado entiende que el origen de esas desavenencias es poco decoroso para la nación española, y por lo mismo ve con sentimiento los aprestos de guerra que hace nuestro gobierno, pues la fuerza de las armas no nos dará la razón que no tenemos.

La intervención de Juan Prim causó agitaciones en las cortes, y todos en los escaños manifiestan que esa guerra no puede impedirse, 122 votos en contra de la paz son contados.

El Partido Conservador no dejó de influir en el ánimo del gobierno español para que le brindara su ayuda. Se celebró, como ya dijimos, un tratado entre ese partido y el gobierno peninsular (el Tratado Mon–Almonte), y fue recibido Almonte por la corte española como ministro plenipotenciario de México, mientras que a la República Mexicana llegó Francisco Pacheco como embajador.

Esto tuvo lugar el 1 de junio de 1860, cuando los tacubayistas estaban a punto de ser derrotados. Pero antes de que fueran vencidos hubo una tentativa de entendimiento, en la que participó Pacheco, mostrándose como partidario de la conciliación, cuando en realidad su verdadera opinión era muy distinta. En una carta que dirigió a su gobierno el 24 de septiembre, decía:

> Yo estoy convencido de que aquí no habrá paz sino por la intervención resuelta y armada de Europa [...] Este país necesita lo que se ha hecho con algunos otros. Ha perdido de tal manera toda noción de derecho, todo principio de bien, toda idea y todo hábito de subordinación y de autoridad, que no hay en él posible, por sus solos esfuerzos, sino la anarquía y la tiranía. Es necesario que la Europa no le aconseje, sino que le imponga la libertad, la disciplina y el orden. Cuando vean que el mundo los obliga a entrar en razón, y que no tienen medios de eximirse de tales deberes, entonces, pero sólo entonces, es cuando se resignarán a cumplirlos. Mientras no, crea V. E. que no tiene fin esta vergonzosa historia, escándalo y baldón de la humanidad.

Una vez derrotado el Partido Conservador, Pacheco gestionó con mayor ímpetu para lograr la intervención y el establecimiento de la monarquía. Ya en 1856, los monarquistas mexicanos habían ofrecido el trono de México al duque de Montpensier, quien no aclaró si lo aceptaba o no, atento a los acontecimientos y mostrando mayor prudencia que el propio Maximiliano años más tarde.

Por su parte, sir Charles Wyke escribía a su gobierno en mayo de 1861:

> Las facciones combatientes luchan para apoderarse del poder a fin de satisfacer su codicia o su venganza; entre tanto el país se hunde más y más cada día, mientras la población se ha brutalizado y degradado hasta un punto que causa horror el contemplar.
>
> Tal es el estado actual de los negocios de México. V. s. comprenderá que hay poca esperanza de obtener justicia de semejante pueblo, excepto empleando la fuerza para exigir con ella lo que la persuasión o las amenazas no han podido conseguir hasta ahora.

A su vez, el ministro francés, Dubois de Saligny, escribía en enero del mismo año:

> No se pasa día sin que al caer la tarde, en todos los puntos de la capital, lo mismo en los barrios más desiertos como en los más poblados, muchas personas sean atacadas por los asesinos. Pero lo que se notó desde un principio fue que esos ataques nocturnos, consumados más de una vez hacia las siete de la noche en la calle más comercial y frecuentada, se dirigían exclusivamente a los extranjeros.

Con fecha del 28 de abril escribía el mismo Saligny:

> En el estado de anarquía, o mejor dicho, de descomposición social en que se encuentra este desgraciado país, es muy difícil prever el aspecto que tomarán los acontecimientos [...] Todo indica que nos acercamos a una nueva revolución. En este estado, me parece absolutamente necesario que tengamos en las costas de México una fuerza material bastante

para atender, suceda lo que quiera, a la protección de nuestros intereses.

Los países europeos no terminaban por decidirse a intervenir en México, bien porque no encontraran aún los pretextos necesarios, bien porque temieran a la reacción de los Estados Unidos (Inglaterra exigía su cooperación), o incluso porque no existía un acuerdo entre las tres naciones ya que Napoleón III había dicho que no actuaría sino de acuerdo con España.

Y en cuanto a la posición de los Estados Unidos, ya desde tiempos del presidente Buchanan, afiliado al Partido Anexionista al cual se debió la guerra de 1846, se pensó en la intervención en México bajo argumentos parecidos a los europeos. Asimismo, pesaba en el ánimo norteamericano la no conveniencia de que México se convirtiera en una monarquía gobernada por un príncipe extranjero, perdiendo su calidad de país independiente. Por lo demás, se consideraba que la extensión del territorio norteamericano hacia el sur del continente representaba un aumento del poder del Partido Demócrata y la influencia de la región esclavista.

En un mensaje emitido en diciembre de 1858, Buchanan hizo alusión a la problemática de México haciendo hincapié en el estado de revolución constante en que había vivido desde su independencia, la inestabilidad de sus gobiernos, y agregó:

> Existe hoy, sin duda alguna, suficiente causa para el recurso de guerra contra el gobierno que se halla funcionando en la capital [el reaccionario]. Si llegase a conseguir el triunfo sobre las fuerzas constitucionalistas, habrá cesado entonces toda esperanza racional para el arreglo pacífico de nuestras diferencias. Por otra parte, si prevaleciese el partido constitucional

y predominase su autoridad en toda la república, habría razón para esperar que se hallase animado de un espíritu menos hostil y podría conceder a los súbditos americanos aquella satisfacción que exige la justicia, mientras tuviese en sus manos los medios de efectuarlo [...]. Si ese caso hubiese llegado ya, hubiera yo de una vez recomendado al congreso que concediese al presidente la facultad de apoderarse de una parte suficiente del remoto y agitado territorio de México para conservarlo como garantía, hasta que se reparen nuestros ultrajes y se satisfagan nuestras justas reclamaciones. Hemos apurado ya todos los medios suaves para obtener justicia. En semejante caso, el recurso de represalias está reconocido por las leyes de las naciones, no sólo como justo en sí mismo, sino como un medio de impedir actualmente la guerra.

El juicio de Buchanan es inadmisible. Hablaba así después de que los Estados Unidos nos habían arrebatado Texas y la mitad de nuestro territorio. Además, ya estaba muy próxima la guerra de secesión, una guerra racista. El sur se había enriquecido gracias al trabajo de sus esclavos negros. La contienda fue muy superior a nuestras guerrillas. Hasta la fecha los norteamericanos son racistas: odian a los negros y a los mexicanos, quienes a pesar de no ser negros, hacen trabajos que desdeñan los blancos y pagan impuestos multimillonarios.

En su mensaje de diciembre de 1859 el presidente Buchanan se mostró más contundente:

México debe ser una república rica, próspera y poderosa. Posee un territorio extenso, un suelo fértil y una riqueza mineral incalculable. Ocupa una posición importante entre el golfo y el océano para vía de tránsito y para el comercio. ¿Es posible que un país como éste pueda ser abandonado a la anarquía y a la ruina, sin que nadie haga un esfuerzo por su recobro y seguridad? ¿Permanecerán las naciones comerciales del mundo, que tienen tantos intereses enlazados con él, del todo indiferentes a tal resultado? ¿Pueden especialmente los Estados Unidos, que deben participar más ampliamente de sus relaciones comerciales, permitir a su vecino inmediato que se destruya a sí mismo y que los perjudique a ellos? Pues bien, sin auxilio extraño no es posible comprender cómo pueda México asumir su posición entre las naciones y entrar en una senda que prometa buenos resultados. El auxilio que requiere y que el interés de todas las naciones comerciales exige que tenga, le corresponde darlo a este gobierno, no sólo en virtud de nuestra vecindad con México, a lo largo de cuyo territorio tenemos una frontera de cerca de mil millas, sino también en virtud de nuestra política establecida, que no consiente la intervención de ninguna potencia europea en los negocios domésticos de aquella república. Los agravios que hemos sufrido de México están patentes al mundo y deben causar profunda impresión a todo ciudadano americano. Un gobierno que no quiere o no puede satisfacer tales agravios, falta a sus más altos deberes. La dificultad consiste en elegir el remedio. En vano acudimos al gobierno constitucional de Veracruz pidiendo la debida reparación, a que está bien dispuesto a hacer justicia. Mientras que su autoridad está reconocida en todos los puertos importantes y en las costas de la república, su poder no se extiende a la Ciudad de México ni a los estados que le son vecinos, en donde han sido cometidos los ultrajes recientes contra ciudadanos americanos. Debemos penetrar al interior para poder llegar adonde están los que nos han ofendido, y esto sólo puede hacerse pasando al través del territorio que ocupa el gobierno constitucional. El modo más aceptable y menos difícil de llenar tal objeto, sería obrar de concierto con aquel gobierno. Creo que su consentimiento y ayuda se podrían obtener; pero si así no fuese, nuestra obligación de proteger a nuestros propios ciudadanos en sus derechos asegurados recomienda al congreso que expida una ley que autorice al presidente, bajo las condiciones que parezcan convenientes, para emplear la fuerza militar suficiente para entrar a México, con objeto de obtener una indemnización por lo pasado y seguridad para lo futuro.

Puede decirse que estas medidas serán cuando menos contrarias indirectamente a nuestra sabia y establecida política de no intervenir en los asuntos domésticos de las naciones extranjeras; ¿pero no constituye una excepción el presente caso? La república vecina se encuentra en un estado de anarquía y confusión, del que ha probado que es enteramente impotente para salir por sí misma. Está enteramente destituida de poder para mantener la paz en sus fronteras, o para prevenir las incursiones de los bandidos en nuestro territorio. En su suerte y en su fortuna, en su poder para establecer y mantener un gobierno constituido, tenemos mayor interés social, comercial y político que ninguna otra nación. Es ahora un náufrago en el océano, sumergido al impulso de las diferentes facciones. ¿No le extenderemos, como buenos vecinos una mano amiga para salvarlo? Si nosotros no lo hacemos, no será sorprendente que alguna otra nación acometiese la empresa, y entonces se nos obligaría a intervenir al fin bajo circunstancias de crecientes dificultades para mantener nuestra política establecida.

Como puede verse, las alternativas no eran muchas. Si Miramón se mantenía en el gobierno habría una intervención de los Estados Unidos. Por el otro lado, si persistía Juárez, intervenía Europa.
Al triunfar Juárez, Europa intervino en México.

Y mientras se denigraba a los mexicanos acusándolos de ladrones y salvajes, se exaltaban las riquezas naturales del suelo, su producción minera y agrícola, como ya vimos. En resumen, por un lado estaban los Estados Unidos, que no desaprovechaban oportunidad para intervenir, con miras a robarse más territorio de México. Y por el otro estaba Europa, motivada por iguales intenciones.

Ambos contrincantes a la búsqueda del botín, Europa y Estados Unidos, se temían. Y tanto una como el otro necesitaban el apoyo de un partido nacional para justificar su intervención. Europa apostaba a los reaccionarios, Estados Unidos a los liberales.

La intervención y el imperio

El emperador Napoleón III

Napoleón III, llamado por Víctor Hugo "Napoleón el Pequeño", soñaba con una Europa donde Francia sería una potencia que gozara de un gran bienestar y que viviera en paz con las demás naciones. Al favorecer la creación del canal de Suez, deseaba acortar las distancias entre dos mundos facilitando las comunicaciones y poniendo en circulación riquezas aún sin explotar. En este renglón, América Central le brindó posibilidades para continuar sus sueños.

En tiempos de Luis Felipe, mientras se hallaba confinado en la ciudadela de Ham, el gobierno de Nicaragua le propuso que presidiera la construcción de un canal interoceánico que llevaría el nombre de "canal Napoleón". Estudió el asunto y, luego de que logró escapar de su prisión, publicó en Londres un folleto destinado a intentar la formación de una sociedad de financiamiento para el proyecto. En su visión futurista, la región favorecida por el canal generaría riquezas que engrandecerían el patrimonio de la humanidad, provocando a la vez, un bienestar económico y una profunda transformación política. Un gran sentimiento nacionalista nacería en la América española, la cual surgiría como un estado nuevo y suficientemente fuerte para contener los "abusos del norte". Desgraciadamente para el sobrino de Napoleón I, su gran trabajo propagandístico no alcanzó los efectos deseados y nadie se interesó en el proyecto.

Al parecer este intento había caído en el olvido pero cuando en 1849 Napoleón se convirtió en emperador, autorizó a la *Revue Britannique* a publicar en París una traducción de su folleto.

Frente a la amenaza que a su vista representaban los Estados Unidos por su carácter expansionista, Napoleón III denunció la ambición de ese país del norte que, luego de haberse apoderado de la mitad de México, deseaba el resto del continente americano. En su opinión, era indispensable evitar la destrucción de la raza latina en América, establecer gobiernos fuertes en estas naciones que brindaran paz y seguridad, y así llevar a cabo una grandiosa empresa en el continente para gloria de su imperio y de Europa.

Una vez precisado el marco en el que maduró el proyecto napoleónico, es necesario aquilatar las influencias privadas en los sueños del emperador.

Los monárquicos mexicanos

El caos político que sufría el recién independizado país de México tenía cansados a quienes pretendían dedicarse a ciertas actividades remunerativas. Por ello periódicamente se manifestaban deseos de lograr una estabilidad política. La costumbre de la autoridad personal, sumada a la falta de tradición liberal, hizo que algunos concibieran como viable la instauración de la monarquía. La ruptura de relaciones con Francia e Inglaterra y posteriormente España, permitía a los monárquicos aprovechar la situación e intentar derrocar a la república, aun sin contar con todo el apoyo popular. En vista de que México carecía de realeza, los interesados se volvían hacia las casas reinantes en Europa.

La idea venía de tiempo atrás. En México se había pensado en un monarca durante la lucha por la independencia, y el Plan de Iguala de 1821, firmado con el último representante de la autoridad española, estipuló la creación de un reino autónomo en favor de uno de los Borbones de España o, en su defecto, de un Habsburgo. Un poco más adelante, Iturbide instauró su efímero imperio y después de su fracaso se estableció la república.

Ésta no dejó satisfechos a todos los mexicanos y así, el Plan de Iguala siguió en la mente de algunos. No podía hablarse de un auténtico partido monárquico con miembros numerosos y planes concretos. Había algunos monárquicos de diversas tendencias que eventualmente se unían para lograr ciertos propósitos.

En primer lugar estaba Juan Nepomuceno Almonte, nativo de Michoacán e hijo natural de Morelos y de una india desconocida que probablemente era criada de su padre. Había recibido una esmerada educación en los Estados Unidos por encargo de Morelos. En las épocas anteriores Almonte había sido eminente republicano y había desempeñado altos empleos en la república, dentro y fuera de ella. En octubre de 1840 era ministro de Guerra y fue uno de los principales perseguidores de Gutiérrez de Estrada.

En segundo lugar estaba José María Gutiérrez de Estrada, abogado nacido en Yucatán y diplomático de carrera. En octubre de 1840, siendo ministro de Relaciones, publicó en la Ciudad de México una "Carta abierta dirigida al presidente Bustamante", donde manifestaba su indignación por la anarquía reinante en el país y le proponía reemplazar la república por una monarquía. Este trabajo, aunque escrito con buena fe, provocó tal encono en su contra que debió esconderse y huir hacia Europa. Hasta la fecha en que nos situamos, 1861, fue ministro mexicano en diversas cortes europeas y en dos ocasiones había aconsejado la monarquía mexicana. La primera vez fue en 1853, comisionado por Santa Anna y aconsejado por el ministro de Relaciones, Lucas Alamán. Gutiérrez de Estrada se trasladó a Madrid para interesar a un noble de la casa de los Borbones. En esa ciudad le designaron a un colaborador quien no tardó en eclipsar a su propio jefe: José Manuel Hidalgo y Esnaurrízar. La segunda fue en 1858, comisionado por Miramón y Zuloaga; en ambas ocasiones fracasó el proyecto. Gutiérrez de Estrada e Hidalgo habían sido amigos íntimos de Lucas Alamán, muerto hacía ocho años, y mantuvieron comunicación epistolar sobre sus deseos de monarquía en México, una con un príncipe extranjero y no mexicano. Alamán defendió siempre el Plan de Iguala, donde se elegía precisamente para monarca de México a Fernando VII, o en su defecto un príncipe de la Casa de Borbón o algún otro príncipe extranjero; fue siempre enemigo de Iturbide y sus pretensiones de monarquía mexicana. Gutiérrez de Estrada vivía en el palacio Marescotti, en Roma, y poseía una gran riqueza.

En tercer lugar estaba Hidalgo, hijo de un coronel español que había permanecido en México después de la independencia y que había pasado al servicio de Iturbide. Viajó a Europa por placer y pasó una temporada en España. Tuvo la ocasión de asistir a las reuniones en la residencia de los condes de Montijo, donde se daban saraos y fiestas de gran lujo. El título nobiliario de los Montijo era muy dudoso; al parecer lo habían comprado. El padre y el hijo se habían hecho millonarios acaparando y comerciando con vinos españoles y franceses.

Hidalgo, que era buen mozo, se hizo amigo íntimo de Eugenia, la hija mayor de los condes, una mujer de gran belleza y carácter apasionado que pasado el tiempo se casaría con Napoleón III. Más tarde, Hidalgo ingresó en la diplomacia como secretario en Londres, después en Roma y servía en el mismo cargo en Madrid cuando recibió de México la orden confidencial de auxiliar a Gutiérrez de Estrada sin informar nada al jefe de la legación. Así, Hidalgo desempeñó la doble tarea de funcionario y conspirador.

Gutiérrez de Estrada e Hidalgo lograron la simpatía de la infanta María Cristina, y todo marchaba bien hasta que una revolución desterró a la reina. Meses más tarde, Santa Anna dejaba el poder, con lo cual la misión encomendada tocaba a su fin.

Con el cambio de administración, Hidalgo fue relevado de su cargo pero permaneció en España. Por su parte, Gutiérrez de Estrada salió con rumbo a Roma, a la espera de una nueva oportunidad para encontrar pretendiente a la corona de México.

Al concluir la guerra de Crimea, que retenía la atención de la nobleza y la cancillería europea, habían surgido otros monárquicos alentados con iguales ilusiones. En primer lugar estaba Murphy, antiguo ministro de México en Londres, también cesante, quien había dirigido a Napoleón III una súplica, el 31 de marzo de 1856, en la que le pedía salvara a México del caos que lo ponía al alcance de los Estados Unidos, proponiendo una monarquía bajo la protección de Inglaterra, Francia y España. De preferencia, el soberano debería ser español o al menos católico. La petición fue remitida por el gabinete del emperador al Ministerio de Asuntos Extranjeros, donde quedó sepultada en el olvido.

Al poco tiempo el Quai d'Orsay se vio de nuevo envuelto en la intriga. El destierro de Santa Anna provocó en los reaccionarios un recrudecimiento de las luchas intestinas en México y un nuevo brote de las ideas monárquicas, como lo afirmaba el vizconde Gabriac, ministro del emperador, en sus misivas al soberano. En compañía de políticos mexicanos, entre ellos incluso el ministro de Relaciones Luis de la Rosa, Gabriac propició una especie de conspiración. Con el nombre del candidato en el papel, el duque de Aumale, y con el objeto de conocer la opinión de Francia y de Inglaterra, enviaron a Europa al marqués de Radepont, francés radicado en México, quien llegó a París en octubre de 1856. Visitó a Walewski, a quien entregó una carta de intenciones: la futura monarquía sería "constitucional"; el emperador francés designaría al monarca, el cual tendría el apoyo de Francia e Inglaterra. Radeport solicitó por medio de Walewski una audiencia con el emperador pero esta petición no tuvo respuesta y terminó por salir a Londres y cubrir otras diligencias.

A su regreso de Londres, donde los ministros de la reina lo trataron con distancia pero sin dar un fallo en contra, Radepont obtuvo por fin la audiencia con Napoleón III. Del contenido de la entrevista nada se conoce, pero es de suponer que Radepont describió la situación caótica de México que impedía la explotación de los recursos del país y le habrá hecho hincapié en las ventajas que Europa obtendría de la instauración de una monarquía para la que el terreno ya estaba abonado. El emperador lo despidió sin darle una respuesta definitiva pero fue más receptivo a las peticiones que se le harían posteriormente en el mismo sentido.

El encuentro de Biarritz

La oportunidad llegó con la vuelta a la diplomacia de Hidalgo, a quien el gobierno mexicano acababa de nombrar secretario de la legación en París, a principios de otoño de 1857. Como vivía en Madrid y viajaría a París, su tránsito por Biarritz era necesario. La pareja imperial pasaba ahí la estación de veraneo y fue así como se dio el encuentro entre el diplomático mexicano y Eugenia Montijo, ya en su calidad de emperatriz de Francia. Eugenia lo reconoció y haciendo a un lado el protocolo, lo trató con exagerada familiaridad, viendo en él no al simple funcionario de una embajada ante el emperador sino al antiguo asiduo a la casa de sus padres. Posteriormente, en París, le permitió entrar al círculo de sus íntimos, situación de la que Hidalgo supo sacar buen provecho. Su primer paso fue intentar ganar apoyos para su causa, principalmente el de Napoleón, y se decidió a obtenerlo a través de la emperatriz. Le describió la desgraciada situación en que se encontraba sumido México y sus propósitos de salvarlo otorgándole un soberano que lo uniera. Hidalgo no tuvo reparos en luchar contra la república ostentando al mismo tiempo un cargo de funcionario republicano; la emperatriz, por su parte, no sintió resquemores políticos porque se hablara mal de una nación amiga, actitudes comprometedoras para el gobierno de su esposo, el cual reconocía como legal al gobierno de México. Es de suponerse que la idea presentada con mucha habilidad por Hidalgo acabó por convencer a Eugenia de que en México existía una verdadera tradición monárquica, respaldada por un poderoso partido político, sacando a relucir nombres como Iturbide o Santa Anna y planes como el de Iguala.

La emperatriz no sólo dio oídos a los argumentos de Hidalgo sino que se entusiasmó con ellos y propició la entrevista de éste con Napoleón III. Ante el emperador, Hidalgo repitió la fórmula que le había dado éxito con Eugenia: el país estaba sumido en el caos, gran número de mexicanos deseaban terminar con tal situación proclamando la monarquía, lo cual se lograría con facilidad si Francia apoyaba el proyecto. La actitud del emperador de Francia fue básicamente la misma que durante el encuentro con Radepont un año antes. Prestó atención a las argumentaciones pero nada contestó.

Napoleón se replantea el asunto

Aunque Napoleón III no manifestó un notorio interés por las sugerencias hechas, el asunto sí le había interesado en particular. No obstante, tenía que replantearse su antiguo proyecto americano bajo los términos actuales, es decir, con los aportes hechos tanto por Radepont como por Hidalgo, quienes le habían descrito en detalle las luchas intestinas de México.

En su tratado de Londres había profetizado la reorganización política a partir de la prosperidad económica producida por el canal Napoleón. Ahora se daba cuenta que no sería así y que resultaría imposible la explotación de los recursos mientras las revoluciones y luchas intestinas, el pillaje y las exacciones se enseñorearan en el país.

Al asumir el poder Juárez, Almonte e Hidalgo habían perdido sus puestos y, unidos a otros mexicanos, establecieron una especie de comité en realidad inexistente pero que daba la impresión de ser el brazo de un poderoso partido monárquico mexicano. Napoleón III sostuvo una entrevista con miembros del comité y cayó en el engaño. Al parecer durante esa reunión surgió por primera vez el nombre de Maximiliano de Habsburgo como candidato al trono de México.

Napoleón, siempre obsesionado por el canal, pensó que si dominaba a México, el pez grande, le sería muy fácil hacerse de los peces chicos de Centroamérica, entre ellos

Nicaragua. Este deseo se llamó "la más bella idea del mundo". Napoleón, después de Crimea, nunca daba un paso sin el apoyo de Inglaterra, la dueña de los mares, y la mayor acreedora de México. Inglaterra protestaba la inclusión de España en el plan pero se le convenció con el argumento de que esa nación tenía 6 mil soldados estacionados en Cuba y decidió aceptarla. Las tres potencias reunidas en la Convención de Londres acordaron que sus barcos de guerra llegaran a Veracruz y exigieran a Juárez el pago de sus deudas.

Todo este panorama que hemos esbozado contiene los elementos principales que llevarían a Francia a la triste aventura en 1861.

Hidalgo supo conservar el contacto y consolidar su posición en la corte del emperador de Francia. En el verano de 1861 se encontraba otra vez en Biarritz y le habló a Napoleón de la noticia de la moratoria de la deuda y de la oportunidad de la intervención europea para instaurar la monarquía en México.

Le recordó al emperador que España preparaba una acción militar y que buscaba la colaboración de Francia e Inglaterra. Observó que ante las banderas unidas, México calibraría esta fuerza conjunta y el país se levantaría en armas, derribando la república e instaurando la monarquía. Advirtió también que los Estados Unidos padecían una guerra y no intervendrían. "Que se presente la bandera aliada, Sire, y yo respondo a vuestra majestad de que el país en masa se levantará y apoyará la bienhechora intervención."

Hidalgo preguntó si tenía un candidato para el trono de México y Napoleón contestó que no. Se habló de varios candidatos, que fueron desechados hasta llegar a Maximiliano. Se dudó que éste aceptara pero por reunir todos los requisitos para ocupar el puesto, se convino en pedirle su opinión. Se comisionó a Gutiérrez de Estrada, permitiéndosele a Hidalgo utilizar la línea telegráfica privada reservada a los monarcas.

El consentimiento de Maximiliano

En septiembre de 1861 Gutiérrez de Estrada se encontraba en París, y en vísperas de regresar a Roma, recibió misivas de Hidalgo y Almonte, quienes se hallaban en Biarritz, donde le hacían saber del rompimiento de relaciones de Francia, Inglaterra y España con México, y de la empresa armada que se preparaba. Le pidieron fuera a Miramar para ofrecer la corona a Maximiliano de Habsburgo. Decidió permanecer en París y comenzó a dar pasos en la corte de Napoleón III y realizar el propósito que desde hace años le obsesionaba. No quiso ir a Miramar en primer lugar porque dudó que Maximiliano aceptara la corona de México y decidió que sería mejor que, en caso de ofrecérsela al mismo Maximiliano, lo hiciera un personaje que tuviera más representación social que él ante el archiduque de Austria.

A finales de septiembre ya había entrado en contacto con la embajada de Austria. Encontrándose ausente Metternich, el conde de Musalinen atendía los asuntos relativos a la embajada y a él se le planteó el asunto. De acuerdo con las disposiciones de Napoleón quería saber, a título oficioso pero de manera positiva, si el archiduque Maximiliano aceptaría la corona de México en caso de que le fuera ofrecida. Musalinen remitió la pregunta a su destinatario. Viena recibió con beneplácito la propuesta, en especial el emperador Francisco José, quien ayudando a su hermano a acceder al trono de México, no sólo le manifestaría su buena voluntad, sino también alejaría de la corte austriaca a un príncipe cuyo liberalismo le preocupaba.

A finales de septiembre de 1861, el conde de Rechberg, ministro de Negocios Extranjeros, se encaminó a Miramar a poner al tanto a Maximiliano. El archiduque, que se encontraba incómodo en Miramar, se sintió atraído por el proyecto, y al parecer su esposa Carlota aún más. Maximiliano propuso que se le brindaran dos garantías imprescindibles: el consentimiento del pueblo mexicano y el apoyo de las grandes potencias europeas. Asimismo, puso por condición que el proyecto fuese aprobado por su hermano el emperador de Austria y por su suegro, el rey de Bélgica.

Maximiliano profesaba principios liberales, los cuales durante su reinado en Lombardo–Veneto le granjearon popularidad en Austria e Italia, pero habían disgustado a su hermano, partidario de la mano dura en el gobierno. Era muy penosa la situación de Maximiliano en Austria; su propia familia desconfiaba de él por la ambición e ideas liberales que no sin motivo le suponían. Maximiliano no sólo era ambicioso, sino que tenía el orgullo de los Habsburgo. La reina Victoria de Inglaterra le había ofrecido el trono de Grecia, pero no lo aceptó por haberlo rechazado otro príncipe. En Sevilla tocó con reverencia la espada del rey Fernando "el Católico", y soñó con emular la gloria de su lejano antecesor.

Agustín Rivera escribe en sus *Anales Mexicanos*:

La ambición es una pasión de todos los hijos de Adán; pero es mucho más fuerte en los que han nacido al pie de un trono, como Maximiliano. Este desde su juventud tuvo su corazón henchido de la ambición de una corona, y lo manifestó en su libro *Recuerdos de un viaje*, cuando describiendo el Palacio de Caserta cerca de Nápoles, dijo: "La escalinata monumental del Palacio de Caserta es digna de la majestad. Nada hay tan bello como figurarse al soberano colocado en aquella altura, como resplandeciendo con el brillo del mármol que le rodea y dejando llegar hasta sí a los humanos. La multitud sube lentamente: el rey le envía una mirada dulce, pero que cae de lo alto. Él, el poderoso, el altivo, avanza hacia la turba con una sonrisa de augusta bondad. ¡Que un Carlos V, que una María Teresa aparezcan en la parte superior de esa gradería, y no habrá quien no incline la cabeza delante de la majestad, a la que dios ha dado el poder! Yo también, pobre efímero, sentí subir en mí el orgullo que ya otra vez había experimentado en el palacio del Dux de Venecia, y pensaba cuán agradable debía ser en ciertos momentos, muy solemnes para ser frecuentes, colocarse en la parte superior de aquella gradería, poder desde allí dejar caer la mirada sobre la multitud, y sentirse el primero, como el sol en el firmamento."

Tales eran los sentimientos de que estaba poseído el corazón de Maximiliano cuando el conde de Rechberg se presentó a ofrecerle la corona de México, y con tal ofrecimiento la oportunidad de colocarse en la parte superior de la gradería de un trono, dejar caer desde allí la mirada sobre la multitud, y sentirse el primero, como el sol en el firmamento. ¡Pobre Maximiliano!, él no pensaba cuán tormentoso es colocarse en la parte superior de una colina, dejar caer desde allí una mirada sobre un grupo de soldados que van a fusilar, y sentirse el último y el más infortunado de los mortales.

Las condiciones de Maximiliano fueron remitidas a Gutiérrez de Estrada, quien comunicó las indicaciones a Thouvenel con destino a los emperadores de Francia. Mulinen tomó también nota de ello y se lo hizo saber a su gobierno. Entre ambas cortes, la francesa y la austriaca, se estableció un acuerdo implícito de favorecer la candidatura de Maximiliano. El 30 de octubre, el "comité" monárquico mexicano dirigió una carta a Maximiliano manifestándole su gratitud por la aceptación del archiduque del 5 de octubre, a la cual respondió su alteza imperial el 8 de diciembre, dirigiéndose a Gutiérrez de Estrada. En ella aseguraba que siempre le había interesado la suerte de México, y que se pondría al frente de él luego que de una manera incuestionable pudiese conocer que tal era la voluntad nacional. "Entonces [añadía] podrá sólo establecerse esa confianza mutua entre el gobierno y los gobernados, que es, a mis ojos, la base más sólida de los imperios, después de la bendición del cielo."

El plan tripartita

Luego de una serie de proyectos y contraproyectos de las potencias que se cruzaban en el camino, se logró un texto que resultaba de una amalgama de ellos, a veces basado en equívocos. Los tres países tenían diferentes y ocultas intenciones. Según el plan, los gobiernos de las tres potencias tomarían "las disposiciones necesarias para enviar a las costas de México fuerzas de tierra y de mar" en número no precisado aún "para tomar y ocupar las diferentes fortalezas y puestos militares del litoral mexicano". Los comandantes de la expedición estarían autorizados para realizar las operaciones que les parecieran "convenientes para obtener el fin específico en el preámbulo y particularmente para garantizar la seguridad de los residentes extranjeros". Todas las medidas que se llevarían a cabo caerían bajo la responsabilidad conjunta de las tres naciones, "sin excepción de la nacionalidad particular de las fuerzas que se emplearan en cada caso". Se precisaba además el derecho de la nación mexicana "a escoger y constituir libremente la forma de su gobierno". Por último, se invitaba a los Estados Unidos a unirse al tratado, pero debido a la urgencia del caso, no se esperaría la respuesta de ese país para actuar. El 30 de octubre se firmaba el tratado de Londres.

El tratado no preveía el número de fuerzas que se enviarían a México y cada potencia lo hizo a su propio arbitrio. Inglaterra, con la mira sólo de ocupar las aduanas marítimas, preparó una escuadra y un destacamento de infantes de marina, bajo el mando del almirante Milne. Francia dispuso una escuadra de 14 barcos de vapor con tripulación ordinaria, más un regimiento de infantería de marina, un batallón de zuavos, un pelotón de cazadores de África, un destacamento del tren de equipajes y algunos obreros y zapadores, en total, un cuerpo de desembarque de casi 3 mil hombres. Todos ellos estuvieron al mando del contralmirante Jurien de la Gravière. En relación con España, se designaron escasas unidades navales en atención a las fuerzas estacionadas en Cuba, que contaba con 6 mil 500 hombres, eligiendo al general Prim para encabezarlas.

El acuerdo de Inglaterra incluía el nombramiento de comisarios. Inglaterra designó a su ministro en México, Wyke, Francia designó a Saligny y España seleccionó a Prim.

Sobre la respuesta del gobierno mexicano al ultimátum exigiendo la entrega de los puertos, cabía prever dos posibilidades: la aceptación y el rechazo. En caso de darse la segunda alternativa, si los puertos estaban defendidos, los comandantes europeos se apoderarían de ellos utilizando la fuerza.

Por otra parte, Jurien había sido debidamente informado, de manera confidencial, de las previsibles desavenencias que surgirían por parte de Inglaterra y España contra Francia y sus planes de mayor alcance.

El acuerdo de Londres había sido comunicado a Viena a través de la embajada de Francia. Se había acordado que no fuera mencionado el nombre de Maximiliano hasta el momento preciso. Metternich había acordado con Napoleón III y éste le había expuesto sin ambages sus planes. El embajador envió estas consideraciones a Rechberg el 16 de noviembre. El emperador asentaba que una vez ocupado Veracruz, los españoles y franceses partirían a la Ciudad de México. Ahí, Jurien tendría el apoyo del partido monárquico para convocar a una asamblea constituyente integrada por representantes de las provincias, llamados notables, que formularían los anhelos del pueblo mexicano, que evidentemente estarían en comunión con los deseos del emperador aunque ello lesionara su principio fundamental de respeto al sufragio universal.

La entronización de Maximiliano era para el emperador la medida previa que le permitiría llegar a la realización de su sueño trasatlántico. El asegurar la coronación del archiduque se convirtió entonces en la finalidad primera de la intervención francesa.

Los intentos de negociación de México

La suspensión del pago de la deuda no constituyó en sí el motivo de la intervención de Europa sino el pretexto que requería Napoleón y sus aliados. Inglaterra, Francia y España integraron la Convención de Londres el 31 de octubre de 1861 con la mira de llegar a costas mexicanas y obligar al gobierno de ese país al pago de las deudas contraídas con las tres potencias. El representante de Juárez en Francia, Juan Antonio de la Fuente, se había entrevistado previamente con el ministro de Relaciones Exteriores de ese país,

Thouvenel, para asegurarle que las circunstancias no eran tan graves como se pretendía; no recibió una respuesta positiva.

Aunque Estados Unidos se encontraba en plena guerra civil, intentó el auxilio de México para evitar la intervención extranjera. William H. Seward ensayó la ayuda económica a nuestro país, así como la diplomática. Los Estados Unidos ofrecieron a México pagar en su nombre los intereses de la deuda, "con las debidas hipotecas de territorio". Todo fue en vano. La guerra intestina del país del norte, así como los temores que despertaba su política expansionista asociada con el Destino Manifiesto, abortaron los esfuerzos.

En septiembre 4 de 1861, De la Fuente envió una nota a Juárez en la que le dijo:

> Las disposiciones adoptadas por los gobiernos de Francia y de Inglaterra, en consecuencia de la ley expedida en 17 de julio, son abiertamente hostiles para nosotros [...] Se verificó ese día [tres] la conferencia, que sólo duró unos instantes. Yo comencé por decir que había recibido de mi gobierno especial encargo y recomendación para dar al de s. m. las más amplias explicaciones de lo que a los súbditos franceses tocaba, sobre la nueva ley, en cuya virtud se mandaban suspender los pagos de la deuda nacional. M. de Thouvenel me interrumpió diciéndome que en lo personal no tenía motivos de disgusto conmigo; pero no podía oír esas explicaciones. "No recibiremos ningunas, añadió, entregándose a la mayor exaltación: hemos aprobado enteramente la conducta de M. de Saligny; hemos dado nuestras órdenes, de acuerdo con Inglaterra, para que una escuadra compuesta de buques de ambas naciones exija al gobierno mexicano la debida satisfacción; y vuestro gobierno sabrá por nuestro ministro y nuestro almirante cuáles son las demandas de la Francia".

[...] Pero es muy sensible, dije a mi vez, que se dé semejante contestación a una demanda tan justa y tan sencilla como esta que acabo de hacer a v. en nombre de mi gobierno. Mas por buena que ella sea, después de las palabras que v. me ha dirigido, no debo instarle un momento para que me escuche, ni hay motivo para continuar esta conversación. Y la corté retirándome sin demora.

Asimismo, hubo intentos en otro sentido. Manuel M. Zamacona, el ministro de Relaciones, intentó debilitar la coalición, suprimiendo a Inglaterra de la disputa y buscando atraerse a los Estados Unidos. Durante varias semanas, Zamacona se entrevistó con sir Charles Wyke, dando lugar a lo que se llamó la convención del 21 de noviembre (de 1861). La representación británica obtuvo un asentamiento de México a todas las demandas inglesas, sometiéndose el tratado a la aprobación del congreso. Luego de un acalorado debate, la mayoría parlamentaria acordó que el tratado en cuestión representaba un sacrificio a la soberanía de México y rechazó el documento. No obstante, el congreso otorgó garantías a Inglaterra sobre la suspensión del pago de la deuda; Wyke amenazó retirarse si no se ratificaba el tratado. El gobierno intentó un término medio, derogando la ley del 17 de julio de 1861 relativa a la suspensión de pagos, en la parte referente a las convenciones diplomáticas y a la deuda contraída en Londres. La cámara, al aprobar el decreto, dictó otras medidas conducentes a facilitar el pago de los adeudos. Pero ya era demasiado tarde. El ministro inglés partió rumbo a Veracruz, donde se enteró de que su gobierno lo había nombrado representante en la intervención militar que se había concertado en Londres.

Llegada de las fuerzas tripartitas

Reunidas en Londres, las potencias habían acordado desembarcar en Veracruz en una fecha determinada, pero España se adelantó. Isabel II de España había pensado en colocar en el trono a la condesa de Girgenti o a la duquesa de Montepensier, y quizás a eso obedeció que la división española llegara antes. El 2 de diciembre salieron a La Habana al mando del general Manuel Gasset y Mercader, la tripulación y tropa española. El día 10 se encontraban anclados en Veracruz y se exigió la rendición de la plaza. El gobernador, por instrucciones de Juárez, no opuso resistencia y ordenó retirar la artillería y la fusilería. El 17 los españoles ocuparon la ciudad y la fortaleza de San Juan de Ulúa sin disparar un tiro. La intención de Juárez era que la fiebre amarilla acabara con los invasores.

Reunidas en La Habana las escuadras inglesa y francesa, salieron el 3 de enero de 1862 y llegaron a Veracruz el día 7. De inmediato el cólera hizo estragos entre las tropas: había 300 soldados franceses hospitalizados y Prim ya había enviado a La Habana 800 enfermos. Cuando los jefes militares comenzaron a dialogar entre sí, las desavenencias salieron a la luz.

Juárez, ante todo, deseaba llegar a un acuerdo con los invasores y envió a Manuel Doblado, su ministro de Relaciones Exteriores, a entrevistarse con los comisionados. En los tratados de la Soledad se autorizó que los expedicionarios de las tres potencias pasaran a negociar a Córdoba, Orizaba o Tehuacán, que tenían un clima benigno, y si no se llegaba a un acuerdo, bajo su palabra de honor, pasarían a Paso Ancho y Paso de Oveja. Muy prudentemente Juárez retardó cualquier negociación directa con los invasores, a excepción de ese acuerdo firmado a cambio del reconocimiento virtual de su gobierno y la promesa de que los invasores no violarían la independencia y soberanía del país. Esta actitud es digna de encomio porque así permitió que las discusiones entre los comisionados se agriaran y quedaran al descubierto los planes de Francia. En la primera junta de los comisarios hubo graves desavenencias. Saligny, entre sus muchas quejas y reclamaciones, exigió como pago también la deuda de Jecker, que todos rechazaron.

Prim oyó hablar por primera vez de los bonos Jecker y los calificó de "contrato leonino y escandaloso", sumándose Wyke a su posición. Asimismo, ambos comisarios analizaron los intentos monárquicos de Napoleón III y los desaprobaron.

Frente a toda esa realidad que se abre ante los ojos de Prim, y manifestando una valentía y honestidad a toda prueba, escribe el 17 de marzo de 1862 una carta al emperador francés:

> Vuestra majestad rige los destinos de una gran nación, rica en hombres entendidos y valerosos, rica en recursos y brotando entusiasmo siempre que se trata de secundar las miras de v. m. Harto fácil le será a v. m. conducir al príncipe Maximiliano a la capital y coronarlo rey, pero este rey no encontrará en el país más apoyo que el de los jefes conservadores, quienes no pensaron en establecer la monarquía cuando estuvieron en el poder, y piensan en ello hoy que están emigrados, dispersos, vencidos.

El 6 de abril Prim dirige su célebre carta escrita en Orizaba al ministro de España en París.

> Excelentísimo señor don José de Salamanca [...] Mi siempre querido don Pepe: Recibo la de usted de marzo y me

apresuro a contestarla, no con la esperanza de que por medio de sus buenas relaciones en París pueda usted contribuir a evitar el cataclismo que nos amenaza, pues estoy ya persuadido que es inevitable: sino para dejar sentado que el tiempo se encargará de probar, esto es, que los comisarios del emperador han emprendido una política que llegará a *ser fatal para la Francia*.

Mientras el vicealmirante La Gravière ha creído ser intérprete fiel de la política del emperador, hemos estado en todo acordes y todo ha ido bien; pero desde el momento en que llegó Almonte, y con él nuevas instrucciones, más en armonía con las opiniones de Mr. de Saligny que con las del Almirante, este se desanimó, se entregó, se dejó ir hacia la política de su colega, y desde entonces vamos mal y empeoramos por instantes, tanto que dentro de tres días debemos tener una conferencia, la cual dará por resultado la ruptura entre los aliados; no me cabe la menor duda. ¡Qué fatalidad! ¿Y por qué esa ruptura? Porque los comisarios franceses se han empeñado en destruir al gobierno de Juárez, que es gobierno constituido de hecho y de derecho, y que tiene autoridad y fuerza para poner en su lugar al gobierno reaccionario del señor general Almonte, que ni tiene prestigio, ni fuerza, ni autoridad, ni representa más que unos centenares o miles de reaccionarios, insignificante número en la escala de uno contra nueve; pero en cambio, el señor Almonte ofrece proclamar en su día al archiduque Maximiliano de Austria, rey de México. Así me lo declaró a mí mismo el día que tuvo la bondad de ir a verme recién llegado a Veracruz.

Ahí tiene Vd. las verdaderas causas de la disidencia, la que, repito, será fatal para los franceses, pues yo estoy resuelto a reembarcarme con mis tropas, dejando a mis colegas de Francia únicamente responsables de sus actos [...] y le aseguro a Vd. por mi vida y por mi honra y por lo más sagrado que puedo invocar, que al obrar así estoy poseído de la más amarga pena por tener que separarme de mis bravos franceses, a quienes tanto quiero, y por los males sin cuenta que van a experimentar en la lucha injusta y desigual que van a emprender.

Que el gobierno del emperador no conozca la verdadera situación de este país, no es del todo extraño, máxime cuando forma su juicio por las apreciaciones del Mr. de Saligny; pero que éste, que está sobre el terreno, que ha vivido largo tiempo en México y que no es nada tonto, comprometa como lo hace, el decoro, la dignidad y hasta la honra de las armas francesas, no lo comprendo, no lo puedo comprender, porque las fuerzas que están aquí a las órdenes del general Laurencez, no bastan, no, para tomar siquiera a Puebla, ¡no, no, no!

Los soldados franceses son extraordinariamente bravos, nadie los reconoce y admira mejor que yo, y me precio de ser voto en la materia; pero el valor del hombre, como todo lo que hay en la humanidad, tiene sus límites, y le repito a Vd. que los soldados franceses no podrán vencer el cúmulo de dificultades que se les opondrán en su marcha: y cuando llegue el momento de combate serán pocos, carecerán de transportes, de víveres tal vez, y los vencedores de 100 batallas serán vencidos o no podrán conservar las posiciones que conquisten, por no poder guardar las comunicaciones con Veracruz. Los emigrados y vencidos reaccionarios ofrecerán mucho y darán poco o nada; y, por fin, el emperador tendrá que hacer grandes sacrificios en hombres y dinero, no digo para consolidar el trono en que se siente el Archiduque de Austria, porque esto no lo podrá realizar, por no haber hombres monárquicos en México; los sacrificios tendrá que hacerlos para que sus águilas lleguen siquiera a México.

Las simpatías que Vd. tiene por todo lo que es francés, hacen que Vd. no dé crédito a mis pronósticos. Le estoy a Vd. viendo sonreírse incrédulo y diciendo: "Mi amigo don Juan exagera; voy a guardar esta carta para probarle en su día que se equivocó, que no vio claro y que mejor hubiera hecho en marchar adelante con los franceses."

Bueno, acepto; guarde Vd. esta carta y en su día hablaremos. Cuidado que yo no niego que las tropas francesas lleguen a apoderarse de Puebla y también de México; lo que sí niego resueltamente es que basten los batallones que hoy tiene el general Laurencez. Las águilas imperiales se plantarán en la antigua ciudad de Moctezuma, cuando vengan a sostenerlas *20 mil hombres más*, ¿lo oye Vd. bien? Veinte mil hombres más, con el inmenso material que tan numeroso ejército necesitaría para marchar por este desolado país; porque México es de los países que según decía Napoleón I, aunque su frase no la dirigiera a México entonces: "Si el ejército es de mucha gente se muere de hambre, y si es de poca se lo come la tierra."

Admitamos que a fuerza de tiempo, a fuerza de hombres y millones lleguen los franceses a México; repito que no lo dudo, pero ¿y qué habrán conseguido con eso? ¿Cree usted que crearán la monarquía con visos de estabilidad? Imposible, tres y 10 y 100 veces imposible. ¿Podrán a lo menos crear un gobierno estable bajo la presidencia de Almonte? Tampoco, porque la gran mayoría del país (de la gente de los pueblos, se entiende, pues los millones de indios no se cuentan), la inmensa mayoría, digo, es liberal, y todo lo que sea querer fundar un gobierno contra el sentimiento público, es un sueño, es una quimera. ¿Sabe usted lo que yo pienso, mi buen amigo? Pienso que el emperador de los franceses está muy lejos de querer lo que sus comisarios están haciendo; estos señores lo están comprometiendo y lo comprometerán más y más hasta un punto, que cuando quiera retirarse de la descabellada empresa, no podrá, porque estará empeñado el lustre de sus águilas y hasta el prestigio y honra del imperio.

Y cuidado que más de una vez se lo he dicho al almirante: *Vous agissez contrairement á la politique de l'Emperur; vous en le comprenez pas, et allez l'engager dans un aventure indigne de lui.* Y luego me pregunto: ¿Qué interés pueden tener ni el emperador ni la Francia en que el archiduque de Austria reine en México? Ninguno. ¿Lo tiene acaso en que el gobierno de la república se llame de Juárez o Almonte? No; porque rojos y blancos han dejado de pagar las convenciones, no por falta de voluntad, sino por falta de recursos. Pues entonces ¿por qué empeñarse en querer derribar un gobierno en provecho de otro, cuando ello ha de costar la vida a muchos miles de bravos franceses? No lo comprendo, y la frialdad de lenguaje de Saligny me desespera. ¡Qué fatal va a ser ese hombre para el emperador y para la Francia! Yo no soy francés, y, sin embargo, no perdonaré jamás a ese hombre los males que va a causar a mis bravos camaradas.

Con la suave y buena política que inauguramos juntos al llegar a Veracruz, hubiéramos llegado a todas partes y lo hubiéramos alcanzado todo: la amnistía, las elecciones generales, buenos tratados, buenas ganancias de pago y seguridades para el porvenir; pero por malas, no alcanzarán los franceses nada: yo se lo digo a Vd. y téngalo muy seguro.

Hace unos días tuve el honor de escribir una carta al emperador contestando a la que me hizo la honra de dirigirme. Le hablo con el profundo respeto que le profeso, pero con noble verdad. Mi carta llegará tarde, pues sus comisarios tienen prisa de romper el fuego. El 9 tendremos la conferencia; ¡será por desgracia la última! y lo más tarde 15 días después, los franceses atacarán el Chiquihuite. Lo que después sucederá sólo dios lo sabe; pero de seguro que no será nada bueno y sí mucho malo para la Francia.

Si Vd. quiere pasar por profeta, anuncie Vd. al conde Morny, nuestro amigo, que las fuerzas que actualmente están aquí no bastan, y que se preparen otros 20 mil hombres, con los que podrá el general Laurencez llegar a México, si con los batallones vienen carros y mulas bastantes, pues sin ese elemento indispensable, tampoco podrán llegar.

Le dejo a Vd., ya es hora, pues tengo todavía que escribir a mis jefes el duque y d. Saturnino. La condesa y chiquito siguen bien y con muchos deseos de ir a México; pero ya no es posible. Según mis cálculos a mediados de mayo habré embarcado mis tropas, material y ganado, y entonces saldré yo para La Habana. Podré salir de allí en junio y llegaré a España en julio o agosto. Probablemente estará en París. ¿Qué dirán la reina y el gobierno de España cuando sepan el embarque de las tropas? El primer momento será de sorpresa; luego los amigos y adversarios pondrán el grito en el cielo, creyendo llegado el momento de hundirme; pero unos y otros no tardarán en reconocer en que obré con prudencia, con abnegación e impulsado por el más acendrado patriotismo. Además, en mi calidad de senador, podré defenderme de los cargos que se me dirijan, y, por último, el tiempo se encargará de probar que obré como bueno. El emperador quedará disgustado de mí; pero en su fuero interno y en su alta justificación, no podrá menos de reconocer que obré como cumplía a un general español, que obedeciendo las instrucciones de su gobierno, no podría ni debía hacer otra política que la que su gobierno le dictara. Los franceses partidarios de la torcida política planteada por Mr. de Saligny se desatarán contra mí; pero la Francia, la noble y generosa Francia, cuado conozca la verdad de los hechos, deplorará lo sucedido, como lo deploraré yo, pero no me culpará.

Y Vd., ¿qué dirá? Conocido el *attachement* que tiene Vd. por el emperador, y su buena amistad para la Francia y los franceses, al leer esta carta la estrujará Vd. con desenfado y estará de mal humor mientras esté Vd. en París; pero luego nos veremos en Madrid, me oirá Vd., y como después de todo es Vd. buen español, convendrá Vd. en que hice bien en volverme a España con mis soldados, y que al punto a que hemos llegado no puedo hacer otra cosa, so pena de faltar a mis deberes como funcionario, como español y como hombre leal.

Le quiere a Vd. mucho y bien su amigo. Prim.

He transcrito íntegra esta larga carta porque es la de un visionario, la de un hombre de gran valor moral y político. Todo lo que escribió se cumplió fatalmente para Francia y la ambición monárquica. Gracias también a esta carta sabemos que Almonte figuraba en México como representante y jefe de los conservadores y que Napoleón había mandado 6 mil soldados al mando del general Laurencez, descubriendo su propósito de conquistar México.

Anteriormente, Prim escribió una carta al duque de Tetuán, el 1 de abril, señalando que "las miras de España en este país están en un todo conformes con su manera de obrar" y se dispone a "invitar a los ministros del emperador de los franceses a que declaren de una manera precisa y terminante si respetan o no la Convención de Londres". Francia, de continuar por ese camino, "irá hacia la perdición, mientras que la Inglaterra y la España, no pudiendo ni debiendo hacer uso de las armas para obligar a que se cumplan los tratados, retirarán sus tropas de México", porque "si se quedan neutrales contribuirán con su presencia a dar fuerza a las de Francia". Por último, el 15 de abril, Prim anuncia al duque de Tetuán, primer ministro de Isabel II, el embarque de sus tropas y su retiro a La Habana, en donde esperará las órdenes del gobierno, rogando no sean las de que vaya a México en calidad de ministro plenipotenciario, como podría el gobierno creer convenir, pues mientras los franceses estén allí guerreando, no es conveniente que esté en el país, por varias razones, y, sobre todo, porque, molestos como están, podrán decir que él daba consejos militares a los mexicanos.

El 11 de abril España e Inglaterra notificaron al gobierno de México que la Convención de Londres había sido disuelta y que sus fuerzas se aprestaban a retirarse. Dubois de Saligny no se retiró según lo convenido, y el ministro inglés le reprochó que no le hacía honor a su firma. Dubois le contestó que su firma valía tanto como el papel donde la había estampado. Juárez intentó de nuevo llegar a un acuerdo que satisficiera a los ingleses y lograr su apoyo pero las exigencias inglesas se mantuvieron inflexibles.

En el acta de la última conferencia de Orizaba, el secretario de los tres comisarios, López Ceballos, señala que todo iba bien

> y era de esperarse que se obtendrían por vías pacíficas todas las satisfacciones previstas en la Convención de Londres, cuando el paquete del mes de febrero llegó trayendo al general Almonte [1 de marzo], a d. Antonio Haro y Tamariz, y a algunos otros desterrados [27 de enero de 1862], con lo cual arrojó la manzana de la discordia en el seno de la conferencia.

Junto con Haro y Tamariz, también había desembarcado el padre Miranda, ideólogo de los monarquistas, aunque no pudo hacerlo Miramón, quien venía con Miranda, por haberlo impedido el comisario inglés recordando el robo de Capuchinas. Miramón fue conducido en un buque inglés a La Habana.

Con la disolución del acuerdo tripartita quedó México enfrentado sólo contra Francia. Doblado otorgó las garantías suficientes a Wyke para pagar la deuda y como los ingleses sólo vinieron a cobrarla, se retiraron con Prim y sólo quedaron los franceses de acuerdo con las ambiciones de Napoleón.

A los refuerzos franceses no tardó en unirse Juan N. Almonte, antiguo miembro del gobierno de Miramón, quien fue proclamado "jefe de la nación" mediante un pronunciamiento de Antonio Taboada en Córdoba en el que se desconocía a Juárez. Jurien de la Gravière quedó con el nombramiento de vicealmirante y se le reservó la dirección de los negocios políticos con Saligny. En este contexto, ciertos líderes conservadores mexicanos se pusieron del lado de don Benito, aunque los principales, como Márquez, Zuloaga y Mejía, siguieron apoyando la empresa extranjera.

Luego del retiro de las fuerzas españolas e inglesas, Laurencez, de acuerdo con Saligny, rompió los acuerdos de La Soledad y las tropas invasoras marcharon sobre la capital de la república por la vía de Puebla. Contagiado del optimismo de Saligny y Almonte, quienes afirmaban que sólo tropezarían con una resistencia formal durante el avance hacia el interior, Laurencez escribió al ministro de Guerra en París: "Tan superiores somos a los mexicanos en raza, en organización, en moralidad y en elevación de sentimiento que suplico a v. E., que tenga la bondad de decir al emperador que, a la cabeza de 6 mil soldados, ya soy dueño de México."

Juárez convocó a todos los ciudadanos a defender el país, decretó nuevos impuestos para allegarse fondos, declaró el estado de sitio en varias entidades y aplicó severas medidas para todos los que ayudasen a los franceses, incluyendo la confiscación de sus bienes a favor del tesoro público. Por último, Juárez previó que los franceses pacíficos residentes en México quedaban bajo la salvaguardia de las leyes y autoridades mexicanas.

Manifiestos de intención de México y de Francia

El 14 de abril, el general coahuilense Ignacio Zaragoza, quien había sido comisionado para la defensa de Puebla, manifestó al pueblo: "Tengo una fe ciega en nuestro triunfo [...] muy pronto se convencerá el usurpador del trono francés que pasó ya la época de las conquistas: vamos a poner la primera piedra del grandioso edificio, que librará a la Francia del vasallaje a que la han sujetado las bayonetas de un déspota."

Por su parte, Jurien y Saligny manifestaron a la nación mexicana, el 16 de abril: "Mexicanos [...] ningún hombre esclarecido podrá creer que el gobierno nacido del sufragio de una de las naciones más liberales de Europa, haya tenido por un momento la intención de restaurar en un pueblo extranjero antiguos abusos e instituciones que no son ya del siglo." Agustín Rivera comenta que éste constituyó el primer anuncio de que no se derogarían las leyes de reforma.

Avanzan los franceses hacia Puebla

El 28 de abril el general Zaragoza dejó más de 2 mil hombres en las Cumbres de Acultzingo al mando del general don José María Arteaga para que entretuvieran a los invasores mientras la mayor parte del ejército se replegaba a Puebla. Los franceses pudieron pasar luego de muchas pérdidas. Laurencez llegó a Amozoc el 4 de mayo de 1862, asombrado de que las fuerzas reaccionarias no se le hubiesen unido como se lo habían prometido Almonte y sus seguidores.

Todavía estaban los soldados franceses en las cumbres de Acultzingo cuando los jóvenes estudiantes de Minería, Agricultura, San Ildefonso, Medicina, San Juan de Letrán y de la Academia de Bellas Artes se reunieron en la Alameda, pronunciaron discursos, las inevitables poesías y, alentados por Joaquín Villalobos, decidieron ver al presidente Juárez.

Se les unió el pueblo y juntos invadieron los patios de palacio, subieron la gran escalinata, llegaron al Salón de Embajadores y pidieron hablar con Juárez. El presidente apareció solo y la multitud le aplaudió con entusiasmo. Miguel Lerdo de Tejada, hijo del estadista, a nombre del grupo dirigió a Juárez las siguientes palabras:

> Señor presidente: La juventud pensadora, afligida por los ultrajes que el ejército francés está haciendo a nuestra patria, viene a pedir a usted, que expulse de la Ciudad de México a los franceses residentes en ella, y que considere a cada estudiante como un soldado para defender la dignidad y la integridad de la república.

Juárez miró al joven que habló y le contestó sereno:

> Mucho me satisface que la juventud no sea indiferente a lo que sucede en estos momentos, y voy a exponer con franqueza lo que creo conveniente en el caso. Los franceses que residen en México son hombres de trabajo: comerciantes, agricultores, banqueros, que contribuyen al bienestar general, y viven

pacíficamente. Expulsarlos sería injusto, y el gobierno no comete injusticias.

La oferta de la juventud sí la apruebo y la aplaudo, y ya mando que se abra en la ciudadela un registro en el cual inscriban ustedes sus nombres, y que se les proporcione a cada uno un fusil, y los den de alta en los cuerpos del ejército, para que vayan a la defensa de la patria.

Jóvenes, hay que expulsar a los franceses que están en Acultzingo, y que vienen sobre Puebla, no a los que aquí viven de su trabajo.

Alistaos para eso, y yo, desde ahora, os felicito en nombre de la nación, que premiará vuestros servicios.

Y en orden salió de palacio aquel grupo, vitoreando a la república.

La batalla del 5 de mayo

La primera batalla de importancia tuvo lugar en Puebla, donde Zaragoza concentró sus tropas y donde el 5 de mayo los mexicanos defensores rechazaron briosamente tres ataques franceses en una colina que llevaba a un puesto de avanzada de la ciudad fuertemente resguardada. Zaragoza y Porfirio Díaz, su oficial subalterno, lograron fama con el triunfo de esta batalla que duró todo un día. Al parecer, según múltiples opiniones, Laurencez eligió el peor lugar posible para atacar y no pudo sobreponerse a su desventaja inicial. El historiador Zamacois nos relata:

> Resueltos [los franceses] a ganar el punto disputado, se lanzaban como leones sobre sus contrarios, aunque sin resultado favorable, hasta que, acometidos de repente y con furioso

> ímpetu por la caballería mexicana, que había estado situada a la izquierda del fuerte de Loreto, emprendieron la retirada, acosados por todas partes, después de dos horas de combate; pero dispuestos a volver de nuevo al asalto.
>
> En efecto, los franceses pasado un momento, emprendieron con nueva furia el asalto, y rechazados por segunda vez, acometieron por tercera vez con una impetuosidad indescriptible. Eran las tres de la tarde, cuando, formando una columna compacta de más de 2 mil hombres, se lanzaron los asaltantes con mayor denuedo y resolución sobre la fortaleza de Guadalupe [...] Eran las cuatro y media de la tarde cuando los franceses, tristes y desalentados, se dirigían a su campamento.

Tres días permanecieron los franceses en su campamento frente a Puebla, esperando recibir auxilio de los mexicanos para volver al ataque, sin que ninguna fuerza conservadora se le uniese, y el día 8 las tropas empezaron a preparar su convoy compuesto de más de 250 carros para volver a Orizaba. Zaragoza salió tras el ejército francés y a mediados de junio intentó atacar Orizaba, pero los franceses lo obligaron a retroceder. Este descalabro afectó la moral de los mexicanos; no obstante, pasaría un año antes de que los franceses atacaran de nuevo Puebla. Zaragoza buscó entonces refugio en la misma, pero ahí enferma y muere el 8 de septiembre de fiebre tifoidea.

De vuelta a Orizaba, Laurencez dirigió su primer informe a París pidiendo refuerzos de 15 mil a 20 mil hombres, con lo que llegaba a las mismas conclusiones de Prim en relación con el número de soldados indispensables para la conquista de México. También externó similar opinión en relación con Saligny y Almonte al decirle al mariscal Randon:

> Tal era mi situación frente a Puebla, señor mariscal, la ciudad más hostil a Juárez, según la opinión de las personas a las cuales debía dar fe, y que *me aseguraron formalmente*, conforme a las noticias que tuvieron la oportunidad de recoger, que se me recibiría allá con efusiones de júbilo y que mis soldados entrarían cubiertos de flores.

Napoleón III no podía creer la noticia cuando un cable trasatlántico le informó del desastre y tomó medidas urgentes para aliviar el descalabro. Escribió a Laurencez preocupado por la moral del ejército y más tarde, a través del ministro de Guerra, le hizo algunos reproches a su táctica en Puebla. Le recomienda que mantenga buenas relaciones con Saligny, Almonte y otros jefes mexicanos y le informa que en breve asumiría el mando supremo el general Forey. Este militar, educado en la Escuela de Saint–Cry, era muy cercano a Napoleón y fue de los que le ayudaron a dar el golpe de estado el 2 de diciembre. Tanto defendió a los republicanos franceses defensores de la constitución, que le valió el grado de general de división en 1848. Ninguno como él sabía las verdaderas intenciones de Napoleón; no obstante, al pisar nuestro suelo expidió una proclama, asegurando que su objeto era que el pueblo mexicano se diera con toda libertad, y a la sombra del pabellón francés, el gobierno que más conviniera a sus intereses y aspiraciones.

Debemos pensar que Napoleón vio en la derrota del 5 de mayo una especie de confirmación de su propósito de conquistar a México. Esta vez estaba de por medio el honor de Francia y mandó no los 20 mil hombres que pedía Laurencez, sino 30 mil al mando de Forey. En ese instante México se convirtió para Francia en un pozo sin fondo que tragó hombres y dinero, y en gran medida costó a Francia la derrota de 1870.

Mientras tanto, en el congreso de Francia surgían voces disidentes que criticaban duramente la intervención en México. Entre ellas destacan las de los diputados Julio Fabre y Edgard Quinet, quienes reprobaron la violación a los convenios de La Soledad y la invasión de Laurencez. Fabre dijo airado:

> La guerra, señores, es siempre para los pueblos una extremidad cruel; pero permitida, con todo, cuando se trata de rechazar una invasión, de vengar un insulto, o de acudir en auxilio de un aliado. Mas cuando se emprende para imponer a una nación invadida un gobierno que ella repugna, es un atentado. ¡Cómo! ¡La Francia ha podido cubrir con su bandera una acción semejante!

Por su parte, Quinet dijo:

> Las cosas seguirán su curso, tal cual lo ha querido la fantasía de un solo hombre [Napoleón]. ¿Quién sufrirá por las faltas de ese hombre? El ejército. ¿Quién las expiará? La Francia.

Al contestar a las críticas de la oposición en Francia, el gobierno citó extractos de la correspondencia de Saligny para destacar las condiciones reinantes en México. Este testimonio revelaba la importancia del papel desempeñado por el ministro, y que después se confirmó por una afirmación del mismo a un miembro de la expedición. "Mi único mérito [dijo Saligny] es el de haber adivinado la intención del emperador de intervenir en México y de haber hecho necesaria tal intervención."

M. de Montluc, uno de los ministros de Napoleón, le hizo ver al emperador las consecuencias funestas de una intervención armada en México. Juárez le mandó una carta en la que le agradecía lo que hacía a favor de México y le invitó a desistir diciendo:

> No podemos hacernos ilusiones, mi querido señor; hay un propósito deliberado por parte del gobierno imperial de humillar a México y de imponerle sus voluntades. Esta es una verdad confirmada por los hechos; no nos queda, pues, más recurso que el de defendernos. El pueblo mexicano está resuelto y su gobierno empleará todos los medios que le permite el derecho de gentes, tratándose de la defensa propia. La llegada de nuevas y numerosas tropas no ha causado temor ni desanimación; por el contrario, ha reanimado el espíritu público, y hoy en día no hay más que un solo sentimiento en todo el país: la defensa de la independencia y de la libertad en México. El gobierno imperial nos causará grandes daños y grandes males; tales son las consecuencias inevitables de la guerra; pero yo puedo asegurar —yo que veo y toco con el dedo la determinación de mis compatriotas— que fuesen los que fuesen los elementos empleados contra nosotros, el gobierno imperial no conseguirá la sumisión de los mexicanos, y sus ejércitos no tendrán un día de paz.

Juárez, pese a la premura del tiempo y las dificultades del erario, se dedicó a la organización de las fuerzas mexicanas, lográndose formar tres ejércitos pero con unidad de mando: el de Oriente, al mando de González Ortega (en sustitución de Zaragoza); el del Centro, encabezado por Comonfort, quien había sido indultado en virtud de haber ofrecido sus servicios a la república y se había presentado en México al frente de una división compuesta de fronterizos, y el ejército de reserva al mando de Doblado.

Juárez enfrenta problemas internos

Entretanto, los enemigos políticos de Juárez redoblaron sus ataques contra el presidente durante todo el periodo que llevó la intervención francesa. Acusaban a Juárez de ser indulgente con los reaccionarios y hubo, en consecuencia, nuevas demandas de restricción al clero luego que se vio con claridad que la jerarquía de la iglesia participaba activamente en la intervención francesa. Entre las filas liberales aumentaba el clamor de una acción radical en contra del clero. El gobierno entró en acción y el 30 de agosto expidió una ley declarando delito el que cualquier sacerdote predicara en contra del gobierno y de sus leyes. Asimismo, se prohibía que los clérigos se presentaran en público con vestimenta de su ministerio y suspendía la operación de todos los cabildos eclesiásticos, excepto el de Guadalajara (el cual había protestado públicamente en contra de la intervención francesa), mientras duraba la contienda. El 6 de septiembre se publicó otro decreto prohibiendo las demostraciones religiosas fuera de las iglesias. Los radicales no se dieron por satisfechos y exigieron la supresión de todos los conventos, tal como se había hecho anteriormente con los monasterios. Grupos de gente recorrían las calles de la Ciudad de México por la noche gritando: "Mueran los franceses, el papa y el clero." Los clamores aumentaron y, el 26 de febrero de 1863, el gobierno accedió a las peticiones y ordenó la dispersión de todos los conventos excepto el de las Hermanas de la Caridad. Sin embargo, los problemas de Juárez no terminaban ahí. Pese a la emergencia enfrentada por el gobierno de cara a la invasión y a la necesidad de unidad nacional, Juárez tuvo que enfrentarse a los regionalismos y a la falta de colaboración de muchos gobernadores estatales. Vidaurri, quien dominaba Tamaulipas y el esencial puerto de Matamoros, se rehusaba a cooperar con Juárez para combatir al enemigo.

Pese a ello, Juárez demostró una enorme capacidad para sortear los innumerables obstáculos que se presentaban a su paso: a una crisis de gabinete le seguía otra. Juan Antonio de la Fuente asumió el puesto de Doblado, quien renunció a la cartera de Relaciones Exteriores. Terán, en Justicia; Núñez, en Tesorería, y Blanco, en Guerra. Sufrió además pérdidas en el ámbito familiar con la muerte de su hija Amada y de su suegro Antonio Maza.

Crecía la amenaza de los franceses, el gobierno no lograba sortear la crisis económica y no se conseguían los apoyos diplomáticos. Pese a este sombrío escenario, Juárez supo mantenerse como el símbolo de la nación mexicana y siempre manifestó su confianza en la victoria final.

Segunda batalla de Puebla

La batalla del 5 de mayo que en forma satisfactoria rechazó a los llamados "primeros soldados del mundo", por unos "pobres indios", como llamaban ellos a los soldados mexicanos, retrasó casi un año el avance de los invasores.

En su calidad de comandante de la defensa de Puebla, González Ortega se aprestó a fortificar la ciudad. En febrero de 1863 Juárez visitó Puebla para pasar revista a las tropas, a las fortificaciones y reforzar la moral de las tropas. A fines de mes, Forey comenzó su marcha hacia la ciudad. La batalla formal comenzó el 21 de marzo, convirtiéndose al poco tiempo en un sitio. Forey mandaba 30 mil hombres, de los cuales 22 mil eran franceses y 8 mil mexicanos a las órdenes de Márquez y de Vicario. Dentro de la plaza había 33 mil 930 hombres provenientes de varias entidades de la república. El ejército del Centro contaba con unos 6 mil hombres. Estas fuerzas representaban la capacidad máxima del país. Los prisioneros del ejército francés fueron tratados con gran consideración, a tal grado que en las cartas a sus familiares, decían que no habían visto dentro de la plaza sino humanidad y civilización; que habían sido visitados por oficiales mexicanos caballerosos, finos e instruidos y que no era posible que México fuera enemigo de Francia. El general González Ortega arregló con el general Forey un canje de prisioneros, grado por grado, y se canjearon tres capitanes, dos tenientes, tres subtenientes y 160 soldados de tropa, el día 5 de mayo de 1863. Fue tan generoso González Ortega con el enemigo que hasta dispuso que 25 zuavos sobrantes se le enviaran a Forey sin pedir nada a cambio.

La derrota

La falta de coordinación entre los defensores y el ejército de Comonfort puso a las tropas sitiadas en una situación desesperada. Puebla de Zaragoza, después de haber rechazado los asaltos de las columnas francesas, que defendió manzana por manzana y casa por casa, y que sólo abandonó posiciones cuando estaba en ruinas, cayó por falta de municiones y víveres. Así, luego de un sitio de 62 días, el 17 de mayo, González Ortega rindió la ciudad con honor y sin haber capitulado. Los generales y altos oficiales rompieron sus armas y se entregaron presos a los enemigos.

Quizás el error de González Ortega fue no haber escuchado a sus generales que le pedían que salvara al ejército saliendo a tiempo del sitio, sino que ordenó disolver el ejército y destruir el armamento. Sin embargo, estas órdenes no se cumplieron cabalmente: más de 4 mil hombres pasaron a las filas de Leonardo Márquez y casi 100 cañones mexicanos voltearon sus miras contra la independencia de México.

Durante la campaña de Forey (21 de septiembre de 1862 al 1 de octubre de 1863) fueron ocupadas por las tropas franco–mexicanas más de 66 ciudades, villas o aldeas. Al parecer Napoleón III había alcanzado la victoria pero en realidad era el comienzo de su derrota final. El mantenimiento del ejército y del imperio que habría de imponerse, así como la tenaz oposición popular a la monarquía, acabarían con sus ambiciones.

Entre los prisioneros que se entregaron había 20 generales, 303 oficiales de alta graduación, mil 179 subalternos y más de 11 mil soldados. Saligny propuso que se les deportase al presidio de Cayena; Almonte aconsejó que se les fusilara en el acto. Forey dijo:

> No existen convenciones al respecto; pero existen las leyes del honor. Hay tradiciones de fraternidad militar a las que no faltaré. Por la tenacidad de su defensa y el valor de sus jefes, este ejército puede haber despertado la ira de los políticos; pero a nosotros, soldados, sólo nos ha inspirado estimación y jamás consentiré que se les trate como malhechores.

Forey envió a González Ortega y otros militares presos el siguiente documento para que lo firmaran:

> Los que abajo firmamos, oficiales mexicanos hechos prisioneros, nos comprometemos, bajo nuestra palabra de honor, a no salir de los límites de la residencia que nos estará asignada, a no mezclarnos en nada por escrito o por actos en los hechos de la guerra o de política, por todo el tiempo que permaneceremos prisioneros de guerra, y a no corresponder con nuestras familias sin el previo consentimiento de la autoridad francesa.

Por su parte, González respondió:

> Los generales prisioneros que suscriben, perteneciente al ejército mexicano de Oriente no firman el documento que se les ha remitido esta mañana del cuartel general del ejército francés, tanto porque las leyes de su país les prohíben contraer compromisos que menoscaben la dignidad del honor militar, como porque se lo prohíben también sus convicciones y opiniones particulares.

Los jefes subalternos y oficiales que aceptaron las condiciones del vencedor y los soldados rasos fueron puestos en libertad. Cinco mil hombres de tropa se incorporaron a las fuerzas de Márquez, otros nutrieron las guerrillas de los liberales y otros se retiraron a la vida privada. A los coroneles y demás jefes subalternos y oficiales que se negaron a firmar se les amenazó con el destierro y salieron de Puebla a pie y desarmados, llegando unos a Orizaba y otros a Veracruz. En cuanto a los generales, que sumaban 27, la mayoría de ellos escapó ante la poca vigilancia de los soldados franceses y prosiguieron la lucha contra los invasores de su patria.

Ante la amenaza del ejército invasor, Juárez ordenó fortificar la Ciudad de México. El 29 de abril de 1863 abrió el congreso su segundo periodo de sesiones. En su intervención, Juárez dijo:

> Venís a desempeñar vuestras funciones en un tiempo de dura prueba. El inicuo invasor de la patria reconocerá más y más, a despecho suyo, que nada puede contra nuestras instituciones, como nada puede contra el indomable brío de nuestros soldados.

Pese a los esfuerzos desplegados para defender con energía la capital, había serias dudas acerca de su posible resistencia. Juárez decidió entonces trasladar su gobierno a San Luis Potosí y dirigir desde allí la lucha contra los franceses.

El 29 de mayo llegaron noticias de la inminente marcha de los invasores sobre la capital pero Juárez no se decidió a partir sin antes cumplir con el precepto de clausurar las sesiones del congreso. El 31 de mayo, durante el cierre de sesiones, el congreso le dio un nuevo voto de confianza y Juárez se dirigió a la representación nacional así:

> La adversidad, ciudadanos diputados, no desalienta más que a los pueblos despreciables, la nuestra está ennoblecida por grandes hechos, y dista mucho el adversario de habernos arrebatado los inmensos obstáculos materiales y morales que opondrá el país contra sus injustos invasores. El voto de confianza con que me habéis honrado de nuevo, empeña en grado sumo mi reconocimiento hacia la asamblea de la nación, aunque no es ya posible que empeñe más mi honor y mi deber en defender a la patria.

A las tres de la tarde el estruendo de los cañones anunciaba el cierre de la legislatura. El Zócalo estaba lleno. Juárez apareció en el balcón presidencial, rodeado de sus ministros, el general en jefe del ejército, Juan José de la Garza, los militares de mayor jerarquía y el presidente del Ayuntamiento de México, Agustín del Río. Juárez, con pleno dominio de sí, esperó a que dieran las seis de la tarde para mandar que fuera bajada la bandera, como era costumbre. Volvió a resonar el estruendo de los cañones. Las notas del himno nacional inundaron los aires y la multitud reunida se conmovió profundamente. El presidente esperó a recibir de las manos de un oficial superior la insignia que poco antes ondeaba en Palacio Nacional, la besó y gritó con voz potente: "¡Viva México!" La multitud, al unísono respondió: "¡Viva!" Sólo entonces Juárez y su comitiva marcharon. Juárez tomó el camino del norte en su carruaje negro. Tan pobre era su gobierno y tan honestos los ministros por cuyas manos pasaron los millones de la iglesia, que Ignacio Ramírez lo siguió a pie hasta que alguien compadecido le prestó su caballo.

Este destierro fue una de las pruebas más dolorosas a que se vio sometido Juárez y su gobierno. Sin embargo, el presidente supo transmitirle al pueblo mexicano su valor y su esperanza en el triunfo sobre la adversidad.

Los franceses ocupan la capital

El 7 de junio de 1863 entró en la Ciudad de México la vanguardia de las fuerzas francesas al mando de Bazaine. Forey redactó el día 8 un manifiesto:

> Nuestras águilas victoriosas van a entrar en la capital del antiguo imperio de Moctezuma y de Guatimotzin; pero en vez de destruir, como Cortés, vais a edificar; en lugar de reducir a un pueblo a la esclavitud, vais a libertarle. No venís del

mundo antiguo atraídos por el cebo del oro para subyugar a este pueblo inofensivo.

El 10 de junio entró el ejército franco–mexicano en la capital de México. Delante de todos iba Leonardo Márquez, a la cabeza de su división, y seguía el ejército francés al mando de Forey, con Almonte a su derecha y Saligny a su izquierda. A su encuentro salió el alto clero, el cual guió la comitiva a catedral para ahí cantar un *Te Deum*. De ahí fueron Forey y sus acompañantes al Palacio Nacional. Al día siguiente hubo una procesión solemne del *Corpus*, la primera después de muchos años. Detrás del canónigo que portaba el santísimo sacramento iba Forey (que no creía en el santísimo sacramento), a su lado izquierdo iba Saligny (que tampoco creía en el santísimo sacramento) y a su lado derecho iba Almonte (que creía a medias en el santísimo sacramento).

Forey creyó que el diluvio de flores y los aplausos organizados por los reaccionarios mostraban el entusiasmo de los mexicanos ante los franceses que venían a salvarlos del caos y la ignorancia. En realidad, la gente había ido a observar gratis un espectáculo teatral: zuavos de rojo pantalón bombacho, gigantes africanos vestidos de azul y con turbantes blancos, elegantes oficiales que lucían sus uniformes y sus caballos y, que a diferencia de los yanquis, fueron bien recibidos en sus salones por la aristocracia.

Todos los letreros del comercio fueron cambiados al francés. Los cafés, las peluquerías, las tabernas y hasta las pulquerías estaban invadidos de soldados franceses, que ya se habían acostumbrado a libar el que entonces se llamaba "licor mal comprendido".

En el teatro de Iturbide se instaló una compañía que representaba *vaudevilles*. Los oficiales distinguidos lucían sus uniformes y caballos en el paseo de Bucareli. Y en las calles y los billares el pueblo mexicano curioseaba a los recién llegados. En su obra *Elevación y caída de Maximiliano*, el conde E. de Keratry, en calidad de subteniente durante la intervención, dice:

> A pesar de las flores y los fuegos artificiales, prodigados en el tránsito del general Forey al entrar a México, el entusiasmo fue ficticio. Lo que debió sobre todo llamar la atención de un jefe observador, fue que Juárez no había sido expulsado por la población de la capital. El jefe del estado cedía el puesto por la fuerza, pero sin compromiso alguno. En su retirada llevaba consigo el poder republicano, sin dejarlo caer de sus manos; estaba agobiado, pero no abdicaba. Tenía la tenacidad del derecho. Durante cinco años, el secreto de la fuerza de inercia o de la de resistencia del viejo indio, fue retirarse de pueblo en pueblo, sin encontrar jamás en su camino un asesino ni un traidor.

El segundo imperio

En virtud de una disposición sobre alojamientos militares, dictada por Forey, todos los propietarios de casas quedaron obligados a dar hospedaje a los oficiales franceses. Nadie debía rehusarse a dar habitaciones, camas, muebles a los oficiales y espacio en caballerizas para sus caballos. Se habría de disponer para cada teniente y subteniente, un cuarto; a cada capitán dos piezas y a cada jefe superior tres piezas, de las cuales una sería gabinete de trabajo. Para los coroneles se otorgarían por lo menos cinco piezas, y a los jefes de estado mayor un número de habitaciones de acuerdo con las exigencias de su servicio. Al poco tiempo se vieron uniformes llamativos por patios y balcones, y la sociedad hablaba con admiración de la gallardía de los huéspedes. Instalados cómodamente en la capital, los franceses establecieron una regencia para gobernar el país a la espera del emperador.

La regencia se formó con los generales Almonte y Mariano Salas y el arzobispo Pelagio Antonio de Labastida y Dávalos. Se designaron además 215 mexicanos para integrar la Asamblea de Notables y se nombró un poder ejecutivo destinado a promulgar como decreto las resoluciones de dicha asamblea. La regencia elaboró un dictamen sobre la forma de gobierno que más convenía a México:

> La nación mexicana adopta por forma de gobierno la monarquía moderada, hereditaria, con un príncipe católico. El soberano tomará el título de emperador de México. La corona imperial de México se ofrece a s. a. i. y r. el príncipe Fernando Maximiliano, archiduque de Austria, para sí y sus descendientes. En el caso de que por circunstancias imposibles de prever, el archiduque Fernando Maximiliano no llegase a tomar posesión del trono que se le ofrece, la nación mexicana se remite a la benevolencia de s. m. Napoleón III, emperador de los franceses, para que le indique otro príncipe católico.

Luego de enviar copia del acta a Pío IX, rogándole que se dignara bendecirla, el llamado poder ejecutivo publicó un manifiesto donde se asentaba que los negocios de la iglesia se arreglarían directamente entre el papa y el jefe de gobierno mexicano. Además, restableció la orden de Guadalupe y condecoró con la Gran Cruz a Saligny y a Forey.

Con el fin de intimidar a los juaristas, Forey decretó el embargo de los bienes de todos cuantos defendieran con las armas al gobierno republicano y aun de aquellos que se ausentaran de los lugares ocupados por los franceses, impuso el castigo de azotes y estableció las cortes marciales. En respuesta, el gobierno liberal ordenó la incautación de las propiedades de los monarquistas, acusándolos del delito de traición.

Desde los primeros días de la ocupación de la capital, un capitán francés de nombre Loizillon, preveía los obstáculos a enfrentar. En una carta a su familia escribía:

> Apenas habíamos llegado cuando el clero echó a vuelo las campanas, para resarcirse de las restricciones impuestas por el gobierno de Juárez, que había fijado las horas en que se permitía el campaneo. Desde entonces, estamos ensordecidos. Bajo Juárez, las procesiones estaban prohibidas, lo mismo que en Francia. El jueves pasado, el clero pidió permiso para celebrar la Fête-Dieu. El comandante en jefe no sólo concedió la autorización, sino asistió a la procesión con todos sus oficiales. Los mexicanos nos miraban como si se burlaran de nosotros. Lo único que nos faltaba fue un manojo de velas en las manos. Los reaccionarios se creen dueños y señores de la situación y no dudan de que reintegraremos al clero todos sus bienes y toda su influencia retrógrada. Con toda la buena voluntad que tenemos, es imposible que hagamos cosa tan exorbitante, y el resultado sea que tendremos en contra al partido reaccionario, y que nos mantendremos aquí únicamente por la fuerza.

La perspectiva de Forey, en cambio, era muy diferente. En una carta que envió a Napoleón le decía que casi todo México estaba por la monarquía y que en el interior se les llamaba a gritos como libertadores. Napoleón, satisfecho de su obra, premió a Forey con el bastón de mariscal de Francia, lo llamó a su lado y en su lugar dejó en México a Bazaine, quien el 1 de octubre de ese año tomó posesión del mando.

Forey regresó a Francia orgulloso porque había cumplido las órdenes de su emperador. Dice Juan de Dios Peza que Forey en su trato era muy amable, muy severo en el mando, muy cortés con las damas y amaba con tal ternura a los niños que en México, los jueves, mientras tocaba en la Alameda la música francesa, él regalaba cartuchos de dulces a los niños que se le acercaban. "Murió olvidado y sin que la república francesa depositara un laurel sobre su sepulcro."

La táctica de Juárez

Al momento en que desembarcaron los refuerzos franceses, Juárez había recurrido a su táctica favorita: la huida. Juárez hizo de la huida un triunfo. Mientras los franceses consolidaban su posición militar en la ruta Veracruz–México, Juárez instalaba su gobierno en San Luis Potosí. Organizó su ministerio así: Relaciones, De la Fuente; Justicia, Sebastián Lerdo de Tejada; Hacienda, Iglesias; Guerra, Comonfort.

El 13 de junio tuvo lugar la apertura del congreso. Juárez necesitaba tiempo para organizar ejércitos y conseguir las provisiones requeridas; los soldados mexicanos necesitaban tiempo para rivalizar con sus homólogos franceses y también se necesitaba tiempo para sondear las posibilidades de poner fin a la agresión mediante negociaciones y, en caso de no lograrlas, conseguir apoyo diplomático de terceras partes con el fin de terminar el conflicto.

No obstante las circunstancias difíciles que enfrentaba el gobierno, los enemigos políticos de Juárez continuaron atacándolo como lo habían hecho antes de la llegada de los franceses. A esto se sumaron las intrigas de sus mismos partidarios. El gabinete que acompañaba a Juárez estaba desacreditado y se le acusaba de inercia y parálisis. Los radicales y moderados continuaban su vieja lucha por conseguir el poder. Creció una fuerte enemistad entre los partidarios de Zarco y Zamacona y los elementos más moderados, quienes deseaban que Doblado encabezara el gabinete. A mediados de año, Juárez se vio presionado para incluir en su gabinete a Doblado y tuvo que ceder ante el clamor de un nuevo cuerpo de ministros. En septiembre se entrevistó con Doblado, quien sólo aceptó el cargo de jefe de gabinete y prácticamente el propio Doblado lo conformó de la siguiente manera: Comonfort, en Guerra; Núñez, en Hacienda y Sebastián Lerdo de Tejada en Justicia.

El alivio duró poco. Antes de dos días Doblado suspendió la entrega del dinero que se pagaba a Zarco y Zamacona por su trabajo en la publicación de periódicos gubernamentales y ordenó a ambos que salieran de San Luis en un lapso de dos semanas y del país antes de un mes. Juárez protegió a los dos editores indicando que eran miembros de la delegación permanente del congreso y que gozaban de inmunidad. Más tarde, Doblado reanudó su ataque amenazando con renunciar si Zarco y Zamacona permanecían en sus cargos. El 7 de septiembre Juárez aceptó la renuncia de Doblado y de nuevo rearmó su gabinete. Comonfort permaneció en Guerra, Iglesias en Justicia, Núñez en Hacienda y Lerdo en Relaciones.

Paralelamente, el gobierno de Juárez organizaba la defensa nacional y con grandes esfuerzos llegó a reunir 38 mil hombres. Desgraciadamente, ese número de efectivos estaba diseminado por toda la república y sólo formaban cuerpos de ejército los 12 mil hombres del Segundo Ejército del Centro, que mandó primero el general Porfirio Díaz y después el general López Uraga. El Primer Ejército de Reserva, al mando del general Doblado, con 4 mil hombres; el Primer Ejército del Norte, a las órdenes de Negrete, con 2 mil 500; la División de Jalisco, al mando de Ogazón, con 3 mil, y las fuerzas de Zacatecas, a las órdenes de González Ortega.

Toda la atención de Juárez se centraba en la amenaza francesa. Con la maquinaria administrativa y militar organizada, Juárez aleccionó a sus representantes en el exterior con la esperanza de poner fin a la invasión por vía diplomática o con ayuda exterior. Matías Romero trabajó en Washington para conseguir apoyos norteamericanos y aumentar el reducido flujo de armas procedente de ese país. Las restricciones de armas norteamericanas se mantuvieron durante toda la guerra de secesión (abril de 1861 a mayo de 1865). El gobierno de Estados Unidos impidió el reclutamiento de 20 mil voluntarios que iban a combatir al lado de los republicanos; en cambio, permitió al ejército francés que se abasteciera de mulas en su territorio para la campaña de México.

Durante esos meses hubo una especie de tregua francesa en lo militar, no así en lo político. La regencia nombró una comisión que fuera a ofrecer, oficialmente, el trono de México a Maximiliano. La comisión llegó a Europa en septiembre de 1863 y fue recibida por S.A.I. el día 3 de octubre. Su presidente leyó un discurso, al que respondió Maximiliano leyendo otro, en el que, al expresar su gratitud, esperaba que la nación mexicana entera manifestase libremente su voluntad, haciendo depender del resultado de los votos de la mayoría del país la aceptación del trono que se le ofrecía, agregando que su intención era la de gobernar con el régimen constitucional. La comisión fue a París y ahí Napoleón III ordenó al general Bazaine, quien había sustituido a Forey al frente de las fuerzas armadas francesas, y a Saligny llevar a cabo un referéndum. Se redactaron las actas que pretendían probar el consentimiento del pueblo de México para que Maximiliano lo gobernara. Los resultados fueron entregados al archiduque y sólo se esperaba su aprobación.

Entretanto, Bazaine también reorganizaba al ejército francés y comenzaba una campaña para obtener el apoyo de los mexicanos. En todas las ciudades y pueblos ocupados estaban integrándose listas de partidarios de la intervención y el imperio, para persuadir a Maximiliano de que era "llamado por la mayoría de los mexicanos". Bazaine envió a un representante moderado a entrevistarse con Lerdo. El ministro de Relaciones le dijo que cualquier negociación tendría que partir del supuesto de que la independencia del país y su derecho a elegir su propia forma de gobierno fuesen respetados. Bazaine insistió en que la intervención debía ser aceptada y el intento de arreglo concluyó sin más. Bazaine se sentía seguro debido a que en noviembre y diciembre ocuparon varias poblaciones importantes, y la tropa de Mejía amenazaba seriamente a San Luis Potosí. El 22 de diciembre, Juárez desalojó esa ciudad y se trasladó a Saltillo, donde llegó el 9 de enero de 1864. Poco antes de que el gobierno llegara a Saltillo, los franceses ocuparon San Luis Potosí y luego tomaron Guadalajara.

Al mismo tiempo, Bazaine entró en conflicto con los militares conservadores y con la iglesia. En lugar de propiciar la creación de un ejército mexicano para reemplazar al francés, según las órdenes que recibió, envió a Miramón y a Taboada, en diciembre de 1863, a que licenciaran a 3 mil 400 voluntarios que se habían incorporado en Guanajuato, y más tarde les ordenó que se pusieran a las órdenes del coronel francés que tenía el mando en Guadalajara, lo que provocó la renuncia de ambos. Por otra parte, pretendió imponer el programa liberal napoleónico sobre los bienes de la iglesia, lo cual provocó la protesta del arzobispo Labastida y luego su destitución de la Regencia.

Presiones para que Juárez renuncie

Pero ni aun en su huida Juárez tuvo una tregua a sus problemas políticos. Los reveses militares eran desoladores y algunos liberales llegaron al convencimiento de que probablemente la única solución era que Juárez abandonara la presidencia. Doblado y González Ortega eran los líderes de este movimiento y, luego de conferenciar, ambos escribieron a Juárez desde Zacatecas exponiéndole que la renuncia del presidente era el único modo de salvar al país del desastre que le amenazaba. Doblado y González Ortega (gobernador de Zacatecas) repetían que los franceses nunca tratarían con Juárez, según sus propias palabras, pero que estarían dispuestos a negociar con cualquier otro jefe liberal. No contentos con enviar misivas, mandaron representantes a Saltillo para dialogar con Juárez y obligarlo a renunciar.

Juárez, en dos cartas dirigidas a Doblado y González Ortega, les anunció con toda firmeza que no tenía la menor intención de dejar la presidencia porque, en un momento tan difícil para México, ni su honor ni su deber le permitían desertar al puesto a que había sido elegido por la ciudadanía. Su renuncia —aclaraba— era exactamente lo que los franceses querían, puesto que haría aparecer ridículo al gobierno y sumergiría al país en disensiones y en la anarquía. En vista de que el enemigo había ya demostrado con claridad que no se interesaba particularmente en individuos sino que su objeto era destruir el gobierno constituido, Juárez no estaba de acuerdo con la tesis de Doblado de que los franceses negociarían con González Ortega, como tampoco lo harían, en su opinión, con ningún otro que no reconociera la intervención. Juárez afirmaba también que los mismos mexicanos podrían no aprobar su renuncia ni reconocer la legalidad de la sucesión de González Ortega.

Bazaine no parecía apoyar el argumento de Doblado y González Ortega y dejó muy clara su posición: no se darían concesiones y el que desertara de las filas juaristas para adherírseles tendría que someterse completamente al gobierno del Centro.

Por fortuna, ni Doblado ni González Ortega tomaron la negativa de Juárez a renunciar al gobierno como excusa para retirar su apoyo; en ese momento era imprescindible su ayuda ya que de nuevo, en Monterrey, Vidaurri estaba causándole problemas a Juárez.

La rebeldía de Vidaurri

El general Vidaurri, aprovechando las condiciones adversas del país, el 19 de febrero de 1856 había decretado arbitrariamente la unión de los estados de Nuevo León y Coahuila, entidades que desde entonces venía gobernando como feudo propio. Una vez establecido en Saltillo, Juárez se dio cuenta que Monterrey era mejor sede para el gobierno federal pero se tropezó con la falta de cooperación de Vidaurri, a quien incluso se acusaba de haber pactado con los imperialistas. Además su ejército era muy poderoso para enfrentársele. No obstante, en febrero, las tropas francesas avanzaron, amenazando a Saltillo, y Juárez decidió que era el momento de hacerle frente a Vidaurri. A través de su ministro Iglesias pidió al cacique que le entregara al gobierno federal todas las fuentes de ingresos bajo su control, y ante las insistentes negativas, Iglesias le preguntó lisa y llanamente si pensaba o no obedecer al gobierno nacional. La respuesta de Vidaurri fue de desafío, en vista de lo cual Juárez anunció que tenía el propósito de establecer el gobierno en Monterrey.

Precedido por las tropas de Doblado, que fueron enviadas el 12 de febrero, Juárez salió de Saltillo. A la llegada al campamento de Doblado, a unas leguas de Monterrey, se le informó que el cañón que Doblado había instalado en la ciudad para saludar al presidente a su llegada había sido confiscado por Vidaurri y que éste había reforzado sus tropas.

Sin mostrar desánimo, Juárez entró en la ciudad en medio de una atmósfera hostil. Vidaurri permaneció en su cuartel general rodeado de sus tropas y, a pesar de que se le requirió con urgencia que se presentara ante Juárez, se rehusó. Vidaurri recibió refuerzos y entonces notificó al gobierno que si las fuerzas de Doblado no salían de la ciudad para el día 14, atacarían. Finalmente, Juárez y Vidaurri sostuvieron una entrevista muy breve que según testigos terminó abruptamente cuando el hijo de Vidaurri sacó una pistola y se declaró por la rebeldía. Juárez regresó apresuradamente a Saltillo con sus tropas en medio de insultos de una turba enardecida.

Juárez se sintió amenazado. De vuelta a Saltillo dio pasos para destruir el poderío de Vidaurri. Envió agentes secretos para que confabulasen contra el gobernador, concentró fuerzas federales adicionales y emitió tres decretos que disolvían la unión de los estados de Nuevo León y Coahuila, declarándolos en estado de sitio. Enseguida, ordenó a Vidaurri presentarse en Saltillo para someterse a jurado por desacato al gobierno central. Vidaurri contestó con la publicación de una carta que Bazaine le dirigiera el 15 de febrero invitándole a unirse a la intervención. Vidaurri anunció elecciones para conocer si los ciudadanos querían la paz o la guerra con los franceses y Juárez publicó un decreto declarando traidor a Vidaurri y a todos los que participaran en las elecciones. El gobernador de Nuevo León pensó en negociar con Bazaine pero al darse cuenta de la fuerza de Juárez trató de llegar a un acuerdo. No obstante, Juárez insistió en la rendición incondicional y Vidaurri se vio obligado a abandonar Monterrey y huir a Texas, en compañía de su subalterno el coronel Julián Quiroga. Posteriormente, Vidaurri apoyó a los franceses pero no obtuvo mayor beneficio.

Esta ambición de poder es propia del género humano y hasta del animal pero entre nosotros obedece a reglas que deben ser respetadas. El presidente legítimo era Juárez y como no había sesiones parlamentarias, en plena invasión de los franceses, era un deber de don Benito mantenerse en el poder. Debe haber sufrido mucho cuando González Ortega, Doblado o Vidaurri pretendieron derrocarlo. El hecho mismo de que el hijo de Vidaurri le apuntara al pecho con una pistola simboliza a qué grado llegó la ambición del poder en aquellos trágicos días.

Todavía no concluía el episodio de Vidaurri y ya surgía otro problema. El general en jefe del Ejército del Centro, Uraga, había iniciado negociaciones con los franceses en marzo. Cuando se descubrió su traición, renunció y se unió a los franceses, llevando consigo a algunos de sus subordinados. Descorazonado, abandonado y traicionado por supuestos partidarios, el 2 de abril Juárez se trasladó a Monterrey para establecer su gobierno. Unos días más tarde, Maximiliano aceptaría el trono de México en Miramar.

Visita de Maximiliano y Carlota a Napoleón III

El 5 de marzo tuvo lugar la visita de Maximiliano y Carlota a Napoleón en Las Tullerías. El soberano francés fue al encuentro de sus huéspedes hasta el sexto escalón de la escalera, donde se detuvo para abrazar al futuro emperador de México y estrechar afectuosamente la mano de la princesa Carlota, a quien ofreció el brazo para subir a la habitación de la emperatriz Eugenia. Ésta, por su parte, salió a recibir a la archiduquesa, abrazándola cordialmente.

Los futuros emperadores recibieron en la casa del príncipe de Metternich, embajador de Austria, la primera noche a los mexicanos que ya les habían sido presentados en Miramar y a quienes la archiduquesa Carlota llamaba los "amigos viejos", y en la segunda a todos los mexicanos que quisieron presentarse, sin excepción alguna.

No obstante, y salvo rara vez, hubo especial cuidado en mantener a los archiduques separados de los mexicanos, temiendo que sus consejos les hicieran vacilar en adoptar el artículo primero del tratado secreto que posteriormente firmaría Maximiliano y el equívoco plan político que se le aconsejó en Las Tullerías, tan opuesto a las ideas de los conservadores, especialmente en la cuestión religiosa.

La partida de Maximiliano y Carlota

Maximiliano había fijado la fecha del 27 de marzo de 1864 para la aceptación definitiva de la corona de México pero luego se aplazó esta ceremonia por no haber quedado resueltos los asuntos de familia del archiduque. Días después, Maximiliano fijó otra fecha, el 10 de abril, para aceptar la corona de México. La víspera, fue de incógnito a Miramar el emperador de Austria, Francisco José, quien le impuso personalmente a su hermano la condición de renunciar a futuras pretensiones al trono de esa nación, a lo que se había resistido Maximiliano hasta ese momento.

El archiduque celebró dos acuerdos con Napoleón III, uno público y otro secreto. En el primero se fijaba el tiempo que permanecerían las tropas francesas en México como apoyo al nuevo imperio. Los 38 mil soldados invasores que habían en México serían reducidos gradualmente, quedando 28 mil en 1865, 25 mil en 1866 y 20 mil en 1867, manteniendo a sueldo del gobierno de México, por lo menos seis años, a los 8 mil miembros de la legión extranjera. El acuerdo secreto aludía a la ayuda incondicional que Francia otorgaría a México, sin importar cuál fuera el resultado del proyecto imperial. Asimismo, se pactaron gravosas condiciones económicas que, dada la situación de quiebra en México debido a tantas guerras internas, eran imposibles de cumplir. En el viejo mundo se hablaba de las riquezas del México colonial, gracias en parte a la obra del barón Alejandro de Humboldt *Ensayo político sobre el reino de la Nueva España*, y aunque existía mucho de verdad en la leyenda, también era cierto que debido a las continuas revueltas, las minas y los campos eran improductivos y no satisfacían ni siquiera las necesidades de la población nacional.

Por fin se firmó el tratado que convertía al archiduque en una figura decorativa de la ocupación francesa. En una ceremonia en Miramar, precedida por nobles europeos, el presidente de la comisión mexicana, Gutiérrez de Estrada, leyó un largo discurso. Le aseguró que México era un país "católico y monárquico por una tradición secular y jamás interrumpida"; aludió al reinado de Carlos V y calificó ese día de feliz y justo; en la empresa se revelaba de un modo inequívoco "la mano de dios". Maximiliano respondió leyendo un discurso en español en el que manifestaba "que un maduro examen de las actas de adhesión le daba la confianza de que la inmensa mayoría del país había ratificado el voto de los notables, por lo que podía considerarse ya como elegido del pueblo mexicano, cuyo trono aceptaba con el consentimiento del jefe de su familia". Recordó su deseo de gobernar constitucionalmente, elogió al emperador Napoleón y concluyó anunciando que antes de seguir rumbo a su nueva patria iría a Roma para recibir del papa la bendición, doblemente preciosa para él, que iba a fundar un nuevo imperio.

El abad de Miramar se presentó en la sala de recepción a recibir el juramento que hizo su majestad, quien, puesta la mano sobre los evangelios, dijo: "Yo, Maximiliano, emperador de México, juro a dios por los santos evangelios, procurar por todos los medios que estén a mi alcance el bienestar y prosperidad de la nación, defender su independencia y conservar la integridad del territorio." Luego que Maximiliano pronunció la última palabra, Gutiérrez de Estrada gritó: "¡Viva el emperador!, ¡viva la emperatriz!", y todos los presentes repitieron la misma frase. En el momento en que se izó en lo alto del palacio de Miramar el pabellón mexicano, se dispararon 21 cañonazos para saludar a la bandera mexicana, a los que contestó el castillo de Trieste con otros 21 cañonazos, en nombre del emperador y la nación de Austria. Siguió un *Te Deum* en la capilla del palacio y luego un suntuoso banquete.

El mismo día firmaron Mr. Herbert, como ministro de Napoleón III, y Joaquín Velázquez de León, como ministro de estado de Maximiliano, el convenio que algunas semanas antes habían celebrado el emperador de los franceses y Maximiliano en Las Tullerías, y que se conoce con el nombre de Convenio de Miramar. Encargó a Velázquez de León la formación del gobierno y nombró lugarteniente del imperio a Juan N. Almonte.

Asimismo, firmó un préstamo con Francia por la emisión de 200 millones de francos en bonos para el reclutamiento de los cuerpos voluntarios austriacos. Desde el mismo 10 de abril, Maximiliano se asignó un sueldo de 125 mil pesos mensuales y a su mujer de 16 mil 666 pesos, lo que representaba al año la suma de un millón 700 mil pesos.

Así, rotos sus lazos con el imperio austrohúngaro, engañado por los monárquicos mexicanos en relación con la situación en México y sin más apoyo que el ambicioso Napoleón III, la pareja imperial partió a la aventura el 14 de abril, saliendo de Trieste, a bordo de la *Novara*, escoltada por un barco francés, el *Themis*. Llegaron a Civita Vechia el 18, y el 19 tuvo lugar la audiencia con el papa. El 20 asistieron, en la Capilla Sixtina, a la misa pontificia. En la homilía, les dirigió Pío IX un sermón acerca de las obligaciones especiales que pesan sobre los soberanos de la tierra, de la importancia de la aceptada por Maximiliano y de los esfuerzos que debía hacer para corresponder a las esperanzas de sus súbditos y cumplir los designios de la Providencia. Recibieron en esa misa ss. mm. la comunión de manos del papa. A mediodía Pío IX visitó a los emperadores. Le dijo a Maximiliano que era su hijo particular y que de seguro gobernaría como buen católico tendiente a resolver los grandes problemas de México. Maximiliano manifestó al papa, como le había manifestado anteriormente a los prelados mexicanos con quienes habló en Miramar, su resolución de reparar los daños hechos a la iglesia y a dar al clero toda la respetabilidad que le era debida.

Ese mismo día embarcaron para Gibraltar. Las autoridades inglesas saludaron con 21 cañonazos la llegada del emperador. Los buques siguieron la ruta de la Martinica.

Durante la travesía, Maximiliano se ocupó en reglamentar la etiqueta de su nuevo reino y le mandó una carta afectuosa a Juárez proponiéndole una entrevista y que aceptara el ministerio de Justicia en su gobierno.

Llegada a México

El 28 de mayo de 1864, Maximiliano y Carlota llegaron a Veracruz creyendo sin duda que venían a México para cumplir una gran misión encomendada por dios. Veracruz recibió a los emperadores con la mayor frialdad. Se sorprendieron de descubrir un país que, contrario a sus informes, no estaba en absoluto pacificado. En su libro *Un viaje a México* la condesa Paula Kolowitz dice:

> Nuestras impresiones fueron dolorosísimas y nuestro corazón estaba angustiado. Sólo el emperador se conservó sereno aunque su serenidad era sarcasmo. Parecía que tenía el deseo de burlarse de sí mismo con ingenio y sutileza como él sabía hacerlo [...]
>
> Sorprendidos y curiosos, con aquella mirada dulce y melancólica nos veían los macilentos y amarillentos indios. Con frecuencia los hombres tenían entre sus brazos a los niños y las mujeres acariciaban en el regazo alguna gallina, sentados uno junto al otro.

Se dirigieron en breves escalas hacia el interior del país. Carlota lloraba amargamente el triste recibimiento y, para colmo de males, el coche donde viajaba la pareja imperial se volcó en un pantano.

En Puebla las cosas cambiaron. En la soberbia catedral se les ofreció un *Te Deum*, hubo grandes fiestas, arcos triunfales y en la noche fuegos artificiales. La pareja imperial quedó impresionada con los 770 arcos de ramas y flores que se levantaron entre Puebla y Cholula, uno cada tres metros. Llegados a la Villa de Guadalupe, donde los virreyes acostumbraban descansar antes de entrar a la capital, los recibió la aristocracia mexicana en 200 carruajes abiertos y más de 500 hombres a caballo, vistiendo el traje nacional, que hicieron para ellos toda clase de suertes hípicas.

Al día siguiente, 12 de junio, hicieron su entrada triunfal en la Ciudad de México, donde los partidarios de la monarquía los recibieron con gran júbilo. El México monárquico nunca había visto a un rey de verdad. Hubo tanto interés que los curiosos pagaron hasta 500 pesos por un sitio en los balcones del Zócalo, de Plateros y de Vergara. Se erigieron arcos triunfales, templetes, columnas. Para que abundaran las aclamaciones populares se repartieron hectolitros de pulque. En medio del alborozo nadie prestó atención a los 100 estudiantes liberales, encabezados por Justo Sierra, que en pleno Zócalo gritaban: "Mueran los mochos."

En la catedral metropolitana se les ofreció un solemne *Te Deum* y frente al altar de los reyes se coronó a Maximiliano como emperador de México. Los balcones de las casas estaban adornados de gasas y de flores. Se sucedieron banquetes y homenajes. La gente pareció enloquecer de alegría. Dice Peza que la gente gritaba lo que le habían ordenado,

> pero como no tenía conciencia de sus actos, ni comprendía lo que era el imperio, lanzaba a veces exclamaciones como ésta: "¡Viva el emperador de la República Mexicana!" [..] La ciudad estaba llena de versos y de inscripciones en latín [...] ¿Qué había de entender el pueblo al encontrarse en las puertas de la catedral inscripciones como ésta:

MAXIMILIANO I
Mexici, Emperatori
Patri E. Patie
Civium. Amori
Lamdiu. Expectatismo
In. Hanc. Metropolitanam Eclesiam
Prima, Vice. Ingressavro
Ilvius. Cannonicorum. Coetus
Oviam. Et. Progrediens
Clamavit, Princeps. Salve
Pridie, Idus Iunii
Anno Domini. MD. CCCLXIV.

En realidad, la inmensa mayoría de los mexicanos estaba absolutamente en contra de la intervención francesa y veía en el archiduque un títere bien intencionado de Napoleón III.

De catedral, la pareja imperial fue a palacio a recibir las felicitaciones. El general Tomás Mejía, indio puro no acostumbrado a las ceremonias ni a vestir el traje de gala, fue designado para que a nombre del ejército hablara a Maximiliano. Le escribieron un discurso que debía aprender de memoria pero él se negó a hacerlo, y al comenzar a hablar, titubeó. Repitió dos o tres veces la palabra "majestad" y dijo, arrojando al suelo el papel con su discurso preparado: "Señor: yo no sé decir lo que otros han pensado por mí; no sé hablar; soy un soldado dispuesto a luchar por usted; y le juro que si la desgracia nos empujare algún día juntos a la muerte, sabré morir por usted, y así se lo prometo sin hipocresía ni doblez."

Se quedó callado y sus ojos se humedecieron. Maximiliano bajó del trono y muy conmovido, le dio un fuerte abrazo.

Las chinches acosan al emperador

Llegada la noche Maximiliano y Carlota entraron al viejo Palacio de los Virreyes. Ahí, acosados por las chinches, el emperador abandonó sus habitaciones y tuvo que dormir sobre una mesa de billar. Acostumbrado a la etiqueta austriaca y al lujo de su palacio de Miramar, Maximiliano no se encontraba a gusto en el palacio, varias veces saqueado por las eternas guerras civiles, y a gran costo lo restauró y lo amuebló a su gusto. Candelabros de bronce iluminaban la gran escalinata del palacio. Advirtió que el cielo raso del salón principal mostraba una desgarradura que permitía descubrir la vieja viguería antigua. Maximiliano tiró algunos muros y formó el gran Salón de los Embajadores, tal como hoy existe. Se importaron tapices de Persia, vajillas de Sèvres y cubiertos de plata.

Cuando el emperador descubrió el Castillo de Chapultepec decidió mudarse. Escenógrafos europeos lo reconstruyeron para que fuera la morada real. Carlota afirmaba que desde sus terrazas se veía el panorama más hermoso del mundo. Para comunicar palacio con el castillo, Maximiliano mandó abrir el Paseo de la Emperatriz según el modelo de los Campos Elíseos.

El emperador se propuso convertir la Ciudad de México en capital digna de un imperio. Alineó las calles, plantó mil fresnos, extendió las cañerías de agua potable y estableció la iluminación de gas. Como el poder lo ejercía realmente el mariscal Bazaine, procónsul francés, para marcar sus distancias Maximiliano elogió al general Zaragoza e inauguró unas estatuas de Morelos y Guerrero, con lo cual empezó a ganarse la desconfianza de la aristocracia siempre iturbidista.

El progreso se manifestó en forma de tranvías de mulas, las primeras máquinas de coser y la inauguración del cable que permitía la comunicación instantánea con Europa. Todos esos adelantos no mejoraron la situación del país. La guerra continuaba en el interior. En cambio, la capital, escenario perpetuo de combates, conocía unos años de paz.

A Maximiliano le encantaba pasear por los alrededores de su castillo y contemplar los gigantescos ahuehuetes —los viejos del agua—, cubiertos de heno y el vuelo mágico de los colibríes; a veces nadaba en el lago o se bañaba en una cascada, bien resguardado para que nadie viera desnudo al emperador. Amaba también el paisaje maravilloso de los dos volcanes, coronados por la nieve: el Popocatépetl, el monte que humea, y el Iztaccíhuatl, la mujer dormida al abrigo de su manto de nieve. Más tarde descubrió Cuernavaca y se construyó ahí una casa en el Jardín de los Espejos, construido por el rico minero Borda. La pareja imperial alternaba su estancia en Chapultepec y en Cuernavaca. En el largo camino de regreso a México desde Cuernavaca, Maximiliano, acompañado de su secretario Blasio, al mediodía, acostumbraba levantar la tapa frontera que le servía de mesa, sacar un pollo asado y unos vasos de papel donde vertía su vino favorito de Burdeos. Naturalmente iba bien custodiado por oficiales a caballo, y Maximiliano decía riéndose: "Éstos nos están viendo comer y ellos no han comido." Y soltaba una carcajada.

Maximiliano tenía la costumbre de acostarse a las ocho de la noche y levantarse a las cuatro de la mañana. Tocaba un timbre y acudía su secretario particular; con él revisaba todos los problemas de actualidad porque no le gustaba dejar nada para el día siguiente Terminaba sus labores a las ocho de la mañana y entonces montaba a caballo o hacía ejercicio. Después recibía a sus ministros que le solicitaban audiencia.

Maximiliano quiso desde un principio halagar a los mexicanos y demostrar que era devoto de nuestras costumbres y aun de nuestros gustos en el comer y en el vestir. Le cautivó el traje nacional y a los pocos días de llegar a la capital le hicieron uno. Se lo puso y apareció un buen día con ancho sombrero blanco, chaqueta gris y calzonera con botonadura de oro. Añadió a su atuendo una llamativa corbata roja, atrayendo las burlas del pueblo y el disgusto de los conservadores. La corbata roja la usaban los chinacos y ponerse una así el emperador era un insulto a los elegantes súbditos que se inclinaban ante su majestad. Maximiliano dispuso asimismo que el carruaje en que salía diariamente no tuviera libreas de corte, sino que los cocheros vistieran de charro y que las mulas blancas de tiro tuvieran collares llenos de cascabeles. Estas actitudes del emperador fueron quizás el motivo por el que algunos generales republicanos se pasaron al bando del imperio.

Las representaciones teatrales

En 1864 se estrenó en el Teatro Iturbide un drama del poeta español que Maximiliano tenía como lector de cámara: don José Zorrilla. Desde entonces el *Don Juan Tenorio* no ha dejado de representarse el día de muertos. Relata Juan de Dios Peza que por orden del soberano se representó en la antigua capilla de palacio una función especial del drama de Zorrilla, contando con los actores Mata, Morales, Servín y Concha Méndez. Asistió la corte imperial y Zorrilla leyó unas cantigas cristianas y unas "kásidas" árabes que humedecieron los ojos de la emperatriz. La princesa aplaudió a los actores y habiéndole agradado la gracia de Concha Méndez, le obsequió una pulsera sobre la cual estaban realzadas y guarnecidas con brillantes las letras M. C. A., iniciales de María Carlota Amalia.

Adelantándonos al tiempo diremos que algunos años después, luego del fusilamiento de Maximiliano y mientras Carlota padecía su locura en un castillo de Bélgica, en el Teatro Nacional, recientemente entradas las fuerzas liberales, se dio una función. Cuando apareció Concha Méndez, quien con mucha gracia cantaba la canción *La Paloma*, el público le pidió a gritos les dejara oír *La Paloma Liberal*, parodia con la que los soldados se mofaban del emperador y de la corte.

La nueva *Paloma* decía así:

Cuando salí del congreso
¡Válgame dios!
Nadie me ha visto salir,
si no fui yo.
Y unos pocos diputados
de oposición,
que han seguido tras de mí,
que sí señor.

Si a tus estados llega
un hijo pródigo,
trátalo con cariño
que ese es el código.

Cuéntale mis pesares,
bien de mi vida:
coronado de azahares
que es cosa mía.

¡Ay! Benito, que sí,
¡Ay! que dame tu amor,

> ¡Ay! que vente conmigo
> Benito,
> adonde impero yo.
>
> No te he enseñao.
> No te he enseñao
> todo este código
> tan decantao
> que los austriacos
> abandonaron,
> al amo mío
> muy dibujao.
> Y el papelitico
> certificado
> de que la guerra ha terminao.
> Con 100 obleas
> me lo han pegao,
> muy repegao,
> muy repegao.

"¡La Paloma liberal!", gritaban todos, y la actriz permanecía en medio del escenario, inmóvil y sin dar gusto a la multitud. De pronto avanzó algunos pasos, se enfrentó con el público y dijo:

> Nunca he de cantar lo que me pedís, señores: llevo puesta en mi brazo la pulsera que me regaló una infeliz princesa, que hoy gime sola, viuda y loca, muy lejos de nuestra patria. Ni yo, ni el pueblo mexicano, al que pertenezco de corazón y de cuna, hemos de insultar la memoria de un príncipe ajusticiado en Querétaro, ni de una dama virtuosa, que en vez de la corona de reina ciñe hoy la corona del martirio. ¡Matadme, si queréis, pues prefiero la muerte a ser una ingrata

y una infame! Al decir esto besó la pulsera y descubrió con las manos el rostro bañado en lágrimas.

"¡Viva México! ¡Viva Concha Méndez!", gritó el público, y nunca se le volvió a pedir que cantara la canción aquélla, concluye Peza.

Los viajes del emperador

Deseoso Maximiliano de conocer el país, emprendió largos viajes a los centros de la zona ocupada por las tropas francesas: Querétaro, León, Morelia, Toluca. Partió de viaje el 10 de agosto dejando a su esposa Carlota. Le escribió a su suegro, el rey de Bélgica, diciéndole que era indispensable conocer al pueblo, demostrar en los mercados financieros de Europa que el país estaba tranquilo y que el monarca podía recorrerlo sin peligro; también era prioritario expoliar la actividad militar y expulsar del territorio a Juárez, cuyo gobierno se halla *in extremis*. En sus viajes a provincia siempre se alojaba en las enormes haciendas donde le servían suntuosos banquetes. Estudiaba la situación de los habitantes y trataba de remediarla; regalaba a los pobres monedas de oro para mejorar su suerte.

Maximiliano hizo más patentes sus ideas liberales en la ciudad de León. Al saber que la autoridad había prohibido la canción popular de *Los Cangrejos*, escrita por Guillermo Prieto, en la que se satirizaba a los conservadores, ordenó que se le tocara durante una comida en la huerta de Uraga. Las coplas dicen así:

Coro

Cangrejos, al combate,
cangrejos, a compás;
un paso pa delante,
200 para atrás.

Estrofa

Casacas y sotanas
dominan dondequiera,
los sabios de montera
felices nos harán.

Estribillo

¡Zuz, ziz, zaz!
¡Viva la libertad!
¿Quieres inquisición?
¡Ja-ja-ja-ja-ja-ja!
Vendrá "Pancho membrillo"
y los azotará.

Estrofas

Maldita federata
que oprobios nos recuerda,
hoy los pueblos en cuerda
se miran desfilar.
¿A dónde vais, arrieros?
Dejad esos costales:
Aquí hay 100 oficiales
que habéis de transportar.

Coro

Cangrejos, al combate,
cangrejos, a compás;
un paso pa delante,
200 para atrás.

Estribillo

¡Zuz-ziz-zaz!
¡Viva la libertad!
¿Quieres inquisición?
¡Ja-ja-ja-ja-ja-ja!
Vendrá "Pancho membrillo"
y los azotará.

Estrofas

Orden, ¡gobierno fuerte!
y en holgorio el jesuita,
y el guardia de garita,
y el fuero militar.
Heroicos vencedores
de juegos y portales,
ya aplacan nuestros males
la espada y el cirial.

Coro

Cangrejos, al combate,
cangrejos, a compás;
un paso pa delante,
200 para atrás.

Estribillo

¡Zuz-ziz-zaz!
¡Viva la libertad!
¿Quieres inquisición?
¡Ja-ja-ja-ja-ja-ja!
Vendrá "Pancho membrillo"
y los azotará.

Estrofas

En ocio el artesano
se oculta por la leva,
ya ni al mercado lleva
el indio su huacal.
Horrible el contrabando
cual plaga lo denuncio,
pero entre tanto el nuncio
repite sin cesar:

Coro

Cangrejos, al combate,
cangrejos, a compás;
un paso pa delante,
200 para atrás.

Estribillo

¡Zuz-ziz-zaz!
¡Viva la libertad!
¿Quieres inquisición?

¡Ja-ja-ja-ja-ja-ja!
Vendrá "Pancho membrillo"
y los azotará.

Maximiliano en Dolores

Otro hecho que disgustó mucho a los conservadores fue que el emperador, después de opinar en León que la canción de *Los Cangrejos* era muy bonita y muy alegre, fuera al pueblo de Dolores a celebrar el 16 de Septiembre y en la ventana en que el cura Hidalgo dio el grito de libertad, pronunciara un discurso que decía así:

> Mexicanos: Más de medio siglo tempestuoso ha transcurrido desde que en esta humilde casa, del pecho de un humilde anciano, resonó la gran palabra de independencia, que retumbó como un trueno del uno al otro océano, por toda la extensión del Anáhuac, y ante la cual quedaron aniquilados la esclavitud y el despotismo de centenares de años. Esta palabra, que brilló en medio de la noche como un relámpago, despertó a toda una nación de un sueño ilimitado, a la libertad y a la emancipación.

Este homenaje a Hidalgo por parte del hombre traído al trono por sus mayores enemigos era una nueva ofensa para los conservadores. Se preguntaban asombrados: ¿Por qué Maximiliano, segundo emperador de México, no se acordó del primero? ¿Por qué no citó a Iturbide?

Después de un largo viaje que duró cuatro meses, Maximiliano ordenó que Carlota fuera a reunirse con él en Puebla. Poco antes de su llegada quiso ver la casa que se le tenía preparada, y llegó hasta la recámara donde le habían dispuesto una cama de plata cubierta de encajes y flores. Cuando salió el oficial que le mostró la casa, se dirigió a sus camaristas y les pidió que le pusieran su catre de campaña lo más alejado de esa "suntuosa recámara". Blasio, su secretario particular, se quedó admirado. ¿Cómo después de un viaje de cuatro meses, siendo los dos tan jóvenes, no dormían juntos el emperador y la emperatriz?

Meses más tarde Carlota emprendería un viaje a Yucatán, lo que brindó a las familias mexicanas la posibilidad de ampliar sus relaciones sociales y contemplar el lujo y la ostentación. Las cartas de Carlota reflejaban el optimismo motivado por las primeras impresiones que ella equivocadamente atribuía a una veneración del pueblo y a la sabiduría con que Maximiliano gobernaba en México.

Los conservadores recordaban que Carlos III, a cambio de sus fabulosos regalos —entre ellos un barco de caoba con 40 cañones—, les dio a los ricos mineros títulos de condes y marqueses, y con Maximiliano se apresuraron a exhibirlos. Eran más realistas que mexicanos, formaban parte de la corte y les molestaba mucho que Maximiliano se vistiera de charro y usara corbata roja, símbolo de los combatientes liberales. O que no se refiriera al emperador Iturbide.

Así pasaron los primeros cinco meses del emperador, sin ocurrir propiamente nada; no obstante, demostró que pensaba seguir una política conciliatoria. Propuso de nuevo a Juárez y a otros liberales integrarse a su gobierno. Éste fue el grave tropezón de Maximiliano, pues mientras que el intento de acercarse a los liberales no le ganó amigos entre los conservadores, los partidarios de Juárez tampoco estaban contentos, pues la sola presencia de Maximiliano significaba una forma de gobierno odiada.

El estilo de gobernar del emperador

Desde sus primeras acciones Maximiliano removió de los cargos públicos a los más fervientes partidarios del imperio, a quienes no tenía empacho en llamar en público y en privado "mochos". Paralelamente quiso atraerse a los liberales moderados, aunque el ministerio tenía funciones sólo aparentes, pues las responsabilidades prácticas recaían en otros órganos. Durante el gobierno del emperador hubo tres instancias de poder: el ministerio oficial, el consejo de gobierno y el gabinete particular.

A fines de noviembre de 1864 Maximiliano había reintegrado su ministerio como sigue: Estado, Velázquez de León; Relaciones, José Fernando Ramírez; Gobernación, José María Cortés Esparza; Fomento, Luis Robles Pezuela; Justicia y Negocios Eclesiásticos, Pedro Escudero y Echanove, y Guerra, Juan de Dios Peza. Maximiliano estableció asimismo el consejo de gobierno, compuesto por José María Lacunza, presidente, Teodosio Lares, Manuel Siliceo, Ramírez, general Uraga, Hilario Helguero, Jesús López Portillo, Vicente Ortigoza y Urbano Fonseca.

Sin embargo, el equipo que desde el principio tuvo más influencia sobre Maximiliano y Carlota fue el gabinete particular del emperador, que se componía de austriacos, belgas, alemanes y franceses. El presidente de este gabinete era mister Félix Eloin, belga protestante que había sido recomendado por el rey Leopoldo I, como su consejero. Estos hombres se convirtieron en la peor influencia para Maximiliano, tanto por su desconocimiento del país como por su deshonestidad, en muchos casos. Por regla no había proposición de los ministros de cualquier ramo que no fuera examinada por el gabinete particular, y en especial por Eloin. De ahí resultó una serie de confusiones y de posiciones encontradas entre los tres estamentos: ministerio, consejo de gobierno y gabinete particular, que dificultaron la buena marcha del gobierno.

Maximiliano y la iglesia

En ningún momento, ni antes ni después de aceptar el trono de México, Maximiliano había aclarado cuál era su posición respecto de la iglesia. El tímido liberalismo del emperador disgustaba por igual a los conservadores y a la iglesia, en tanto que los liberales desconfiaban de sus decisiones. Mientras por un lado integraba en su legislación las leyes de reforma, por el otro establecía a la católica como religión del estado. Y al tiempo que se vestía de chinaco, prodigaba cruces de Guadalupe a los aristócratas y a personajes del extranjero.

Los franceses habían establecido, antes de la llegada de Maximiliano, conservar las leyes de los liberales. El clero esperaba que el emperador rectificaría, pero éste no tenía deseo de disminuir su poder aceptando la posición clerical.

Por esa época Maximiliano alejó de México a Miramón y a Márquez, enviando al primero a estudiar la ciencia militar en Berlín, y al segundo como enviado plenipotenciario ante el sultán de Constantinopla. Tanto liberales como conservadores convinieron en que se trataba de un destierro disimulado. Lo que ocurría era que Maximiliano debía dar a conocer la Ley de Nacionalización de Bienes Eclesiásticos, la de Tolerancia de Cultos y otras semejantes, y los desterró temeroso de que le hicieran la guerra, apoyados por el Partido Monarquista Mexicano. Al general Taboada se le tomó prisionero acusado de conspirar contra el imperio de acuerdo con el general Vicario, quien, advertido a tiempo, se fugó de la capital y logró ocultarse. Paralelamente, la pareja imperial se fue alejando de los llamados *clericales*. También con el pretexto de nombrarlo ministro plenipotenciario en Roma, alejó al conservador Aguilar y Marocho, y a otros. Desde el comienzo el reinado de Maximiliano se dio bajo dos actitudes muy claras por parte del emperador: organizar la corte bajo un esplendor nunca visto y hacer sentir a los *cangrejos* todo el peso de su impotencia.

La actitud de Maximiliano en relación con la separación de la iglesia y el estado llegó a ser idéntica a la de los juaristas. Incluso los conservadores moderados se quejaban de que el emperador no era más que el juarismo sin Juárez, y acusaron a Maximiliano de demagogo coronado.

El golpe de gracia contra los conservadores tuvo lugar en diciembre de 1864, cuando Maximiliano se entrevistó con el nuncio apostólico, monseñor Meglia, quien le entregó una carta al emperador enviada por el papa Pío IX.

> Antes de esa época [de la visita de los archiduques al papa] y más de una vez, nos habíamos quejado en actos públicos y solemnes, protestando por la inicua ley llamada de "reforma", que destruía los derechos más inviolables de la iglesia, ultrajaba la autoridad de sus pastores; contra la injusta supresión de las órdenes religiosas; contra las máximas falsas que lastimaban directamente a la santidad de la religión católica; en fin, contra otros muchos atentados cometidos no solamente en perjuicio de personas sagradas, sino también del ministerio pastoral y de la disciplina de la iglesia.

Y concluía pidiendo el pontífice a Maximiliano que derogase las leyes de Juárez y restableciera todo lo que ellas habían destruido.

Por toda respuesta, el emperador presentó los nueve puntos que a su consideración debían servir de base para el arreglo de los asuntos de la iglesia, y que de hecho revalidaban las leyes de reforma con algunas enmiendas. Monseñor Meglia contestó a Maximiliano que carecía de instrucciones para tratar los puntos propuestos y que tendría que esperarlas de Roma. En pocas palabras, el nuncio no pudo arreglar nada.

El gobierno imperial prohibió la publicación de la encíclica de Pío IX, y se nombró una comisión que fuera a solucionar en el Vaticano el problema eclesiástico. Hubo protestas de obispos y arzobispos, y las principales familias capitalinas se pronunciaron contra los decretos liberales expedidos por Maximiliano. El 12 de abril de 1865 llegó a México la noticia de que el papa negaba a Maximiliano los derechos de patronato. Mientras tanto, la comisión mexicana había llegado a la santa sede y el proyecto de concordato pasó a una junta de 10 cardenales. El 1 de junio se embarcó en Veracruz el nuncio pontificio, de regreso a Roma, sin despedirse de Maximiliano, y a principios de septiembre el emperador de México recibió la *Exposición de los sentimientos de la Santa Sede* en la que se rechazaban todas sus proposiciones, incluido el concordato.

El itinerario de Juárez

Durante su estancia en Monterrey, Juárez y sus ministros se dedicaron a mantener los ejércitos en estrecha unidad desde el punto de vista militar. En el sur, Porfirio Díaz hacía un buen papel pero en el norte la situación no era alentadora. Los franceses continuaban ocupando plazas. Después de capturar Guadalajara en enero de 1864, avanzaron y atacaron Aguascalientes y Zacatecas al norte; Colima, al sur.

El 4 de septiembre el ex cacique Vidaurri se pasó a las filas imperialistas en Salinas Victoria, Nuevo León, y el 28 se presentó en unión de Julián Quiroga a Maximiliano en León de los Aldamas, quien los agregó a su séquito. Juárez, preocupado por el avance francés, trató de atraerse al coronel Julián Quiroga pero éste exigió al presidente a cambio de su ayuda militar que aceptara sus condiciones, entre ellas el pago a sus servicios y la amnistía por su participación en la revuelta de Vidaurri. Con González Ortega como intermediario finalmente se llegó a un arreglo, y el 2 de agosto el gobierno le concedió la amnistía. El presidente Juárez permaneció en Monterrey hasta el 15 de agosto en que salió hacia Saltillo, motivado por la proximidad de las fuerzas francesas al mando del general Castagny. Desde temprano su comitiva fue atacada después de su salida por Quiroga, quien traicionó la confianza puesta en él. Por fortuna la escolta presidencial pudo derrotarlo.

Días antes de partir de Monterrey, Juárez envió a su familia a Matamoros —al cuidado de Santacilia—, con destino a los Estados Unidos. A pesar de los problemas a los que tuvo que enfrentarse Juárez en esos días, también disfrutó de cierta alegría familiar. Su último hijo nació en Saltillo el 13 de junio y su primer nieto nació el 12 de julio. El asedio de los franceses había sido tal que la familia de Juárez ya no se hallaba segura ahí. Juárez se quedó solo una vez más al frente de los problemas nacionales y continuó su errancia.

De Monterrey el gobierno viajó hacia Coahuila y de ahí a Durango. En Matamoros, los coroneles Jesús González Herrera y Juan de la Cruz Borrego ofrecieron al presidente guardarle el archivo del gobierno para aligerarle su huida, lo que él aceptó y ellos lo ocultaron en una gruta natural de la Sierra del Tabaco. El 4 de septiembre, en la hacienda de Santa Rosa, Durango, tuvo lugar una conferencia con González Ortega y José María Patoni, jefe segundo, para delinear la estrategia militar a seguir. Ahí formó el presidente el primer Cuerpo de Ejército de Occidente, con más de 3 mil hombres y 20 piezas de artillería, quedándole al gobierno sólo 250 hombres para escolta. Juárez esperó el resultado de la batalla de Durango antes de decidir la ubicación de su cuartel general. El 21 de septiembre recibió noticias de la total derrota de su ejército en Majoma y la desintegración completa de las últimas fuerzas importantes que existían al norte de la república. Cinco días más tarde las tropas juaristas capitularon en Matamoros. Por su mala actuación, González Ortega fue destituido del mando de la poca fuerza que restó, y hubo que entregarla a los generales Antonio Carbajal y Manuel Quezada.

Enterados de la derrota del ejército, la comitiva presidencial salió rumbo a la ciudad de Chihuahua. Hasta mediados de octubre el gobierno recorrió en situaciones extremas el desierto, con provisiones escasas e innumerables deserciones. Juárez fue creando una larga novela. Sus huidas fueron fugas musicales sostenidas por el latido de su corazón. Huyó de nuevo, siempre seguido por la muerte. Aislado y lejano mandaba ejércitos, y estos ejércitos le obedecían. Por fin, el grupo llegó a Chihuahua, el 12 de octubre de 1864 y permaneció allí por los dos años siguientes.

El gran gato y los innumerables ratones

Pese a que las tropas imperiales continuaban derrotando a los liberales y ganando terreno, no podía decirse que habían logrado pacificar el país. No contando con fuerzas suficientes para atacar como ejército, los republicanos hicieron guerra de guerrillas. Juárez comprendió claramente lo que Santa Anna no quiso entender en el 47: la única manera de luchar contra un poderoso ejército de intervención era hacerle la guerra de guerrillas. Fue la época de los "chinacos", los guerrilleros de camisa roja que de noche hostilizaban a los franceses y al amanecer tornaban a sus labores normales.

Sucedió en México algo de lo ocurrido durante la invasión francesa a España, cuando las tropas de Napoleón I, acostumbradas a las grandes batallas, no podían resistir el acoso de las guerrillas populares. Nombró como rey de España a su hermano José Bonaparte, a quien el pueblo apodó "Pepe Botellas", por su afición a la bebida. José prometió la libertad y los principios democráticos de la revolución francesa, pero el pueblo español a una voz gritaba: "¡Vivan las cadenas!" Entonces, como en tiempos de Juárez, el ejército francés era semejante a un gato enorme que no podía atrapar a los numerosos ratones que salían de todas partes. La guerra en España fue tan larga y extensa que Napoleón tuvo tiempo de declarar la guerra a Rusia. Tomó Moscú, lo incendió y fue derrotado por el "general Invierno", según lo relata León Tolstoi en su novela *La guerra y la paz*. En México, los soldados franceses, apoyados por los batallones belgas y austriacos, no podían adueñarse de todo el territorio nacional. Los franceses no eran dueños sino del suelo en que apoyaban sus fusiles. Los imperialistas ocupaban un poblado, organizaban el gobierno, dejaban al frente una guarnición y salían a combatir otros focos republicanos; una vez que partía el grueso del ejército, los chinacos volvían al ataque y lo recobraban. El mando francés, desesperado de no poder pacificar el país, organizó una contraguerrilla con el coronel Carlos Dupin a la cabeza.

Carlos Dupin

Según descripción de Juan de Dios Peza, este aventurero utilizaba un uniforme muy llamativo: sombrero ancho bordado de oro y con flores de gran relieve debajo del ala, gruesa toquilla y chapetas figurando dos caras de león, holgada blusa de lienzo rojo con alamares y cordones de oro, y adornado el pecho con más de 10 cruces, medallas y placas. Usaba pantalón bombacho de dril crudo, botas fuertes amarillas estilo mosquetero con acicates dorados, capote de coronel, revólver y sable a la cintura. La fisonomía: de tez blanca tostada por el sol, ojos azules de mirada indagadora y firme, nariz bien hecha, barba cana muy poblada y larga, y una gran pipa en la boca.

Forey y Bazaine lo habían traído a México, y le encomendaron al principio 850 hombres de todas las nacionalidades. Lo más abyecto de la plebe de México, de Francia, de Estados Unidos, de Italia, de Inglaterra, de Holanda y de Suiza se incorporó en la contraguerrilla. Era una legión de aventureros sin escrúpulos.

Dupin fue célebre por sus atrocidades, en especial cuando Bazaine lo nombró más tarde gobernador de Tamaulipas. Enterraba vivos a los chinacos que caían en su poder, atrapándolos por medio de perros, que al principio gustaban a los liberales cuando los veían aparecer en los bosques, sin comprender que con ellos venía la muerte. El general liberal Servando Canales llegó a ordenar que antes de abatir a un enemigo se matara a un perro.

La guerra sucia llegó a tal extremo que los mexicanos tuvieron que atacar con los mismos métodos. Unos soldados de Dupin cayeron en poder de los guerrilleros mexicanos, quienes los enterraron vivos de pie, hasta el cuello, dejando fuera las cabezas. Enseguida atrajeron con engaños a la contraguerrilla de Dupin, quienes en su trote apresurado destrozaron las cabezas de los enterrados. Cuando regresó a Francia le echaron en cara sus crueldades y murió en 1868 quejándose de que Francia no había sabido recompensar sus servicios.

Los problemas de Maximiliano

Mientras Juárez instalaba su gobierno en Chihuahua, Maximiliano, asesorado por abogados, se alistaba para aprovechar el 30 de noviembre de 1865, en que el gobierno de Juárez debía terminar según la interpretación dada a la constitución por esos abogados, y decretar que la "mala y última razón política había terminado", y que de ahora en adelante los guerrilleros serían considerados como salteadores de caminos.

El imperio enfrentaba graves problemas: el emperador había emprendido una política liberal que contravenía los deseos de la iglesia y de los conservadores; las desavenencias entre Maximiliano y Bazaine, en relación con política y autoridad interna, dividían aún más al imperio. Los intentos de autonomía por parte del archiduque provocaron la ira del mariscal.

Bazaine se había enamorado locamente de una joven mexicana de gran belleza, llamada Josefa Peña y Azcárate, nieta de Miguel Hidalgo, y se casó con ella (junio 26, 1865). Maximiliano asistió a las nupcias y en un intento de mejorar la relación con Bazaine les dio como regalo de bodas el soberbio Palacio de Buenavista. No obstante, tres días después, en un comunicado a uno de los miembros de su gabinete responsabilizaba a Bazaine del mal estado del imperio.

> Es preciso decirlo abiertamente: nuestra situación militar es de las peores [...] Se ha perdido un tiempo precioso; se ha arruinado el tesoro, la confianza pública disminuye, y todo esto porque se ha hecho creer en París que la guerra está terminada gloriosamente.

Por otra parte, los gastos del imperio eran enormes y las fuentes de ingresos cada vez más difíciles de conseguir. Para colmo, se recibieron presiones de Francia para el pago de deuda. Napoleón III, que había gastado una fortuna en sostener el costoso trono de Maximiliano, le reclamó la suma de 3 millones 169 mil 171 duros, como monto del adeudo de México, suma que naturalmente el emperador no estaba en posibilidad de pagar. Tener un emperador en México costaba muy caro. Simplemente los gastos del establecimiento de la corte habían costado más de 300 mil pesos, que fueron invertidos en vajillas de plata y porcelana, cristalería, mantelería y ropa de casa, primera compra de vinos franceses, caballos y coche, libreas, uniformes y armas, transportes y regalos. En un solo mes se gastaron en la cocina, fuera de los vinos y sueldos, 3 mil 852 pesos, entre ellos 434 pesos en el sustento de las condesas de Zichy y Collonitz, que vivían con sus criados a expensas de la lista civil del emperador; además de los sueldos y gratificaciones a su personal. Maximiliano también destinó una suma a la familia de Iturbide. Como Maximiliano no podía tener hijos acordó que lo sucediera a su muerte el hijo mayor del emperador Iturbide, quien, considerado como príncipe, recibía un importante sueldo.

Simplemente para ir de palacio a catedral, Maximiliano y Carlota requerían de alfombras, toldos, ropas, himno nacional, cortejo, gran maestro de ceremonias, ayudante de campo, gran chambelán, caballerizo mayor, capitán de la guardia palatina, grandes cruces de San Carlos, dama mayor, dama de palacio, representantes de parroquias y colegios, condecorados, capellanes, caballerizos, etcétera. La exuberancia que deslumbraba a los paseantes también debilitó al llamado imperio.

Preocupado por las condiciones de México después de la salida de las tropas francesas, a fines de 1865 Napoleón escribió a Bazaine:

> El emperador Maximiliano debe comprender que no podemos permanecer en México indefinidamente y que, en vez de edificar palacios y teatros, es esencial que establezca orden en las finanzas y en los caminos. Hay que hacerle entender que será más fácil abandonar a un gobierno, que no ha hecho nada para suministrarse sus propios medios de subsistencia, que sostenerlo a su pesar.

La patraña de Bazaine

El avance del general francés Agustín E. Brincourt sobre Chihuahua determinó que Juárez se estableciera en el poblado fronterizo de Paso del Norte (del 18 de diciembre de 1865 a junio de 1866) sin lograr, no obstante, que se internara en los Estados Unidos. Bazaine forjó la patraña de que Juárez se había refugiado en el vecino país y que por lo tanto había dejado de ser presidente, quedando Maximiliano como único gobernante legítimo de México. Aprovechando ese engaño hizo que Maximiliano, el 3 de octubre de 1865, firmara un decreto por medio del cual serían fusilados todos los que pertenecieran a bandas o reuniones armadas, dentro de las primeras 24 horas después de pronunciada la sentencia por las cortes marciales. Maximiliano firmó el decreto sin saber que estaba firmando su propia sentencia de muerte.

Además, el decreto era una respuesta al recrudecimiento de la actividad guerrillera: el 18 de junio Arteaga tomó Uruapan y fusiló al comandante Lemus, al subprefecto Isidro Paz y a uno de los notables de la ciudad; el 7 de julio Antonio Pérez mató al capitán Kurzroch luego de la lucha en Ahuacatlán; el 1 de septiembre, Ugalde asaltó a la guardia de San Felipe del Obraje y pasó por las armas a todos los oficiales; y el 7 de octubre, un grupo atacó el ferrocarril en Olla de la Piedra, Veracruz, y dio muerte al teniente Friquet, al oficial Louvet y a siete soldados. Frente a estos hechos, Bazaine decretó: "Todo individuo, cualquiera que sea, cogido con las armas en la mano, será fusilado. No se hará canje de prisioneros en lo sucesivo [...] Esta es una guerra a muerte; una lucha sin cuartel que se empeña entre la barbarie y la civilización; es menester, por ambas partes, matar o hacerse matar."

Juárez y Maximiliano

Las diferencias entre Juárez y Maximiliano no podían ser mayores. El emperador y su corte vivían en palacios. El presidente en la pobre casa de un poblacho miserable: El Paso. Maximiliano empuñaba su cetro mientras Juárez empuñaba su pluma con una magia que le ganó muchas batallas. Indiferente al dinero, Juárez únicamente pensaba en salvar a su patria y en sostener a su familia. En su inevitable huida parecía aislado del mundo; encerrado en su pobre casa de El Paso, sin embargo, conocía muy bien lo que pasaba en México y el exterior.

Juárez era hombre de leyes, un hombre que no sabía de ciencias militares; sin embargo, estaba bien informado de las derrotas y las victorias del ejército mexicano por las cartas que le mandaban sus generales y oficiales; desde aquel punto tan remoto dirigía al ejército. También se enteraba de lo que ocurría en el exterior y recibía muchas misivas de su esposa que estaba en Estados Unidos. Su correspondencia ya publicada compone 20 gruesos volúmenes. Trabajaba sin descanso 15 horas diarias y se le veía rara vez dando un paseo por el pueblo, siempre vestido de levita negra, de sombrero alto, apoyado en su bastón.

Juárez, Benemérito de las Américas

Recién llegado a Paso del Norte, Juárez recibió una carta firmada por el presidente de la República de Colombia, don Manuel Murillo, acompañada del decreto del congreso de esa nación, expedido en Bogotá el 2 de mayo de 1865, que lo declaró *Benemérito de las Américas*, en virtud de la abnegación y la perseverancia que había desplegado en la defensa de la independencia y la libertad de México, y ordenó que fuera puesto su retrato en la Biblioteca Nacional de ese país como ejemplo para la juventud colombiana. El 9 de septiembre Juárez contestó a Murillo diciéndole que recibía tal distinción con tanta mayor gratitud cuanto más creía no merecerla, pues él no había hecho sino procurar cumplir con sus deberes. Meses más tarde, el congreso de la República Dominicana declaró también a Juárez *Benemérito de las Américas* por el gran triunfo logrado en su lucha por la patria.

Juárez y la ayuda norteamericana

Desde el momento en que Juárez dejó Monterrey hasta mediados de 1865, cuando los franceses mostraron intenciones de abandonar el país, los liberales siguieron sufriendo continuas derrotas. No obstante, Juárez no cayó en el desaliento y se aprestó a obtener apoyos extranjeros, tanto en Europa como en los Estados Unidos, para dar por concluida la intervención. Terán había sido enviado a Europa pero desde el principio su misión estuvo condenada al fracaso. Los Estados Unidos ofrecían mejores perspectivas y Matías Romero, en calidad de embajador ante Washington, intentaba mantener y acrecentar la ayuda de ese país. En una ocasión Juárez tuvo que censurar a Romero por considerar un trato que implicaba la cesión de tierra nacional a los Estados Unidos, manifestándole que su intención era preservar la "integridad e independencia del territorio nacional" contra los Estados Unidos y los franceses. La propuesta provenía del secretario de estado norteamericano, William H. Seward, quien no obstante ver frustradas sus ambiciones territoriales, acabó por manifestar una buena opinión de Juárez y las simpatías de su gobierno para la causa republicana.

Nunca hubo ayuda oficial de los Estados Unidos en forma de armas y dinero pero sí la hubo extraoficial, a través de grupos de voluntarios que llegaron a México. Y cuando la guerra civil en los Estados Unidos llegó a su fin, en abril de 1865, y el gobierno del norte expresó tanto a Francia como a Maximiliano que no toleraría la continuación del imperio en México, aún hubo de pasar mucho tiempo para que esta declaración se tradujera en hechos. El presidente Johnson presentó dos notas al gobierno de Napoleón III:

El gobierno de los Estados Unidos está muy descontento al ver que el ejército francés, al invadir a México, atacó a un gobierno republicano profundamente simpático a los Estados Unidos y elegido por la nación, para reemplazarlo por una monarquía que, mientras exista, será considerada como una amenaza a nuestras propias instituciones republicanas.

A pesar de las promesas de ayuda ofrecida, Juárez receloso, escribía:

Yo sé que los ricos y los poderosos ni sienten ni menos procuran remediar las desgracias de los pobres. Nosotros seguiremos nuestra defensa como si nos bastáramos a nosotros mismos.

Más tarde escribía a Santacilia:

Esa insistencia del gobierno de los Estados Unidos del Norte, dará en qué pensar al lobo grande de las Tullerías y lo obligará a retirar de México sus fuerzas, diciendo como la zorra de la fábula, que están verdes, porque, como usted dice muy bien, no es Napoleón el que ha de emprender una guerra con ese gobierno. Los lobos no se muerden, se respetan.

La muerte de sus hijos

Durante su estancia en El Paso, Juárez recibió dos terribles golpes familiares. A principios de 1865 tuvo conocimiento de que su hijo Pepe, tras una larga y penosa enfermedad, había fallecido en Nueva York. Y antes de un año sobrevino una segunda tragedia: la muerte de otro de sus hijos, Antonio, de año y medio de edad. Juárez, desesperado, escribió a

Santacilia dos sentidas cartas pidiéndole que consolara y fortaleciera a su esposa en esas terribles circunstancias. El lado débil de Juárez era el profundo amor a su mujer y a sus hijos. La muerte de sus hijos lo afligió mucho. Hubiera querido acompañarlos en su agonía y consolar a su esposa pero si cruzaba la frontera sería despojado de su cargo y acusado de no apoyar a sus combatientes.

Juárez lloraba en las noches y a la mañana siguiente, en sus diarios paseos, la gente lo veía sereno y hasta sonriente. De tal modo era capaz de dominarse.

La ambición de González Ortega

Unido a tantos problemas que lo agobiaban y no le daban respiro, Juárez se enfrentó a otras inquietudes: la duración de su periodo presidencial y las ambiciones de González Ortega de sucederlo. Luego de ser derrotado en Majoma, González Ortega se había retirado a Chihuahua y desde ahí dirigió una carta a Lerdo, donde le hacía cuestionamientos sobre la interpretación de la constitución acerca de la duración de la presidencia de Juárez. La carta magna asentaba que el periodo presidencial comenzaba el 1 de diciembre y duraba cuatro años, así que Juárez tendría que desempeñar el cargo durante tres años y medio o durante cuatro años y medio.

En su respuesta, Lerdo dijo que el presidente desempeñaría el cargo hasta el último día de noviembre del cuarto año siguiente a la elección. En el intercambio de cartas, Lerdo cuestionó además el derecho legal de González Ortega para conservar el puesto de presidente de la Suprema Corte de Justicia y ser vicepresidente y gobernador de Zacatecas al mismo tiempo. González Ortega replicó que a pesar de todo, Juárez lo seguía considerando juez supremo y vicepresidente.

En diciembre de 1864, González Ortega solicitó y obtuvo permiso para abandonar México con el propósito de regresar después y unirse al combate. Sin embargo, a fines de 1865, convencido de que González Ortega sólo había ido a los Estados Unidos a descansar y que regresaría con el firme propósito de hacerse cargo de la presidencia, Juárez tomó las medidas necesarias para continuar en el cargo a través de la publicación de dos decretos. El primero, prolongaba los periodos presidenciales y vicepresidenciales hasta que fuera posible efectuar elecciones. El segundo, declaraba que González Ortega había abandonado su puesto voluntariamente al permanecer fuera de México sin autorización para ello y que debía ser arrestado y sometido a juicio al regresar.

Ambos decretos provocaron una importante reacción de González Ortega, quien lanzó un manifiesto desde Texas, el 26 de diciembre de 1865, señalando sus puntos de vista. En su opinión, Juárez no tenía autoridad para actuar como lo había venido haciendo y decía que el presidente encabezaba una conspiración en su contra. Como es natural, algunos republicanos enemigos de Juárez se manifestaron a favor de González Ortega, especialmente Guillermo Prieto y Manuel Ruiz, ministro interino de la Suprema Corte. Aunque entre la opinión pública existían razones para cuestionar las actitudes de Juárez para retener la presidencia, nunca se dudó de que actuaba motivado por el bien de México y la causa republicana, más que por el deseo del poder. Juárez quería permanecer en el cargo el poco tiempo que intuía le restaba al imperio de Maximiliano. Temía que un cambio brusco en el mando de la república pudiera alterar la dirección de los acontecimientos.

En enero de 1866, González Ortega publicó un manifiesto protestando la legalidad de la acción de Juárez, y al volver a México fue arrestado y encarcelado. Era cierto que el periodo presidencial de Juárez había concluido; no obstante, se justificaba que se mantuviera en el poder si consideramos que no había otra persona que pudiera mantener tan viva como él lo hacía la lucha contra la intervención. ¿Quién podía reemplazarlo en aquellos años conflictivos? Nadie. Ni González Ortega ni Lerdo, los más capaces, poseían su temple. El solitario, el más lejano, tenía más poder que Bazaine o que el intruso Maximiliano.

Juárez se las había ingeniado para sortear la crisis de la sucesión sin encontrar una oposición real y la falta de apoyo en favor de González Ortega mostraba una alentadora cohesión en las filas liberales. Cierto que en el triunfo sobre González Ortega perdió unas viejas amistades: Negrete, Manuel Ruiz y Guillermo Prieto se manifestaron a favor de Ortega. Del primero dijo Juárez: "No siento, sino que celebro, la separación de Negrete que ninguna falta me hace." De Manuel Ruiz, compañero suyo durante 15 años, dijo el presidente: "Así ha terminado su carrera política un hombre a quien quise hacer un buen ciudadano, pero él se empeñó en ser lo contrario. Con su pan se lo coma."

De Prieto, que intentó a toda costa no romper con el presidente, escribió:

> Me dijo que me quería mucho, que era mi cantor y mi biógrafo y que si yo quería, que él seguiría escribiendo lo que yo quisiera; y ¿qué tal? Yo le di las gracias, compadeciendo tanta debilidad y no haciendo caso de sus falsedades… En fin, este pobre diablo, lo mismo que Ruiz y Negrete está ya fuera de combate. Ellos han valido algo porque el gobierno los ha hecho valer. Ya veremos lo que pueden hacer con sus propios elementos.

Y en cuanto a González Ortega, su comentario fue muy breve: "Si le queda algún resto de buen juicio y buen sentido, lo mejor que puede hacer es someterse o callarse." Juárez no se preocupaba por las deserciones de los viejos combatientes, pues nuevos valientes salían a su encuentro pero "aun cuando me quedara solo, no sería un mal", agregó. "Más vale solo que mal acompañado."

La confianza de Juárez

A pesar de que la situación militar seguía siendo desfavorable a la causa liberal, Juárez nunca perdió la esperanza en la victoria. Durante toda su estancia en Chihuahua, Juárez había seguido con detenimiento los problemas que Maximiliano debía enfrentar en su reinado y siempre estuvo convencido de que al final el imperio caería por su propio peso. Sabía que los gastos en la corte eran grandes y las fuentes de ingreso difíciles de obtener; que además la política de Napoleón III recibía ataques en Francia y Prusia comenzaba a ser una amenaza para el monarca francés.

Atento a los acontecimientos, Juárez escribió:

> La situación del archiduque no puede ser más comprometida. Traicionó al clero, adoptando a medias las leyes de reforma, y no ha logrado atraerse al partido liberal. Sólo está rodeado de la facción moderada, que ha perdido a todos los gobiernos y a todos los hombres notables que se han sometido a su dirección, y que en los momentos de solemne conflicto, lo abandonará para recibir de rodillas al nuevo vencedor. Márquez ha sido separado del mando, lo mismo que Vicario. Esta medida y la parte activa que Maximiliano está dando a la facción moderada en la política, tiene muy disgustados a los clérigos

y a los conservadores, que sólo son empleados en comisiones insignificantes. De los jefes de las fuerzas auxiliares que Maximiliano ha mandado disolver, unos se pasan a nuestras filas, como Fragoso, Martínez y Valdez, y otros se retiran de la escena, como Vicario, de lo que resulta que nuestras guerrillas se han aumentado considerablemente y tienen en continuo jaque al enemigo, principalmente en los estados de México, Puebla, Michoacán y Jalisco. En el aislamiento en que se ha colocado el austriaco sólo el dinero podría aplazar su derrota; pero en este respecto es más desesperada su situación.

El retiro de las tropas francesas

En su discurso pronunciado el 22 de enero de 1866 en la apertura de las cámaras, faltando a la verdad señalaba Napoleón:

> El gobierno fundado por la voluntad del pueblo en México se consolida: vencidos y dispersos los disidentes; no tienen ya jefe; las tropas nacionales han manifestado su valor, y el país ha encontrado garantías de orden y seguridad [...] Como me prometía el año anterior, nuestra expedición toca a su término. Estoy en tratos con el emperador Maximiliano para fijar la salida de nuestras tropas, a fin de que su regreso se verifique sin comprometer los intereses franceses que hemos ido a defender en aquel lejano país.

Forey opinó que el gobierno no debía hacer regresar las tropas del ejército expedicionario en México, sino por el contrario enviarle nuevos refuerzos hasta la consolidación del imperio mexicano porque así lo exigían las promesas y el honor de Francia, y que la salida de las tropas francesas produciría "la caída del trono de Maximiliano". Pero sus advertencias fueron desoídas.

Las noticias europeas ponían acento en el incremento del poder prusiano y el mismo pueblo francés se quejaba continuamente del costo de la expedición mexicana. Napoleón, comprometido también en Argelia e Indochina, se había desesperado ante el precio que exigía la intervención. El ejército francés se hallaba dividido entre los intereses de Francia y los de Maximiliano; muy pronto quedaría muy claro a cuáles habría de servir.

Enfrentado a los problemas europeos y a la creciente presión de los Estados Unidos para terminar la intervención, Napoleón III ordenó a Bazaine que realizara un último intento de acabar con Juárez y se alistara para regresar a Francia. Informado de la decisión del emperador francés, Maximiliano dijo indignado:

> Napoleón me ha engañado; existe una convención formal entre él y yo, sin la cual jamás habría aceptado el trono, que me garantizaba absolutamente el auxilio de las tropas francesas hasta fines de 1868.

Napoleón III no sólo niega el pacto secreto, sino que revierte las acusaciones de Maximiliano al responderle que es el emperador de México quien no cumple con sus compromisos contraídos con Francia para el mantenimiento de las tropas y que asciende a 25 millones anuales.

El juicio de Hidalgo

José Manuel Hidalgo, quien en cierta forma fue el promotor del imperio, era entonces ministro de la embajada de

México en Francia. En el mes de enero de 1866 había sido llamado por Maximiliano para saber cuál era el criterio de Napoleón III sobre su reino. Hidalgo fue claro y convincente; parecía otro hombre del que fue con la amistad de Eugenia y de Napoleón.

En su entrevista con el emperador de México, Hidalgo le dijo que la verdad no entraba en su palacio: que le engañaban los que le decían que la situación era muy buena y que todos estaban satisfechos, que había un descontento general, descontento en el porvenir, que había desaparecido completamente el entusiasmo de los primeros días, que todos convenían en que s. m. estaba rodeado de juaristas, de enemigos del imperio y de Francia, que empleos y puestos delicados se confiaban a gentes que conspiraban a la luz del día, que todas las familias y todo lo que legítimamente formaba la sociedad de un país, vivía consternada porque la mala inteligencia con el mariscal Bazaine se traducía en la retirada de las tropas y del apoyo de Francia y muchas familias hablaban de emigrar, que si su majestad quería oír a personas de confianza que le indicó, ellas podrían decir lo que no se habían atrevido a decir por no haber sido interrogadas por s. m. A panorama tan desesperado, Maximiliano únicamente dijo que "eso se dice de todos los gobiernos".

Hidalgo habló enseguida a Maximiliano sobre el estado de la opinión pública en Francia en relación con la expedición de México, y concluyó con estas palabras: "No hay que hacerse ilusiones, señor, amigos y enemigos de Napoleón, todos desean la vuelta del ejército francés." Estas palabras fueron un duro golpe para la pareja imperial y para los monarquistas.

Todo parecía derrumbarse. Aquellos barcos de guerra, aquellas movilizaciones de soldados franceses, belgas y austriacos, aquellos millones gastados para crear un imperio, aquella sangre derramada de nada sirvieron.

Maximiliano se fue a Cuernavaca llevando consigo a Hidalgo. Ahí le manifestó que estaba decidido a cambiar de política y que le indicara algunas de las personas que convendría ocupar, a lo cual contestó Hidalgo que no lo podía hacer "porque no las conocía, habiendo estado ausente 18 años". En consecuencia, Hidalgo renunció a la legación en Francia. Maximiliano quiso nombrarlo consejero de estado pero no aceptó, partiendo de nuevo para Europa, abandonando así al imperio uno de sus principales fundadores.

Maximiliano, en un intento desesperado, quiso hacer creer que se acercaba al Partido Conservador, y le dijo al general Almonte que le diera una lista de personas que le parecieran convenientes para formar el nuevo ministerio. Almonte no la dio por temor a Eloin, jefe del gabinete particular del emperador. Sin su ayuda Maximiliano conformó su nuevo ministerio, integrado por liberales y conservadores moderados.

El cinismo de Santa Anna

Con nuevas ansias de protagonismo, a principios de mayo desembarcó Santa Anna en Nueva York. Fijó su residencia en Elizabethport y empezó a poner en juego todas sus relaciones en los Estados Unidos para que el gobierno de Juárez admitiera su deseo de ponerse a la cabeza de un ejército y combatir al imperio. Todo se debió a un equívoco. Desde su expulsión de México, en 1855, se había instalado en la Isla de Santo Tomás a la espera de una oportunidad. Con la máscara de imperialista desembarcó en 1865 en Veracruz y fue expulsado por Bazaine. Deportado a la Isla Virgen, se proclamó republicano y ofreció su "lealtad" en repetidas ocasiones al gobierno de Juárez. Así pasaban los días hasta que en el verano de 1865 mister Seward pasó unas vacaciones en Santo Domingo. Seward lo vio, lo saludó y le dijo adiós. Pero Santa Anna creyó descubrir una oculta intención y supuso que Seward pensaba en él como un sustituto posible para Juárez. Inmediatamente Santa Anna se puso a gestionar su retorno a México.

Como reacción inmediata el Club Mexicano en Nueva York, entre cuyos miembros destacaban Zarco, González Ortega, Juan José Baz y otros, protestó contra tan descabellado proyecto. Alarmados los liberales mexicanos temían que si se admitía la ayuda de Santa Anna, éste podría convertirse después en dictador. Por su parte Maximiliano, conociendo las pretensiones de Santa Anna, hizo publicar en *El Diario del Imperio* las cartas que el general años atrás había escrito a Gutiérrez Estrada y al mismo Maximiliano, en las que "había echado pestes" contra la reforma republicana y la constitución de 1857, prodigado loores a la forma monárquica y había ofrecido con insistencia sus servicios al imperio.

Impávido frente a las críticas, Santa Anna escribió una carta a Matías Romero, embajador en Washington, ofreciéndole sus servicios para derrocar al imperio. La contestación de Romero no se hizo esperar:

Si V. no hubiera sido el primero en solicitar el establecimiento de la monarquía europea en México, cuando ejercía el poder supremo de la nación, y si no hubiera V. reconocido y apoyado la intervención que el emperador de los franceses ha llevado a nuestra patria, según aparece de documentos recientemente publicados, no creo que hubiera dificultad en que el gobierno de la república aceptara y utilizara los servicios de V. [...] Pero desgraciadamente, en el caso de V. hay circunstancias especiales, que hacen cambiar el objeto de la

> cuestión. Además de estar V. ahora con la mancha de haber reconocido y dado el peso de su influencia al proyecto traidor de derrocar al gobierno nacional de nuestra patria, y establecer otro que la constituyera en dependencia de la Francia, hay la circunstancia de que durante los últimos años de su vida, ha estado V. íntimamente asociado con el Partido Conservador de México.

Airado Santa Anna lanzó un manifiesto en Nueva York: "Yo fui el primero que proclamé en México la república el 2 de diciembre de 1822, anunciando como el apóstol al areópago una divinidad desconocida." Alababa a Juárez diciendo que "es un buen patriota y Ortega un buen hijo de México".

> Por mis precedentes, por mi posición en el Partido Conservador, y aun por mi larga ausencia del país, creo que soy el llamado a reconciliar los ánimos dando el ejemplo de la sumisión al gobierno constitucional [...] Busco para mi tumba un laurel nuevo que la cubra con apacible sombra. Apresuremos la hora, la obra del triunfo nacional: confiad en mis palabras y estad prontos. ¡Abajo el imperio! ¡Viva la república!

Ante el silencio del gobierno de Juárez, Santa Anna impaciente escribió directamente a don Benito "poniendo mi espada a la disposición del presidente de la república" para derrocar al imperio. Por medio de su ministro Sebastián Lerdo de Tejada, Juárez le dio una contestación más severa que la del ministro Romero. Pero la desvergüenza de Santa Anna era tan grande que no se dio por aludido y siguió intrigando para ver si conseguía su objetivo.

Comisionó a un agente para que fuera a Washington con la oferta de vender otro pedazo de territorio mexicano a cambio de su reconocimiento ante el gobierno estadounidense. Seward no hizo el menor caso a la propuesta y Santa Anna se ganó un disgusto con el agente, quien le cobró una cantidad desproporcionada por su gestión. Así, el cadáver político irresucitable, como lo llamó Juárez, volvió a su lugar de destierro en la Isla Virgen.

A este camaleón político de nada le sirvieron sus propuestas esta vez, aunque ofreciera territorio mexicano a los Estados Unidos. Diremos que después de la muerte de Juárez, Lerdo le autorizó volver a México. Viejo, impotente, seguía creyéndose el hombre irremplazable. Su mujer le pagaba a varios pobres diablos con el único objeto de sentarse en la antesala de su casa y que al salir Santa Anna le hicieran una reverencia o le aplaudieran. Murió creyendo que el pueblo de México lo adoraba.

Viaje de Carlota a París

La orden de reconcentración del ejército francés para su partida a Francia agobió a la pareja imperial. Maximiliano, después de muchas vacilaciones, decidió licenciar las tropas y abdicar al trono pero a punto de firmar su renuncia el 5 de julio, Carlota le detuvo la mano. La emperatriz, más ambiciosa y arrojada que Maximiliano, le propuso ir personalmente a Europa y exigir la revocación de la orden de retirada del ejército francés, la solución al problema religioso, el apoyo financiero y el acuerdo del papa para el arreglo del concordato.

Conseguido su propósito, Carlota se embarcó el 8 de julio de 1866 acompañada de su séquito, rumbo a Francia. Enterado de la partida de la emperatriz para Europa, el coronel Vicente Riva Palacio compuso la danza intitulada

"¡Adiós Mamá Carlota!" y la publicó en el periódico *El Pito Real*. Desde entonces se cantó y se bailó con entusiasmo en todos los lugares de la república en poder de los republicanos. Las coplas dicen:

> La nave va en los mares
> botando cual pelota;
> adiós, mamá Carlota,
> adiós mi tierno amor.
>
> De la remota playa
> te mira con tristeza
> la estúpida nobleza
> del mocho y el traidor.
>
> En lo hondo de su pecho
> ya sienten su derrota;
> adiós, mamá Carlota,
> adiós, mi tierno amor.
>
> Acábense en palacio
> tertulias, juegos, bailes;
> agítense los frailes
> en fuerza de dolor.
>
> La chusma de las cruces
> gritando se alborota;
> adiós, mamá Carlota
> adiós, mi tierno amor.
>
> Y en tanto los chinacos,
> que ya cantan victoria,
> guardando tu memoria

dicen, mientras el viento
tu embarcación azota:
adiós, mamá Carlota,
adiós, mi tierno amor.

Carlota no sólo fracasó en su intento de sostener al imperio que se caía, sino que sufrió una crisis nerviosa que la llevaría a la locura. Nunca regresaría a México ni vería más a su amado Maximiliano. Al llegar a París, Carlota y sus damas de honor se hospedaron en el Gran Hotel y en vano la emperatriz solicitó ser recibida por Napoleón III, quien se rehusaba a verla pretextando estar enfermo. Por fin, luego de que Carlota insistiera, el 11 de agosto se reunió con Napoleón; la entrevista fue larga, violenta y dolorosa. Carlota le recordó que había empeñado su palabra de honor para sostener el imperio aun en las peores circunstancias. Napoleón respondió que los tiempos habían cambiado, y en verdad tenía razón. Los franceses pedían a gritos el regreso de sus tropas y además lo amenazaba la Alemania unida por Bismarck, el llamado "Canciller de Hierro", que presagiaba la tragedia que sufrió Francia en 1870 y en 1871. Hubo lágrimas, reproches, insultos, violencia y Napoleón se retiró con la cabeza baja. "La idea más bella de mundo" se había convertido en la peor idea. A partir de entonces Carlota comenzó a dar señales inequívocas de locura. En París tenía amarradas a varias gallinas y sólo se alimentaba de los huevos que ponían. Bebía agua de las fuentes por temor a que Napoleón quisiera envenenarla. Llegó a Roma, con el deseo de tratar con Pío IX el problema religioso pero en cuanto es recibida por el papa, se le manifiesta completamente la locura. Carlota cree haber sido envenenada y estar acosada a muerte por agentes del emperador de Francia y se niega a salir de las habitaciones pontificias, siendo necesario que se le ponga en ellas una cama para que pase la noche, rompiendo la etiqueta de la corte del Vaticano. Oficialmente, Carlota ha sido la única mujer que durmió en el Vaticano.

Enterado de la situación, su hermano, el conde de Flandes, viaja de Bélgica a Roma para recoger a la emperatriz, llevarla a Miramar y de allí al castillo de Bouchot.

La paciencia de Juárez

Ya con el tiempo a su favor, Juárez esperaba con toda paciencia que los desilusionados franceses regresaran a su país. A medida que los imperialistas se retiraban, las tropas republicanas aumentaban en número y ocupaban las plazas abandonadas por el ejército de Bazaine. A mediados de 1866, Matamoros, Monterrey, Saltillo y Tampico se hallaban en manos de los juaristas. Cuando las tropas francesas evacuaron Monterrey y Chihuahua, el gobierno dejó Paso del Norte el 10 de junio y su llegada a Chihuahua, unos días más tarde, fue motivo de gran celebración. Poco a poco se formó un cuerpo de tropas republicanas que se alistaban para avanzar sobre la Ciudad de México. Juárez escribe: "El pánico se apodera de los imperialistas, y los nuestros están cada día más alentados con la convicción de que el triunfo de la república es ya indefectible y seguro. En toda la frontera renace la guerra de un modo imponente y satisfactorio."

En agosto, las noticias de la guerra austroprusiana animaron más a Juárez, pues sabía que con mayor prontitud los franceses desearían devolver sus tropas a Francia. Las noticias no podían ser mejores para los republicanos.

Maximiliano piensa abdicar

Como respuesta a las gestiones de Carlota en París, en una carta enviada el 29 de agosto de 1866 Napoleón le dice a Maximiliano:

> Señor mi hermano:
>
> Hemos recibido con placer a la emperatriz Carlota y no obstante me es verdaderamente doloroso no poder acceder a las demandas que ella me dirige. En efecto, tocamos un momento decisivo para México y es necesario que su majestad tome un partido heroico. Comienzo por declarar a su majestad que me es verdaderamente imposible dar a México ni un escudo, ni un hombre más. Establecido esto, es necesario saber cuál será la conducta de su majestad.
>
> ¿Podrá sostenerse con sus propias fuerzas?, ¿o bien será forzado a abdicar?

Sin el apoyo de Napoleón III, Maximiliano quedó abandonado a sus propias fuerzas. Decidió gobernar con los conservadores, conformando un nuevo gabinete; nombró a 27 nuevos gobernadores y revocó algunas leyes anticatólicas como la de los cementerios. Antes de que salieran las últimas tropas francesas, Maximiliano recibió dos telegramas, uno de Roma y otro de Miramar. Un colaborador, Herzfeld, principió a descifrarlos y habló de la enfermedad de una posible dama de honor de Miramar. El emperador, quien presentía algo muy grave, dijo: "Conozco que debe ser algo espantoso, pero prefiero que me lo digáis porque así estoy con mayor tormento."

El doctor Basch, mientras terminaba de descifrar los dos mensajes, se retiró a su cuarto y unos minutos después lo mandó llamar Maximiliano y le preguntó: "¿Conoce usted, le dijo llorando con amargura, al doctor Riedel, de Viena?" El doctor Basch, que no podía mentirle, dijo: "Es el director de la casa de dementes."

En la noche de ese terrible día, paseándose por la azotea de palacio, Maximiliano le preguntó a Basch si debía abandonar México. El doctor respondió:

–Yo creo que vuestra majestad no debe permanecer en el país.

–¿Y creerán todos —le peguntó— que vuelvo a Europa sólo por causa de la enfermedad de la emperatriz?

–Vuestra majestad —le respondió Basch— tiene mil razones para hacerlo y Europa comprenderá que vuestra majestad ya no estaba obligado a permanecer en México, desde el momento en que Francia nulificó antes de tiempo el tratado.

La noticia de la locura de Carlota trastorna por completo a Maximiliano. Se encerró negándose a recibir a nadie durante varios días y al salir de su reclusión, con un gesto desesperado, decide salir de México.

Durante el viaje del emperador a Orizaba, el general Castelnau viajaba de Veracruz a México enviado por Napoleón, en misión secreta, a persuadir a Maximiliano de que abdicara. Al mismo tiempo, los Estados Unidos reconocían plenamente al gobierno republicano, nombrando ministro a mister Campbell. El emperador llegó a proponer a Bazaine, Castelnau y Danó, las condiciones para su retiro pero varios sucesos vinieron a estropear sus planes. En Orizaba, Maximiliano recibió un comunicado del barón de Lago, ministro de Austria en México, haciéndole saber que el emperador Francisco José no le permitirá entrar en sus dominios y que incluso ha ordenado que se le detenga si en ellos se presenta. Igualmente, su madre, la archiduquesa Sofía, le escribe que haga honor a su raza y primero se sepulte bajo los escombros de México que sujetarse a las exigencias de Napoleón III volviendo a Europa entre los bagajes del ejército francés.

Por otra parte, "las viejas pelucas", como llamaba Maximiliano a los funcionarios conservadores, al ver que se les escapaba su última oportunidad, fueron a Orizaba y le rogaron que no abdicara.

Vuelven Miramón y Márquez

En noviembre de 1866, mes de gran indecisión para Maximiliano, llegaron de su forzado exilio diplomático Miramón y Márquez, quienes le ofrecieron al emperador de México formar un gran ejército y destruir a los liberales. Bazaine, en contra de lo ordenado por el emperador francés, dio apoyo financiero para la formación del ejército. Con esa ayuda Maximiliano creyó poder retener un trono que día a día se desbarataba. Llegó a imaginar incluso que su hermano le mandaría un ejército y los medios necesarios para sostener su corona.

Maximiliano resolvió entonces que era un hombre de honor y que no abdicaría. El 8 de octubre de 1866 respondió a Napoleón III que

> en cuanto a la parte política de su carta, mi conciencia no me permite más que responder a usted de una manera decisiva a vuestra majestad. Mi posición me impone deberes que me obliga a permanecer en la línea de conducta de la cual depende el bienestar de tantos fieles aliados.

Una vez fortalecido en su decisión, Maximiliano volvió a la Ciudad de México. El 1 de diciembre anunció que continuaba en el poder y que convocaría a un congreso de todos los partidos para que decidiera si habría de continuar el imperio. Decretó formar tres cuerpos de ejército, al mando de Miguel Miramón, Leonardo Márquez y Tomás Mejía.

Miramón y Márquez habían cumplido su palabra; formaron las tropas con más de 10 mil hombres ayudados por la iglesia y la llamada aristocracia. Maximiliano cometió otro gran error al aceptar como sus oficiales al asesino Márquez, al traidor Miramón y al obsesivo cacique de Sierra Gorda, Mejía. Pero Maximiliano ya no tenía otras opciones.

Los tres plazos en que los franceses debían salir de México eran noviembre de 1866, marzo y noviembre de 1867, pero el emperador francés cambió de opinión y resolvió que todo el ejército saliera en los primeros meses de 1867. El 10 de enero de 1867, Castelnau recibió órdenes de embarcar las legiones extranjera, austriaca y belga. El 13 se celebró consejo de estado, durante el cual Alejandro Arango y Escandón reprodujo, dirigiéndose a Bazaine, las palabras de Paulo IV (cuando en el siglo XVI declaró y perdió la guerra a Felipe II, con apoyo de los franceses): "Idos: nada importa. Habéis hecho muy poco por vuestro soberano; menos aun por la iglesia; nada, absolutamente nada, por vuestra honra."

Juárez se dirige al sur

Las operaciones militares comenzaban a cambiar de signo. El ejército liberal conquistaba triunfos y, para finales de 1866, el área de influencia del imperio quedaba limitada a los estados centrales cercanos a la Ciudad de México.

En medio de la euforia del triunfo, el gobierno de Juárez dio fin a su larga estancia en Chihuahua y se dirigió hacia el sur, llegando a Durango en diciembre y a Zacatecas en enero de 1867. En Zacatecas la población lo recibió con grandes fiestas y le obsequió un bastón, costeado por una colecta pública. Juárez lo apreció mucho por el simbolismo que encerraba: el de un cetro o bastón de mariscal que el pueblo le otorgaba. Cuando Miramón de modo sorpresivo apareció con su ejército muy cerca de Zacatecas, los oficiales, conocedores de las violentas cargas del general conservador, presionaron a Juárez para que huyera de inmediato. Juárez no les hizo el menor caso. Con toda calma recogió sus papeles, montó en su caballo "el Relámpago" y atravesó al paso la ciudad, en compañía de Iglesias y Lerdo. Una vez fuera espoleó su caballo y en una nube de polvo se perdió por el camino de Jerez. Antes ordenó que su coche tomara el rumbo de Fresnillo. Miramón sabía que Juárez siempre viajaba en su coche y ordenó atraparlo; al rodearlo descubrieron que estaba vacío. El presidente se le había escapado. El mismo Juárez reconoció más tarde que su huida se logró con un escaso margen y que si hubieran permanecido en la ciudad sólo 15 minutos, habrían sido atrapados.

Maximiliano estaba convencido de que Juárez y su gabinete habían sido detenidos durante la toma de Zacatecas. Le escribió a Miramón que en el caso de que se apoderaran de Juárez, Lerdo, Iglesias o Miguel Negrete, los hiciese juzgar y condenar por consejo de guerra, conforme a la ley del 4 de noviembre último pero que no se ejecutara la sentencia antes de recibir su aprobación. Sin saberlo, con este decreto, Maximiliano firmaba de nuevo su propia sentencia de muerte. Probablemente esa orden influyó en la decisión que Juárez habría de tomar luego de la captura de Maximiliano. Por fortuna la captura del presidente no tuvo lugar y nos queda la duda de qué fin hubiera dispuesto Maximiliano en caso de haber sido capturado y juzgado Juárez.

Las fuerzas republicanas recapturaron Zacatecas y persiguieron y derrotaron al ejército de Miramón en San Jacinto, el 6 de enero. Juárez regresa a Zacatecas y a galope llega a la casa de huéspedes en que estuvo alojado. Encuentra sus cosas destrozadas y regadas en el suelo pero descubre intacto su bastón. Con gran satisfacción acaricia su empuñadura y enarbolándolo irrumpe en la plaza a recibir los vítores de la multitud. A fines de febrero Juárez llegó a San Luis Potosí, esperando seguir avanzando hacia el centro de la república.

Entre tanto Maximiliano, renovada su convicción de poder seguir reinando, se negó a contestar una última carta de Bazaine, quien a la cabeza de las últimas tropas francesas que abandonaban México, le escribió desde Puebla suplicándole que abdicara y le ofreció llevarlo a Europa. El emperador, abandonado a su suerte, decidió entonces asumir el mando personal de sus tropas y cambiar su centro de operaciones de la Ciudad de México a Querétaro.

La ambigüedad de Maximiliano

La ambigüedad de Maximiliano se debía a una contradicción inherente entre sus aficiones personales y sus responsabilidades de gobierno. Por nacimiento, estaba llamado a reinar pero sus inclinaciones íntimas lo llevaban al estudio y a la investigación. Durante su viaje a Querétaro, en su último intento de salvar su agonizante imperio, su comitiva es asaltada por fuerzas republicanas. Maximiliano escribe a Bilimeck:

> ¡Cuánto me pesa que las ciencias pacíficas no puedan florecer y prosperar al lado de Marte! Hallaría usted, mi digno

amigo, por todo el camino y en este bello y cálido Querétaro cosas preciosísimas. Mientras zumbaban en torno nuestro las balas en el ameno bosque de Calpulalpan, vi revolotear tranquilamente las mariposas más espléndidas; aquí en Querétaro hemos descubierto una nueva especie de chinches, *Cimex domesticus Queretri*, que según parece tiene un doble aparato perforante y aspirante y es el asombro de todos los recién llegados. Si hubiese podido traerme algunos vidrios, le habría yo guardado a usted, a despecho de todas mis ocupaciones guerreras, algunos ejemplares de estos maravillosos animalejos.

En esos trágicos momentos, Maximiliano el naturalista, descubre con entusiasmo a una chinche sin duda pariente cercana de las que lo acosaron en su lecho de Palacio Nacional su primera noche en la Ciudad de México.

Más tarde, ya sitiado Querétaro, Maximiliano daba instrucciones, en caso de desastre, a uno de los principales promotores de su perdición, el padre Fischer. Pero ¿quién era este personaje?

El sórdido Agustín Fischer

En *El libro de los desastres* relaté lo siguiente: Agustín Fischer era un alemán que en 1848 tenía 40 años. Emigró a los Estados Unidos. Protestante, se fue a Texas, trabajó como agricultor y escribiente miserable; también participó con poca fortuna en la fiebre de oro de California. Más tarde abandonó el protestantismo, se hizo clérigo y fue secretario del obispo de Durango sin por ello abdicar de una vida relajada. En 1863 se instaló en México y al año siguiente buscó la ocasión de acercarse a Maximiliano. Como hablaba alemán y conocía bien a México, el emperador le encargó un informe sobre la situación del país. Fischer, hombre persuasivo y de notable inteligencia, redactó el informe en un brillante estilo.

Desde luego, sedujo al impresionable emperador quien no sólo lo nombró capellán honorario de la corte, sino que en octubre de 1865 le dio una carta autógrafa para el papa, cuyo propósito era concluir un ansiado concordato. Maximiliano desconfiaba de su delegación en el Vaticano. El papa se mantuvo inflexible pero Fischer engañaba a Maximiliano en sus cartas, donde destacaba la relevancia de su gestión, le hablaba de la amante del cardenal Antonelli, refería que "el cardenal Alfieri vendería cuerpo y alma a cualquiera que lo ayudase a conseguir la Tiara Pontificia" y describía los bailes nocturnos de los cardenales. La lectura de estas misivas pérfidas, donde también se criticaba al clero mexicano, fascinaba a Maximiliano.

Al regresar Fischer a México, la situación había empeorado. Maximiliano le dio un cargo en la Secretaría Imperial. Fischer intervenía en todos los asuntos de un modo decisivo.

El leal consejero Herzfeld, conocedor de la situación, rogó a Maximiliano que abdicara y saliera de México sin tardanza. Fischer, por el contrario, le aconsejó quedarse en México, entenderse con los Estados Unidos y convocar a un congreso nacional donde se decidiera la futura forma del gobierno mediante una tregua en la guerra; imposible quimera dado el estado del país, casi dominado por los ejércitos juaristas.

Al último, ya cercado Maximiliano en Querétaro, escribió a Fischer para decirle que si, por los azares de la guerra, la ciudad quedaba desprotegida, Fischer debía entregar los objetos personales del emperador a la embajada inglesa o a la austriaca, y quedaba autorizado a llevarse los libros, las listas de condecoraciones y... el vino de Borgoña. Terminaba su carta así: "Que dios lo acompañe. Aquí, a pesar de todas las dificultades, estamos contentos y con buen ánimo y sólo nos molesta mucho el proceder de las débiles y viejas pelucas de México, que de puro miedo y vileza comenten abiertas traiciones. Espero que nos veamos pronto y alegremente."

Fischer fue uno de los causantes de la perdición de Maximiliano al incitarlo a quedarse en México y también un consumado bibliógrafo. Durante su estancia en México tuvo oportunidad de comprar o robar libros y manuscritos, entonces muy abundantes. Su conocimiento de Europa le permitía saber cuánto valían allá ciertos ejemplares, como los primeros impresos del siglo XVI, no sólo novohispanos sino de todo el continente americano.

Fischer comprendió muy bien el sentido del último regalo de su emperador —libros, vino y la ayuda de dios, el cual abandonó a Maximiliano por su impío liberalismo pero protegió a su capellán—: Fischer logró embarcar hacia Francia su biblioteca personal de 8 mil volúmenes y todos los libros de la biblioteca Andrade en 200 cajas, junto con sus botellas de vino de Borgoña. Fischer había buscado oro inútilmente en California y lo encontró en los libros de México.

Unos libros volvían a Europa, de donde salieron; otros, la mayoría, hicieron su primer viaje sin boleto de regreso. Fischer organizó una primera venta en París el 3 y el 4 de noviembre de 1868, y al año siguiente remató 2 mil 963 libros en Londres a través de los libreros Puttick y Simpson. Fernández de Córdoba escribe que de todos los incunables del siglo XVI —excepto dos y algunos manuscritos— algunos fueron adquiridos por el Museo Británico y la mayor parte por los agentes del millonario norteamericano Bancroft. Un sobrante quedó en poder de dos coleccionistas.

Fischer tuvo el descaro de volver a México. Se le perdonaron sus robos y su imperialismo y, reincidente, juntó una nueva biblioteca. Urgido de dinero, solicitó un préstamo al librero Harris de Nueva York mediante la garantía de algunas joyas bibliográficas. Murió oscuramente en México y, como nunca pagó la deuda, Harris vendió una gran parte de los libros. Desde 1862 se ofrecen, solemnes y codiciables, a los lectores de la New York Public Library. El resto se remató en México. García Icazbalceta se encargó de redactar su epitafio: "Si este curita no muere, se habría llevado al país entero. Con melancolía debemos apostillar que con Fischer o sin él hubiéramos perdido estos tesoros. Él fue un notable pescador de aguas revueltas; a nosotros se nos escapaban los peces."

El sitio de Querétaro

Con el traslado del gobierno de Maximiliano a Querétaro, Juárez ya tenía despejado el camino. En San Luis Potosí escribe a Santacilia:

> Maximiliano se halla ya en Querétaro con Márquez, Mejía, Miramón, Méndez y Castillo, con cerca de 10 mil hombres de las tres armas. Escobedo está en San Miguel Allende. Pronto se le reunirán Corona y Régules. Escobedo tiene una confianza ciega en el triunfo. El día 13 de febrero de 1867, Porfirio Díaz estaba en Huamantla. A la fecha debe estar ya en el valle de México.

Mariano Escobedo fue nombrado para organizar la nueva campaña contra Querétaro y la Ciudad de México. Finalmente, el 19 de febrero, el general Escobedo sitió Querétaro al mando de 40 mil hombres. Los sitiados pelearon con valor y resistieron por más de tres meses. Nombrado lugarteniente del emperador y portando su abdicación para el caso en que fuera hecho prisionero, Márquez escapó hacia la capital en un intento desesperado de conseguir recursos y defender el imperio agonizante pero ya no había nada que hacer por los defensores de Querétaro.

Porfirio Díaz acababa de abrirse el camino de la Ciudad de México gracias a las batallas de Miahuatlán y La Carbonera. El 2 de abril de 1867 tomó Puebla por asalto, luego derrotó a Márquez en San Lorenzo y lo cercó en la capital. Privó así a Maximiliano de su única esperanza de salvación. En Querétaro se ignoraba lo sucedido y se continuaba esperando verle aparecer en ayuda del ejército sitiado.

Por su parte, Miramón planeó, con aprobación de Maximiliano, romper la línea enemiga y salir de la ciudad con la resolución de escapar a la trampa o morir. En cambio Mejía y Méndez se inclinaban por la capitulación. Por su parte Escobedo, que conocía los propósitos de los imperialistas, concibió un plan: permitir el avance de los sitiados y una vez logrado cercarlos y destruirlos. Sin embargo, el desenlace fue menos heroico: el 15 de mayo, la traición de uno de los oficiales mexicanos hizo fracasar la tentativa y apuró el final. Miguel López, coronel del regimiento de la emperatriz y favorito de Maximiliano, quien se encontraba al mando en el cerro de La Cruz, se entrevistó con Escobedo y le entregó su posición a los republicanos. Ocupado el convento de La Cruz, la plaza estaba perdida.

Se habla mucho de la traición de López. Unos dicen que actuó por órdenes de Maximiliano, otros aseguran que traicionó a su soberano. Otros más afirman que López entró al monasterio gritando "estamos perdidos, sálvese quien pueda". Todo esto provocó un prolongado debate pero con traición o sin ella Maximiliano estaba perdido. Veinte años después del sitio de Querétaro, como todos los periodistas y escritores acusaban al general Escobedo de ser cómplice de la traición de Miguel López, Escobedo decidió romper su silencio obstinado y escribió un folleto enviado al presidente de la república, donde relataba "lo que verdaderamente ocurrió en Querétaro":

> El día 14 recorría yo la línea de sitio. A las siete de la noche un ayudante del coronel Julio M. Cervantes vino a comunicarme de orden de su jefe, que un individuo procedente de la plaza, y que se encontraba en el puesto republicano, deseaba hablar conmigo. En el acto me dirigí al punto indicado en donde me presentó el coronel Cervantes al coronel imperialista Miguel López, jefe del regimiento de la emperatriz. Este me manifestó que había salido de la plaza con una comisión secreta que debía llenar cerca de mí, si yo lo permitía. Al principio creí que el citado López era uno de tantos desertores que abandonan la ciudad para salvarse, y que su misión secreta no era más que un ardid de que se valía para hacer más interesantes las noticias que tal vez iba a comunicarme del estado en que se encontraban los sitiados; sin embargo, accedí a hablar reservadamente con el coronel imperialista Miguel López, apartándome a distancia del coronel Cervantes y los ayudantes de mi estado mayor que me acompañaban. Entonces brevemente López me comunicó que el emperador le había encargado la comisión de procurar una conferencia conmigo, y que al concedérsela me significara de su parte que, deseando ya evitar a todo trance que se continuara por su causa derramando la sangre mexicana,

pretendía abandonar la plaza, para lo cual pedía únicamente se le permitiera salir con las personas de su servicio y custodiado por un escuadrón del regimiento de la emperatriz hasta Tuxpan o Veracruz, en cuyos puertos debía esperarle un buque que lo llevaría a Europa, asegurándome que en México al emprender su marcha a Querétaro había depositado en poder de su primer ministro su abdicación.

Para satisfacción suya, y para que estuviera yo en la inteligencia de que sus proposiciones eran de entera buena fe, me manifestó el coronel López que su Soberano comprometía para entonces y para siempre su palabra de honor de que al salir del país no volvería a pisar territorio mexicano, dándome, además, en garantía de su propósito, cuantas seguridades se le pidieran, estando decidido a obsequiarlas.

Mi contestación a López fue precisa y decisiva, concretándome a manifestarle que pusiera en conocimiento del archiduque que las órdenes que tenía del supremo gobierno mexicano eran terminantes, para no aceptar otro arreglo que no fuera la rendición de la plaza sin condiciones [...] El comisionado del archiduque volvió a reanudar la conferencia que yo ya creía terminada, diciéndome que el emperador le había dado instrucciones para dejar terminado el asunto que se le había encomendado, de todas maneras, en caso de encontrar resistencia obstinada por mi parte. En seguida me reveló de parte de su emperador que ya no podía ni quería continuar más la defensa de la plaza, cuyos esfuerzos los conceptuaba enteramente inútiles; que en efecto, estaban formadas las columnas que debían forzar la línea de sitio; que deseaba detener esa imprudente operación, pero que no tenía seguridad de que se obsequiaran sus órdenes por los jefes que obstinados en llevarla a cabo ya no obedecían a nadie, que no obstante lo expuesto, se iba a aventurar a dar las órdenes para que se suspendiera la salida; obedeciera o no, me comunicaba que a las tres de la mañana dispondría que las fuerzas que defendían el panteón de la Cruz se reconcentraran en el convento del mismo; que hiciera yo un esfuerzo cualquiera para apoderarme de ese punto en donde se me entregarían prisioneros sin condición... López se retiró a la plaza llevando la noticia al archiduque de que a las tres de la mañana se ocuparía la Cruz, hubiera o no resistencia.

La plaza de Querétaro fue entregada, en una noche de fantasmas. Nadie reconocía a nadie. En la oscuridad López guió a las fuerzas republicanas, al mando del general Francisco A. Vélez, y mediante una estrategia de cambio de guardias imperiales por republicanos, sin disparar un tiro, les entregó el convento de La Cruz. Ocupado ese punto, la plaza estaba perdida.

López comisionó al teniente coronel Yablouski para que se dirigiera a las habitaciones del emperador y le informara de los sucedido. Maximiliano, al enterarse de la toma, con toda calma se vistió, salió de su refugio y se dirigió a pie hasta que un oficial le prestó su caballo y llegó al Cerro de las Campanas, en compañía del general Castillo, del príncipe de Salm Salm y del ayudante Pradillo. Hay versiones de que los republicanos lo vieron pero que López lo protegió para que no fuera detenido. En el Cerro de las Campanas se fueron reuniendo tropas y altos mandos. Maximiliano aguardaba con impaciencia a Miramón, con el plan de romper alguna de las líneas de los sitiadores y abrirse paso. En aquel momento llegó el regimiento de la emperatriz, a la cabeza el coronel Pedro González, quien le informó que Miramón había sido herido de gravedad y que lo estaban operando en una casa privada de Querétaro. Miramón había salido temprano de su casa y se dirigía hacia La Cruz cuando se enteró que la posición había sido ocupada. En el camino encontró un destacamento republicano, resultando herido en la mejilla derecha. Disparando el último tiro, logró escapar y entró en la casa del médico José Licea, pero fue visto por un liberal y posteriormente hecho prisionero.

Entretanto, guiados por López, los republicanos se apoderaron uno a uno de todos los puntos importantes hasta que por último la artillería sitió el Cerro de las Campanas. Los republicanos, dueños ya de la situación, echaron las campanas a vuelo y surgieron por todas las calles, cercando cada vez más a los desconcertados imperiales. A las ocho, una bandera blanca ondeaba en la cima del cerro.

Maximiliano, rodeado de sus adversarios, pidió diálogo y se rindió. Exclamó insistentemente que si se necesitaba sangre, se tomase la suya. El general Ramón Corona hizo prisionero al emperador y a sus generales Miramón y Mejía, llevándoles frente a Escobedo, a quien Maximiliano entregó su espada. El emperador pidió al general Escobedo se le permitiera salir del país en compañía de su séquito y de sus mandos militares pero el jefe de los republicanos le contestó que no competía a él la suerte de los prisioneros, sino al gobierno de la república, y lo mandó preso al convento de La Cruz y de allí al de Santa Teresa.

Los hermanos Rincón Gallardo visitaron a Maximiliano y uno de ellos le reveló que fue Miguel López quien les había franqueado la entrada a La Cruz. El archiduque no mostró sorpresa ni hizo el menor comentario, lo cual era muy sospechoso. El general Escobedo visitaba a los prisioneros dos veces a la semana. En una de sus pláticas Maximiliano le rogó que le diera su palabra de honor de que nada hablaría de su enviado López, pues era para él deshonroso. Escobedo se la dio, compadecido de su próxima muerte.

Todo el problema se debió a que Maximiliano consideraba un deshonor el haber enviado a López frente a Escobedo con la finalidad de evitar que corriera más sangre por su causa, cuando en realidad era algo honroso aunque totalmente fuera de la doctrina y del código militar de combatir hasta la muerte.

El 24 de mayo son trasladados Maximiliano, Miramón y Mejía al ex convento de Capuchinas y principió su proceso. Se les incomunicó mientras se organizaba e instalaba el consejo de guerra. Pero hasta ahí pudo llegar la princesa Salm Salm, en un intento desesperado de salvar a Maximiliano.

La intriga de la princesa Salm Salm

La princesa Salm Salm era una hermosa neoyorkina, amazona acrobática de un circo, que al casarse con el príncipe Salm Salm tomó el nombre de princesa. El príncipe era un militar valeroso que vino a México con Maximiliano. Enterada de que su esposo y Maximiliano habían caído presos intentó llegar a Querétaro pero la familia inglesa Hube, residente en Tacubaya y a cuyo cuidado estaba la princesa, se oponía temerosa de que corriera peligros mortales. Todavía Márquez ocupaba el centro de la capital, mientras el ejército de Porfirio Díaz acampaba en la Villa de Guadalupe, temeroso de que "El Tigre de Tacubaya" se le escapara.

La princesa trató de hablar con Porfirio Díaz, quien rechazó su oferta. Miles de capitalinos pobres y ricos trataban de huir de la ciudad y formaban una multitud desesperada. Afortunadamente llegó de Querétaro el general liberal Baz, conocido de Porfirio Díaz y amigo de la princesa y le pidió un pasaporte para salir a Querétaro, a lo que finalmente accedió Díaz.

Todas las garitas estaban ocupadas y en dos ocasiones le dispararon rozándole la cabellera. Durante el camino vio a un hombre colgado de un árbol, bañado en sangre y aterrorizada volvió la vista y halló otro hombre ahorcado. Se trataba de dos oficiales que habían violado y asesinado a una joven mujer.

A su llegada a Querétaro, Escobedo la trató con mucho respeto y confiando en ella, le permitió visitar a Maximiliano y a su marido, que estaban presos en el convento de las Capuchinas.

La princesa concibió con la ayuda de su esposo un plan para salvar al emperador, ofreciendo a dos coroneles 100 mil duros a cada uno, si ayudaban a la fuga de Maximiliano, quien una vez liberado se dirigiría a Veracruz, que estaba aún en poder de los imperialistas. Dio a conocer su proyecto a Maximiliano, quien firmó dos libranzas de 100 mil duros cada una, que debían ser pagadas por la casa y familia imperial de Austria en Viena. El archiduque prestó a la princesa su anillo con el sello imperial.

De acuerdo con el plan se intentó convencer al encargado de la vigilancia especial de los prisioneros, Miguel Palacio, un indio que apenas sabía leer —diría la princesa— pero que es al mismo tiempo un soldado valiente. "Tiene una mujer joven que hacía poco le había dado a luz un niño que amaba más que a sí mismo." La princesa sabía que Palacio "no poseía ninguna fortuna y por tanto yo abrigaba la esperanza de que con asegurar a su hijo un porvenir lo haría entrar en mis proyectos". La princesa le habló del porvenir de ese hijo amado y le entregó una letra de cambio y el anillo con el sello del emperador. Palacio disimuló la sorpresa que le produjo la propuesta y le contestó que no podía aceptar el anillo ni la letra de cambio, que debía meditar todo maduramente y se despidió prometiendo una respuesta. Concluida la entrevista, Palacio habló con Escobedo y le refirió los planes de la princesa. Entretanto, la princesa ya había abordado también al otro coronel, de nombre Ricardo Villanueva, quien también reveló el plan de la princesa.

Todo convenido para la fuga del emperador, la princesa al despertar vio su casa rodeada de guardias y un oficial le dijo que el general Escobedo quería hablar con ella. Estaban en un salón varios oficiales cuando entró el general Escobedo, y con aire sarcástico y sombrío le dijo que el aire de Querétaro no parecía serle muy benéfico. Ella respondió que nunca había estado mejor de salud que en Querétaro y el general encolerizado le replicó que encontraba muy mal de su parte y contrario a todo sentimiento de gratitud y de honor que, después de sus bondades que le había mostrado, ella había tratado de sobornar a sus oficiales poniéndose en una situación penosa. La princesa le contestó: "No he hecho nada de que tenga que avergonzarme y usted en mi posición habría hecho lo mismo." Después de algunas palabras, el general no quiso oír más y se retiró entre las risas de los oficiales.

Al salir la princesa desencantada y furiosa, ya le esperaba en la puerta un coche con cuatro mulas que la llevarían hasta su casa. La princesa, al llegar, abrió la puerta y el oficial de la escolta la cerró con estrépito e hizo un ademán como si quisiera detenerla por la fuerza. La princesa se encolerizó tanto que sacó de su bolsa un pequeño revólver que siempre la acompañaba y apuntó al pecho del oficial gritándole: "¡Capitán, tóqueme usted sólo un dedo y usted será muerto!" El capitán se disculpó diciendo que no pensaba emplear la fuerza pero que el general Escobedo lo había hecho responsable de su persona, con la orden estricta de no perderla de vista. La princesa le contestó que no lo invitaba a subir con ella porque debía dejarle algún tiempo para hacer sus preparativos y para empacar. El pobre oficial no sabía qué hacer y juzgó conveniente volver al cuartel general de Escobedo para preguntar lo que debía hacerse. Media hora después regresó diciéndole que el general lo había recibido muy mal, amenazándolo con mandarlo arrestar si no la hacía salir de la ciudad y que tenía que acompañarla hasta Santa Rosa, al lado de la Sierra Gorda. En ese momento llegó un criado con un mensaje de Maximiliano, que deseaba verla en el momento. Ella suplicó que la dejaran escribir algunas líneas pero el oficial se rehusó y el criado tuvo que salir.

La princesa todavía pidió que se le permitiera despedirse del emperador, a lo que también se opuso Escobedo. Ya adentro del coche llegó un capitán que le gritó al cochero: "¡Al cuartel general!" Dice la princesa:

> Al oír este grito, di un brinco fuera del coche y encima de Margarita, mi criada, de Jimmy el caballo y del baúl, me opuse con toda mi fuerza a ir allá y ver a Escobedo, diciendo que no tenía ningunas ganas de exponerme otra vez a la mofa y sarcasmos de sus oficiales y que él mismo podía venir a mi casa si deseaba hablarme.

Al día siguiente fue conducida al pueblo de Santa Rosa, situado entre San Miguel de Allende y Querétaro. Momentos después se dirigió a la princesa a San Luis Potosí para intentar convencer a Juárez de que indultara a Maximiliano.

La euforia republicana

La reacción eufórica de Juárez no se hace esperar y grita:

> ¡Viva México! ¡Querétaro está en nuestro poder! A Maximiliano, Mejía y Miramón se les ha mandado juzgar en consejo

de guerra, conforme a la ley de 25 de enero de 1862. Pudiera habérseles ejecutado con sólo la identificación de sus personas por hallarse en el caso expresado en la citada ley; pero el gobierno ha querido que haya juicio formal en que se hagan constar los cargos y las defensas de los reos. Así se alejará toda imputación de precipitación y encono que la mala fe quiera atribuirle. Probablemente, la semana inmediata quedará terminado el juicio.

Escobedo nombró fiscal al licenciado y teniente coronel de infantería Manuel Azpiroz, quien el 13 de junio pidió que fueran fusilados "por delitos contra la independencia y seguridad de la nación, el orden y la paz pública, el derecho de gentes y las garantías individuales". Ese mismo día se reunió en el teatro Iturbide de Querétaro, muy adornado con banderas e insignias liberales, el consejo de guerra presidido por el teniente coronel Rafael Platón Sánchez. Maximiliano tuvo como defensores a los abogados de mayor reputación. Debemos recordar que Bazaine, ante la resistencia de los liberales, hizo firmar a Maximiliano un decreto infame. Todo mexicano sorprendido con armas sería fusilado dentro de un lapso de 24 horas. A Maximiliano, en cambio, se le concedió un juicio y, como hemos visto, lo defendieron los mejores abogados de México. El archiduque estaba enfermo y por ningún motivo deseaba asistir al tribunal. Únicamente asistieron Miramón y Mejía al juicio que duró del 24 de mayo al 14 de junio. Mejía alguna vez había salvado en combate la vida de Escobedo, quien trató de salvarlo sin ningún éxito.

El resultado del juicio estaba previsto de antemano conforme a la ley del 25 de enero y a nadie sorprendió que se diera el fallo de pena de muerte el 15 de junio. A nadie, excepto a Maximiliano, quien no creyó nunca en el ajusticiamiento. Esperaba de Juárez un indulto hasta el último momento.

Personajes de fuera y dentro de México presionaron a Juárez para que conmutara la sentencia, entre ellos Francisco José, la reina de Inglaterra y Napoleón III, por intermedio de Seward, y lo mismo hicieron por su parte el patriota italiano Giuseppe Garibaldi y el escritor Víctor Hugo. La esposa de Miramón llegó con sus pequeños hijos a San Luis para suplicar el perdón de su esposo. El presidente se negó a recibirla, diciendo a los defensores de los acusados:

> Excúsenme ustedes de esa penosa entrevista, que haría sufrir mucho a la señora con lo irrevocable de la resolución tomada.

A los mismos defensores les hizo saber:

> Al cumplir ustedes el cargo de defensores, han padecido mucho por la inflexibilidad del gobierno. Hoy no pueden comprender la necesidad de ella, ni la justicia que la apoya. Al tiempo está reservado el apreciarla. La ley y la sentencia son el momento inexorables, porque así lo exige la salud pública. Ella también puede aconsejarnos la economía de sangre, y éste será el mayor placer de mi vida.

La princesa se postra ante Juárez

A su llegada a San Luis, la princesa Salm Salm fue recibida por Juárez. Le dijo que estaba al tanto de todo lo ocurrido en Querétaro y que debía resignarse a quedarse en la ciudad bajo vigilancia. Al ser cuestionado sobre la suerte de los prisioneros, Juárez dijo que temía no poder hacer nada por Maximiliano pero que en cuanto a su marido podía estar ella tranquila, pues le empeñaba su palabra de honor que no sería fusilado.

El 14 de junio en la noche llegó la noticia de que la corte había sentenciado a muerte a Maximiliano. Escribe la princesa: "Con labios temblorosos imploré la vida del emperador o al menos una suspensión de la ejecución." El presidente dijo que "no podía conceder ninguna suspensión para no prolongar la agonía del emperador, quien debía morir en la mañana del día siguiente". Al oír estas palabras terribles, la princesa no pudo dominar su dolor, temblando y sollozando cayó de rodillas. Rogaba "con ardientes palabras que provenían del corazón". Y añade que el presidente hizo esfuerzos para alzarla.

> mas abracé sus rodillas y no quise levantarme hasta que no me concediese la vida del emperador. Pensé que debía ganársela luchando. Vi que el presidente estaba conmovido, tanto él como el señor Iglesias tenían los ojos humedecidos de lágrimas. Me dijo en voz baja y triste: "Me causa verdadero dolor, señora, el verla así de rodillas. Mas aunque todos los reyes y todas las reinas estuvieran en vuestro lugar no podría perdonarle la vida. No soy yo quien se la quitó, es el pueblo y la ley que piden su muerte; si yo no hiciese la voluntad del pueblo, entonces éste le quitaría la vida a él y aun perdería la mía también." ¡Oh! exclamé desesperada, si ha de correr la sangre entonces tomad mi vida, la vida de una mujer inútil y perdonad la de un hombre que puede hacer mucho bien en otro país.

Sobre la princesa concluiremos que su marido estuvo unos días preso y después se le dejó libre. Los dos se fueron a los

Estados Unidos. Habían vivido la aventura trágica más grande de su existencia.

La ejecución de Maximiliano

Con firmeza, Juárez se rehusó a perdonar a Maximiliano. Señalado el día de su muerte, Maximiliano, Miramón y Mejía pasaron la mañana en confesarse, oír misa y comulgar. Serenos bajaban por la escalera cuando un oficial agitando las manos les dijo: el presidente les concede tres días más para que arreglen sus negocios y lo que ordena su religión. Maximiliano dijo molesto: "¡Oh, esto es mucha crueldad!"; Miramón dijo algunas palabras con enojo y Mejía nada dijo. Los tres días de plazo los obtuvo de Juárez el barón de Magnus, ministro de Austria en México, quien volvió a Querétaro con el objeto de atender la última voluntad de Maximiliano. El emperador le escribió a su madre, la archiduquesa Sofía, pidiéndole que tomase bajo su protección a doña Concepción Lombargo de Miramón y a sus hijos, para que se hiciera cargo de su educación. También le escribió al papa pidiéndole perdón de las faltas que había cometido como emperador católico. Con anterioridad le escribió una carta al conde de Bombelles, que decía:

> Suplico a V. salude de todo corazón a todos mis queridos amigos, a quien nadie mejor que V. conoce, y les diga a mi nombre, que siempre he obrado fiel a mi honor y a lo que me dictaba mi deber y conciencia, y que únicamente la traición me ha entregado a mis enemigos, después de una defensa larga y penosísima. Mi valiente ejército me ha secundado con lealtad, defendiendo bajo mis órdenes una ciudad abierta, sin provisiones y sin municiones durante 72 días,

contra un enemigo siete veces más numeroso: me faltan palabras para realzar el heroico valor de mis generales, oficiales y soldados. —Dándole a V. mi querido amigo, el último abrazo, quedo suyo afectísimo.— *Maximiliano*.

Llegó al fin el 19 de junio de 1867, fecha fijada para la ejecución. A las cuatro de la mañana acudió el padre Soria y Maximiliano volvió a confesarse con él. Una hora después se celebró la misa en la capilla del convento de Capuchinas, al que asistieron los tres sentenciados, recibiendo el sagrado viático con devoción. Después volvieron a su celda para esperar el momento de ser conducidos al sitio de la ejecución que era el Cerro de las Campanas. A las seis de la mañana una división de 4 mil hombres, al mando del general Jesús Díaz de León, se formaba al pie del Cerro de las Campanas. La población se sumaba en silencio al acto, mientras que los sentenciados subían, cada uno acompañado de un sacerdote, a tres carruajes que habrían de conducirlos a su destino final. El emperador, acompañado del padre Soria, entró primero; Mejía en unión del padre Ochoa, en segundo lugar, y por último Miramón, acompañado del padre Ladrón de Guevara. Cerca de las siete de la mañana llegaron a la colina. Maximiliano se dirigió a Miramón y Mejía y les dijo con cortesía: "Vamos, señores."

Los reos se encaminaron con firmeza al lugar del fusilamiento; allí se dieron un fuerte abrazo de despedida. Maximiliano abrazó a Miramón y a Mejía, diciéndoles: "Dentro de breves instantes nos veremos en el cielo." Maximiliano, antes de ser ejecutado, dijo a Miramón: "General: un valiente debe ser respetado hasta por los soberanos; permitidme, pues, que al morir os ceda el puesto de honor", y lo colocó entre él y Mejía. A éste le dijo: "General: lo que no ha sido premiado en la Tierra, ciertamente lo será en el cielo." Mirando hacia la fila de los espectadores, sonrió a las caras tristes de la primera fila, y cuando el capitán le pidió perdón, le agradeció y le mandó cumplir con su deber. Exclamó: "Voy a morir por una causa justa, la de la independencia y libertad de México. ¡Que mi sangre selle las desgracias de mi nueva patria! ¡Viva México!"

Miguel Miramón, con voz clara y firme, dijo:

Mexicanos: En el consejo mis defensores quisieron salvar mi vida. Aquí, pronto a perderla, cuando ya no me pertenece, cuando voy a comparecer delante de dios, protesto contra la nota de traición que se ha querido arrojarme para cubrir mi sacrificio. Muero inocente de ese crimen, y perdono a los que me lo imputan, esperando que dios me perdone y que mis compatriotas aparten tan fea mancha de mis hijos haciéndome justicia. ¡Viva México!

Enseguida cada uno ocupó su lugar. Miramón en medio, Maximiliano a su derecha y Mejía a su izquierda. Los tres tenían la vista descubierta sin vendar los ojos. El emperador se quitó el sombrero y se limpió la frente con el pañuelo, dando ambos objetos a su criado Tudos, para que se los entregara a su madre, la archiduquesa Sofía. Separó su barba con ambas manos, echándola hacia los hombros, y mostrando el pecho a los soldados les encargó que no le diesen en la cara. Miramón, señalando con la mano el sitio del corazón, dijo: "Aquí" y levantó la cabeza. Mejía nada dijo, y cuando vio que los soldados iban a hacer fuego, separó de su pecho la mano en que tenía el crucifijo y esperó la descarga. Los soldados apuntaron al pecho de las víctimas y el oficial a cargo dio la voz de ¡Fuego!... Se oyó la descarga y los tres cayeron en tierra. El emperador cayó del lado derecho, pero no enteramente muerto, pues alcanzó a decir: "¡Hombre!, ¡hombre!", moviéndose ligeramente. Entonces el oficial le colocó boca arriba y señalando a uno de los soldados el punto del corazón, recibió el tiro de gracia. También sobre el general Mejía fue preciso hacer dos disparos más para que acabase de morir. La muerte del general Miramón fue instantánea.

Así, antes de morir, Maximiliano había perdido su liberalismo al pedirle perdón al papa por sus pecados como monarca católico. Miramón trató de quitarse el título de traidor, que lo fue al servicio del usurpador, el cargo de presidente que pretendió ejercer contra Juárez, el legítimo mandatario y firmó el tratado con Jecker o con España, lesionando a la patria. Sólo Mejía, como buen indio, nada dijo.

Luego que tuvo lugar la ejecución del emperador de México y de sus colaboradores, el gobierno expidió un manifiesto en el que declaraba:

Fernando Maximiliano de Habsburgo, gran duque de Austria y aliado de Napoleón III de Francia, vino a México para robar el país su independencia y sus instituciones; y aunque era un mero usurpador de la soberanía nacional, asumió el título de emperador. Habiendo sido capturado el usurpador por las fuerzas republicanas en Querétaro, el 15 de mayo de 1867, fue sentenciado a muerte por una corte marcial militar, con la concurrencia de la nación y fue fusilado por sus crímenes contra la independencia de la nación, en Querétaro, el 19 de junio de 1867, en compañía de los generales Miramón y Mejía. Que sus cenizas descansen en paz.

Maximiliano deseaba ser embalsamado y llevado al panteón de sus ancestros en Viena, y como no tenía dinero, solicitó a un rico amigo suyo de Querétaro le prestara alguna suma que le sería pagada por su familia imperial. Hemos visto que en su fusilamiento pidió que no le tocaran el rostro y el tiro de gracia se le dio sobre el corazón. Tal vez por torpeza de los médicos le faltaba un ojo y a falta de uno azul le pusieron el negro de una muñeca o de un santo.

El cadáver embalsamado de Maximiliano fue depositado en el hospital de San Andrés, en la Ciudad de México. Ahí fue a verlo una noche Juárez. A solicitud oficial de Beust, canciller del imperio austriaco, el gobierno entregó los restos al vicealmirante Tegetthoff, quien zarpó con ellos de Veracruz en el *Novara*, el 28 de noviembre de 1867. Más tarde serían trasladados a Viena para hacerles suntuosas honras fúnebres.

Maximiliano íntimo

José Luis Blasio, secretario particular del emperador, en su libro *Maximiliano íntimo*, alude a una conversación que sostuvo con Antonio Grill, el camarista de su majestad. En el camino de Querétaro a México, luego de la caída del imperio,

> hablábamos con frecuencia del alejamiento que existía entre las dos majestades, aun cuando ante los ojos de todo el mundo parecía reinar entre ellos la mejor armonía. Comuniqué a Grill la observación que repetidas veces había yo hecho, relativa a la separación de lechos, y entonces Grill, que desde Miramar había visto de cerca a los soberanos, me refirió que allí todavía se les veía enamorados y siempre juntos; pero que después, en un viaje a Viena, pasó algo que vino a echar para siempre por tierra aquella unión conyugal. Desde entonces, eran ante el mundo los mismos esposos

amantes y cariñosos; pero en la intimidad no existía ya tal cariño ni tal confianza, y desde entonces también Grill pudo observar su separación.

Como yo lo había imaginado desde un principio, una infidelidad del emperador había llegado a los oídos de la emperatriz y ésta, herida en su altiva alma de soberana y de mujer hermosa, sin buscar naturalmente un escándalo, se propuso observar para con su marido la regla de conducta que durante todo el tiempo observó en México. Esto era muy fácil suponerlo así; pero el emperador, que se encontraba en la plenitud de la edad, y en pleno vigor viril, dada su alta posición social y política, su notable belleza varonil, sus exquisitas maneras, su talento natural, su temperamento soñador y su alma de artista, ¿era posible creer ni por un momento que hubiera vivido en absoluta castidad, durante su permanencia en México, donde había fascinado sólo con su presencia a tantas mujeres hermosas y distinguidas?

–Yo, agregué, nunca pude observar la más mínima señal de que tuviera alguna aventura amorosa; ¿y Ud. Grill? pregunté al camarista.

–Usted nunca ha podido observar nada, me contestó; pero yo sí he visto mucho, la recámara del emperador ha sido visitada muchas veces por damas elegantísimas de la corte, que han entrado a ella con todo misterio y que han salido también tan misteriosamente que sólo yo las vi sin saber muchas veces quiénes eran. ¡Cuántas de ellas sin embargo, a quienes nadie hubiera creído capaces de un desliz, han accedido a los deseos de su majestad!

Le pregunté con mi natural curiosidad los nombres de algunas de ellas; pero Grill se resistió a decírmelos y jamás los he sabido.

–Está bien, repliqué, en México era relativamente fácil guardar el misterio, pues cualquiera de las damas a que usted se refiere, pudo muy bien esperar la hora del pastor en la puerta secreta del baluarte, ¿pero en Chapultepec?, ¿en Cuernavaca?

A lo que Grill me contestó.

–En Cuernavaca, si bien el cuerpo de guardia se encontraba en el primer patio, y no hubiera dejado de observarse la entrada o salida de una mujer ¿no vio usted nunca en el muro del jardín, una puertecita muy estrecha por la que apenas cabía una persona?, pues bien esa puertecita que siempre se encontraba cerrada, podría hacer a usted muchas y muy curiosas revelaciones respecto a las personas que por ella pasaban. En cuanto a Chapultepec sí puedo asegurar a usted, que allí jamás penetró una mujer a las habitaciones de su majestad.

Los funerales de Maximiliano en Viena

Al morir Maximiliano recobró su título de archiduque. Del *Novara* su féretro fue llevado a Trieste. La lancha que conducía su ataúd al puerto estaba cubierta con ricos paños negros y en la proa se alzaba un ángel en pie con las alas abiertas y llevando una corona de laurel en las manos. En la popa se veían las insignias del imperio mexicano y el austriaco unidas.

En un Trieste lleno de dolor el ataúd fue conducido en un ferrocarril especial a Viena, donde llegó por la noche del día siguiente. Atravesó la comitiva la capital del imperio, en medio de una valla de lacayos, llevando hachones. En las calles se alzaban altos mástiles con lámparas que daban majestuoso aspecto a una Viena completamente nevada.

A las nueve y media de la noche llegó el cortejo al palacio imperial con el féretro cubierto de nieve. El ataúd se depositó a la entrada del palacio, donde esperaban la archiduquesa Sofía y los hermanos de Maximiliano. La archiduquesa, sollozando, se abrazó al ataúd de su amado hijo y vio su rostro a través de un cristal.

A la media noche, el féretro fue llevado a la capilla imperial de la corte, donde se había improvisado la capilla ardiente. Se colocó sobre un catafalco formado con paños negros y rodeado por 200 cirios. Allí permaneció expuesto el cadáver un día, donde desfilaron todos los habitantes de Viena y de sus alrededores.

Al día siguiente, el 20 de enero de 1868, a las tres de la tarde, fue llevado el cadáver a la cripta de las Capuchinas, donde están sepultados casi todos los miembros de la dinastía austro–húngara.

Las tropas formaban valla en todas las calles del tránsito, por donde una multitud se arremolinaba para mirar por última vez el féretro de Maximiliano.

El almirante Tegetthoff caminaba a la cabeza del cortejo, acompañado de su estado mayor; atrás venía el lujoso carro fúnebre tirado por ocho caballos cubiertos con paños negros y llevados por enlutados palafreneros.

En ambos flancos caminaba una compañía de marineros, que habían viajado en buques mandados por el archiduque, y detrás venía una gran comitiva compuesta de oficiales, diplomáticos, chambelanes y altos dignatarios de la corte.

Cerraban la marcha los representantes de todas las potencias de Europa. En las puertas de la iglesia de las Capuchinas, el emperador de Austria y los demás miembros de la familia imperial recibieron el ataúd.

Al funeral de Maximiliano no acudieron los imperialistas mexicanos a los que el emperador había prodigado tantos favores. Sólo se dieron cita tres nacionales: Gregorio

Barandiarán, ministro de México en Viena, su secretario Ángel Núñez y su secretario particular José Luis Blasio.

Yo he visitado dos veces la cripta de las Capuchinas y lo que más admiré fue el sepulcro de la emperatriz María Teresa y su marido el emperador, que tuvieron muchos hijos. Los dos yacen en una enorme cama de bronce. El emperador está vestido de romano y empuña su cetro como si fuera un falo. Ambos parecen entregados a su deporte favorito. En la cabecera varios ángeles, que parecen amorcillos, sonríen ante la simbólica cópula de los dos monarcas. En cambio el ataúd de Maximiliano estaba en esa época sobre el suelo de la cripta con un epitafio que dice así: *Aquí yace el emperador Maximiliano, asesinado cruelmente en México*, la leyenda que ha provocado largas disputas diplomáticas entre México y Austria.

La patria recobrada

Los juaristas toman la Ciudad de México

A la captura de Querétaro por los republicanos siguió la de la Ciudad de México. Después de varios días de sitio, el 20 de junio ondeó la bandera blanca en catedral y Porfirio Díaz dio la orden de cese al fuego. El régimen monárquico se entregaba sin condiciones al régimen republicano. Leonardo Márquez huyó disfrazado de arriero. Sus lugartenientes entregaron la ciudad al general en jefe. Modesto, Porfirio Díaz esperó la llegada del presidente Juárez para hacer la entrada triunfal. Honrado, devolvió los pesos que le sobraron del dinero que recibió para levantar el nuevo Ejército de Oriente y efectuar su victoriosa campaña. Por alguna razón (al parecer su temor civilista a que, como en la Roma antigua, el general triunfante quisiera convertirse en *imperator*), Juárez cometió el error de no invitar a Díaz a subir, como era lo justo, a su carruaje negro. Díaz, que había ido a recibirlo a Tlalnepantla, se quedó desconcertado hasta que el vicepresidente Sebastián Lerdo de Tejada le hizo un lugar en su landó.

La restauración de la república

El 15 de julio de 1867 Juárez hizo su entrada triunfal en la capital de la república, acompañado de sus ministros Ignacio Mejía, José María Iglesias y Sebastián Lerdo de Tejada.

Había derrotado al clero, al ejército de Napoleón III y a los defensores mexicanos y extranjeros del imperio de Maximiliano sin perder su sencillez y su modestia republicana. Al fusilar a Maximiliano, aplicando las mismas leyes que él decretó contra los guerrilleros mexicanos, anuló para siempre la idea de una invasión imperialista.

No pronunció ningún discurso. Se limitó a publicar un manifiesto a la nación donde decía: "¡Mexicanos! Hemos alcanzado el mayor bien que podíamos desear, siendo consumada por segunda vez la independencia de nuestra patria."

La apoteosis de Juárez ratificó el consenso del pueblo y su apoyo al presidente. Juárez salió del Castillo de Chapultepec, que democráticamente nunca quiso habitar, entró en el paseo de Bucareli, aceptó el homenaje de civiles y militares, presenció la inauguración del alumbrado con gas de hidrógeno y el almuerzo en la Alameda para soldados, obreros y artesanos. Al frente de 12 mil soldados entró en palacio luego de cuatro años de ausencia. De allí únicamente iba a salir muerto, pero ese día hubo serenatas, arcos triunfales con la leyenda *El Pueblo a Juárez* y banderas ondulantes.

Al triunfo de la causa nacional la familia de Juárez emprendió su regreso a México. Doña Margarita fue objeto de una gran distinción de parte del secretario de Estado mister Seward, quien consiguió que el secretario del Tesoro, mister Hugh McCulloch, pusiera a su disposición el guardacostas *Wilderness* para que la condujera de Nueva Orleans a Veracruz. En junio salió de Washington la familia, compuesta por Margarita, Pedro Santacilia, Nela y la hija de ambos, seis hijos solteros y los cadáveres embalsamados de sus hijos José y Antonio. Permanecieron en Nueva Orleans hasta el 10 de julio cuando se recibió noticia de que Veracruz había sido recuperada por los republicanos el 14 de junio, un día antes de que Juárez entrara en la capital. Al día siguiente por la mañana rodearon al barco una multitud de botes adornados con los colores nacionales, tripulados por varias comisiones de todas las clases sociales y poco después surgían cohetes y vivas de bienvenida a la primera dama y su familia. Durante el desembarco, la saludó una salva de 21 cañonazos del baluarte de Santiago y fue conducida a la casa que se le tenía preparada a través de una ciudad engalanada para recibirla. Por fin, el 24 llegaron a la capital y se reunieron con el presidente.

Meses más tarde, en enero de 1868, el IV congreso constitucional discutió y firmó un segundo manifiesto a la nación redactado por Francisco Zarco:

> México ha restaurado completamente su independencia, y como durante la lucha la identificó con su libertad política, ha restaurado también el orden constitucional que asegura esa libertad y garantiza todos los derechos. No empaña el triunfo de México ninguna transacción; los desastres de guerra no menoscabaron su dignidad: el infortunio no le hizo sacrificar ningún principio; y no ha comprado la paz a costa de vergonzosos compromisos, ni de humillantes concesiones [...] Este resultado es la obra del pueblo que no se dejó seducir, ni intimidar por el extranjero. A este resultado contribuyó eficazmente el eminente ciudadano que, encargado del poder ejecutivo, fue siempre fiel representante de la república.

El proyecto de Juárez

Restaurada la república era necesario construir una nación que aún no lograba nacer. La lucha contra la invasión fue una guerra popular en todo el territorio; se pusieron en contacto personas de lugares remotos que de otro modo difícilmente hubieran tenido comunicación.

Para cumplir ese propósito Juárez consideró necesario:

1) Asegurar su permanencia en la presidencia.
2) El fortalecimiento de un gobierno central que impidiera la expansión de Centroamérica en México.
3) Licenciar al ejército, que salió del pueblo, cuando casi en su totalidad las tropas profesionales lucharon a favor de los conservadores. En junio de 1867, no pudiendo sostener un ejército de 60 mil hombres, Juárez lo redujo a 18 mil. Esta disposición convirtió a los soldados sin salario y a los chinacos, en rebeldes o salteadores de caminos. El interior se volvió inseguro y comenzó la gran inmigración a la capital.
4) Ofrecer educación en todos los niveles con el positivismo como ideología científica.
5) La construcción de una cultura mexicana nutrida por las aportaciones del mundo entero.

En resumen, su programa liberal buscaba en lo político, pacificar la nación y debilitar el militarismo, flagelo del país por 30 años; en lo económico, fortalecer la arruinada hacienda pública y en lo social educar al pueblo. El lema del positivismo, "La ciencia como medio y el progreso como fin", exigía vertebrar el país con los ferrocarriles, recobrar el tiempo perdido, borrar el oscurantismo para que las nuevas generaciones se formaran en el ejercicio de la razón. Se trataba de hacer realidad el país bosquejado por la constitución del 57, fortalecer la economía estatal, convocar al capital extranjero como único posible financiamiento del desarrollo, modernizar la agricultura, establecer la seguridad en ciudades, aldeas y caminos y hacer del culto al progreso un esfuerzo cotidiano que encontrara su punto de partida en la educación, y su base en la libertad de pensamiento.

La reelección de Juárez

La primera señal de libertad se dio con una prensa impaciente que urgía al gobierno a resolver los problemas nacionales de un solo golpe. Durante el gobierno de Juárez la libertad de prensa se ejerció con amplitud aunque muchas veces se recurrió al soborno. La prensa independiente hizo eco de la gran preocupación que existía entre el pueblo mexicano. Para mucha gente el primer paso para conseguir la paz anhelada era el ejercicio de su derecho a votar. El clamor que se levantó fue tan grande que el 14 de agosto de 1867, un mes después del regreso de Juárez a la capital, hubo de convocarse a elecciones.

En su convocatoria, Juárez pidió que el pueblo votara una serie de formas que él consideraba adecuadas para el mejor desempeño del gobierno, incluyendo enmiendas a la constitución mediante un referéndum y cambios fundamentales a la ley. Una proposición creaba una legislatura de dos cámaras mediante la integración de un senado, otra otorgaba al presidente el poder de veto cuya invalidación requería de dos tercios de la votación del congreso y otra más autorizaba que los informes del ejecutivo al congreso se presentaran por escrito y no oralmente. Asimismo propuso dos enmiendas: una que restringía el derecho de la diputación permanente al congreso para convocar a sesiones especiales y la otra proponía que la sucesión presidencial no recayera en el presidente de la suprema corte. Otros puntos tenían que ver con la extensión del sufragio al clero y a los empleados federales que trabajaban en el congreso. Lerdo expidió una circular justificando la postura del gobierno. Sostenía que cuando la legislatura lo era todo y el presidente carecía de poder ante ella, era imposible la administración ordenada del gobierno.

De inmediato se manifestó toda la oposición y desconfianza de los liberales radicales hacia las decisiones de Juárez, provocándose en el congreso un debate acalorado. El plebiscito era un recurso no autorizado por la constitución. El procedimiento legal estipulaba el envío de propuestas al poder legislativo. Muchos pensaron que Juárez pretendía erigirse en dictador. Por otra parte, el plebiscito significó una derrota a las intenciones de Juárez de fortalecer al poder ejecutivo, aunque al mismo tiempo don Benito fue reelecto con facilidad; nadie discutía sus méritos. Aparte de Lerdo, su único oponente de talla fue Porfirio Díaz, el más destacado de los generales juaristas, quien se sentía agraviado por Juárez al no haberle otorgado el cargo de ministro de Guerra.

Las elecciones primarias para presidente de la república, magistrados de la suprema corte y legisladores se celebraron el 22 de septiembre. Juárez obtuvo más de 6 mil votos, y Díaz y Lerdo de Tejada cerca de 2 mil cada uno. La suprema corte correspondió a Lerdo, quien obtuvo dos tercios de votación frente a un tercio por Díaz. En las elecciones secundarias, Juárez fue ratificado en la presidencia.

El reto de Juárez

Al parecer, don Benito se encontraba en la mejor de las posiciones para continuar con la reforma emprendida y con el espíritu de la constitución de 1857: el clero había quedado sometido a las leyes de reforma, impotente la milicia santanista o imperial acusada de traición, y el rompimiento de relaciones con los gobiernos europeos dejaba las deudas suspendidas. Juárez confiaba en que la paz ayudaría a restablecer las actividades comerciales y agrícolas normales y a revivir las industrias de extracción, así como a que el gobierno central obtuviera recursos de los estados.

Sin embargo, pronto descubriría que los problemas no se habían extinguido sino que persistían. Como obstáculo para el desarrollo estaban los gastos de reconstrucción y la casi total paralización de la industria, el comercio y la agricultura. Para conquistar sus metas, el gobierno de Juárez aplicó gran cantidad de medidas, no siempre con éxito, pero siempre con buena fe y sin afán de lucro personal.

Ante el reto que se le presentaba, Juárez, en una de sus frases más famosas, dijo: "Que el pueblo y el gobierno respeten los derechos de todos. Entre los individuos como entre las naciones, el respeto al derecho ajeno es la paz."

Juárez y el congreso

No obstante que el presidente, a fines de 1867, renunció a los poderes extraordinarios que le habían sido conferidos durante la intervención y reconoció el error de intentar cambios constitucionales mediante la convocatoria, el congreso no le dio tregua. Vencedor sobre el enemigo extranjero, el congreso le negaba la paz política.

Un tema de continuas fricciones fue el del gabinete presidencial. Cuando Juárez regresó a la Ciudad de México, muchos liberales esperaban que cambiaría el gabinete. De las peticiones pasaron a las demandas, pero Juárez no cedió.

Y después de que el congreso confirmó su elección, todo el ministerio renunció para permitir al presidente conformar su gabinete. Juárez acabó con las esperanzas de cambios en su equipo eligiendo a Lerdo para Relaciones y Gobernación, Iglesias en Hacienda, Balcárcel en Fomento, Mejía en Guerra, y Martínez de Castro en Justicia. Luego de múltiples ataques, el congreso aprobó por fin al gabinete juarista. Pese a todas las críticas en contra, el gobierno de Juárez realizó un meritorio esfuerzo por establecer una economía sana.

A pesar de que los ataques de la cámara eran desgastantes, Juárez comprendió que, independientemente de las molestias que le ocasionaban sus opositores, beneficiaba al país la fortaleza e independencia del poder legislativo. Ello, aun a sabiendas de que la motivación principal de los oponentes era menos el celo constitucional que su toma de partido por el general Porfirio Díaz.

Juárez y la cultura

La gran figura cultural de esos años fue Ignacio Manuel Altamirano, indígena como Juárez, quien hasta los 15 años sólo habló náhuatl. Combatiente en las dos guerras, Altamirano consideró que el juarismo era tan fuerte que podía permitirse el lujo de llamar a la reconciliación nacional. El primer terreno de encuentro entre vencedores y vencidos fue *El Renacimiento*; en la revista que Altamirano publicó en 1869 alternaron descripciones del paisaje mexicano y versiones de la literatura europea y norteamericana.

Pero, ¿cómo civilizar a un pueblo que en una gran mayoría no poseía ninguna cultura o no hablaba siquiera español, sino otomí, maya, zapoteco, náhuatl y muchas otras lenguas más, mientras que la pequeña porción de la población supuestamente educada vivía añorando la época colonial?

Se escribía, se pintaba, se hacía cultura, en fin, para unos cuantos. Por lo pronto las asociaciones se multiplicaron: 21 literarias, 29 científicas y tres mixtas. De ellas perduran hasta hoy la Sociedad Mexicana de Geografía y Estadística y la Academia Mexicana de la Lengua.

Acciones de gobierno

En el renglón de las obras públicas, entre 1867 y 1868 se renovó la concesión para el ferrocarril de Veracruz a la Ciudad de México y se expidieron dos nuevas para la construcción de otros dos: uno de México a Tuxpan y el otro que cruzaría el istmo de Tehuantepec. Otras disposiciones impulsaron la apertura de nuevas vías de comunicación y la instalación de líneas telegráficas, estas últimas con un tendido de 5 mil kilómetros. Por desgracia no todo fue positivo: se hicieron derrumbar obras arquitectónicas de mucha importancia como la capilla del Rosario y el colegio de San Juan de Letrán, sin ser sustituidas por nada relevante. Desaparecieron muchos de los establecimientos de beneficencia del clero y sus obras de arte fueron destruidas o vendidas a precios irrisorios.

Después de que Matías Romero asumió la Secretaría de Hacienda, en sustitución de Iglesias, formuló un plan más definido para el desarrollo económico, reformando los aranceles y eliminando las restricciones sobre minería.

Para lograr los objetivos fijados se requería dinero, vía inversión extranjera o reforma fiscal. El capital externo no llegaba debido al temor de los inversionistas de perder su dinero en un país aún sumido en el caos. Y aunque los Estados Unidos vieron con gusto las victorias de Juárez y demostraron su afecto al jefe del gobierno mexicano, tampoco se atrevían a invertir sus caudales, lo que agravó la situación. El capital privado nacional apenas existía y no había entre los pocos candidatos la suficiente confianza en el futuro del país.

La falta de dinero se convirtió en el principal obstáculo para alcanzar la anhelada reorganización administrativa. Frente a esta situación, el poder ejecutivo solicitó al congreso que aprobara varios proyectos de ley relacionados con una revisión de los impuestos y la política fiscal, pero a pesar de prolongados debates y pugnas, los legisladores no se pusieron de acuerdo en una legislación definitiva y las reformas tuvieron que esperar por tiempo indefinido.

En lo social, el renglón más destacado del gobierno de Juárez fue el de educación. El presidente tenía la convicción de que ésta daría solución a los problemas de México, desterrando a la superstición, la ignorancia y el alcoholismo del pueblo. Su acción más decisiva en este renglón fue el decreto de educación primaria gratuita y obligatoria, registrándose un aumento de asistencia a la escuela que cubría del 10 al 15 por ciento del total. Pero ello significaba que el 85 por ciento restante seguía condenado a permanecer en el analfabetismo, pese a las buenas intenciones del presidente. Juárez tenía la firme convicción de que la educación debía ser laica. En los centros de enseñanza superior los programas clericales fueron sustituidos por el sistema positivista pero el cambio sólo benefició a unos pocos (diciembre de 1867).

En lo político, se había establecido de manera creciente una división de poderes, si bien Juárez tuvo que recurrir frecuentemente a las "facultades extraordinarias" y algunos lo acusaron de gobernar casi en la tiranía. El pueblo respiró aliviado cuando el presidente renunció a sus poderes extraordinarios; sin embargo, Juárez tuvo que combatir aún rescoldos de la oposición reaccionaria y, armado de un poder insuficiente, enfrentar amenazas serias.

La inseguridad en el país

Después de la política, la seguridad pública era la cuestión que quitaba el sueño a Juárez. Las gavillas de ladrones habían aumentado a causa del licenciamiento de tropas. Muchos criticaban a Juárez por reprimir a los ladrones, recordándole que hasta hace poco militaban en las filas liberales y habían ayudado a mantener la independencia nacional. Pedían que más que horca y cuchillo se les educara y reintegrara a la sociedad. Lo criticaban pero no le decían a cambio qué hacer para solucionar el problema.

Juárez llegó a la conclusión de que en su calidad de presidente de todos los mexicanos, debía buscar el bien común y no dejar en la impunidad a los ladrones y secuestradores sólo porque alguna vez fueron patriotas. Fortaleció la policía rural poniéndola bajo las órdenes del ministro de Gobernación, elevó los efectivos, los rearmó, los uniformó y les fijó sueldos superiores a los de la tropa. La pena de muerte se convirtió en el castigo más común, de acuerdo con una ley contra los bandoleros y los plagiarios promulgada en abril de 1869, que aprobaba juicios sumarios y pena de muerte inmediata para los culpables, aunque se decía que el verdadero procedimiento seguido por los rurales era la ley fuga.

Se quiebra la paz

Expulsados los invasores había vuelto la paz a la nación, y por ello los héroes militares que habían colaborado en la restauración de la república no tenían acceso a los puestos políticos, donde más que el valor, se necesitaba la sabiduría de los letrados.

El ejército comenzaba a impacientarse. La facción porfirista estaba formada por militares sin empleo y burócratas inactivos. Las relaciones de Juárez y Díaz se agriaron desde el incidente de la entrada a la Ciudad de México. Para alejar a Díaz de la capital, Juárez fraccionó al Ejército de Oriente en cinco divisiones de 4 mil hombres cada una, que encabezarían Escobedo en San Luis, Juan Álvarez en Guerrero, Ramón Corona en Guadalajara, Nicolás Régules en Morelia, y Porfirio Díaz en Tehuacán; todos ellos bajo el mando general de Ignacio Mejía. En consecuencia los porfiristas aumentaron la presión.

Los militares cesantes que no se habían convertido en ladrones seguían practicando el clásico cuartelazo. En marzo de 1868, luego de las frustradas rebeliones de Miguel Negrete y Aureliano Rivera, Juárez pidió al congreso que reimplantara la ley de 1862 con el fin de dar al gobierno el poder adecuado para enfrentar las guerrillas de la oposición. No sin reticencias, el congreso cedió a la petición y brindó al presidente poderes extraordinarios para hacer frente a bandoleros, asesinos y sublevados. Las rebeliones se multiplicaron. Hubo levantamientos en Yucatán, Sinaloa, Perote, Puebla, Aguascalientes y Zacatecas. Porfirio Díaz se negó a reprimir a quienes junto con él habían combatido al invasor. Los generales adictos sofocaron una tras otra las sublevaciones. Durante 1869 y 1870 no cesaron los disturbios, llegando a su punto más preocupante cuando Trinidad García de la

Cadena, gobernador de Zacatecas, se pronunció en contra de Juárez y a favor de González Ortega, quien ya había sido liberado de su prisión. Sin embargo, el 22 de enero de 1870, este general expidió un manifiesto negándose a secundar esta pretensión. El gobierno mandó a sus principales generales a sofocar la rebelión. Con este triunfo Juárez se reacomoda en la silla presidencial con más firmeza.

El Juárez familiar

Al reunirse de nuevo la familia Juárez, luego de la larga separación causada por la lucha de intervención, tampoco esta vez pudo gozar de una tranquilidad satisfactoria a causa de la fuerte oposición en contra de don Benito y de los intentos de cuartelazo por parte de militares ambiciosos de poder.

No obstante, el presidente Juárez nunca se doblegó. Vivía en un ala de palacio con su mujer, sus hijos y Pedro Santacilia, quien además de ser su yerno era su secretario particular y que con el tiempo, a pesar de ser cubano, fue electo diputado.

Don Benito se levantaba a las siete de la mañana, se bañaba con agua fría y después de desayunar se dirigía a su despacho. Por lo general concluía sus labores a las seis de la tarde, hora en que abordaba un coche propiedad del gobierno y acompañado de su esposa y sus hijas iba a pasear por la Alameda.

En otras ocasiones, Margarita y Juárez salían de palacio a dar un paseo sin ninguna guardia. Miraban los aparadores y a veces entraban al célebre café La Concordia, donde asistían también algunos de sus opositores. Veían a los serenos encender los faroles de la calle de Plateros. Ya oscureciendo, salían del café y daban una vuelta en la plaza mayor, evitando el atrio de catedral, y volvían a sus habitaciones por una puerta de palacio que daba a la calle de La Moneda, cerca del templo de San Cosme.

Algunas veces Margarita y Benito alistaban sus galas y se dirigían a su palco del Teatro Nacional para escuchar a la famosa cantante Ángela Peralta, llamada "el ruiseñor mexicano".

Su hija Felícitas se había casado con el español Delfín Sánchez, un hombre acomodado. Muy pronto se convirtió en el principal contratista del Ministerio de Guerra junto con su hermano José, quien se casaría con María de Jesús, la otra hija de Juárez. Otro español, Pedro Contreras Elizalde, contrajo matrimonio con Margarita y luego de convertirse en diputado, consiguió un puesto de mucha importancia en la comisión formada para la reorganización de la educación pública. Todos los hijos de Juárez se casaron con europeos o descendientes de europeos, por lo que muchos criticaron a don Benito. Pero habría que recordar que estas acciones atañían más a los gustos de sus hijos que a los del propio Juárez. Por Guillermo Prieto sabemos que:

> Juárez, en el trato familiar, era dulcísimo, cultivaba los afectos íntimos, su placer era servir a los demás, cuidando de borrar el descontento hasta en el último sirviente; reía oportuno, estaba cuidadoso de que se atendiese a todo el mundo, promovía conversaciones joviales, y después de encender, callaba, disfrutando la conversación de los demás, siendo el primero en admirar a los otros. Jamás le oí difamar a nadie, y en cuanto a modestia, no he conocido a nadie que le fuera superior.

Durante su vida Juárez siempre fue respetuoso de la ley y como vimos en ocasión de la muerte de su hija, en lo familiar nunca permitió que se violara la ley al abrigo del alto cargo que desempeñaba. En una ocasión, un juez fue a la casa donde vivía el matrimonio para hacer ciertas diligencias. Delfín lo injurió y lo golpeó; luego lo corrió de su casa. El juez, de acuerdo con al ley, ordenó que lo apresaran y habló con el presidente Juárez dándole parte de la falta cometida por su yerno.

—¿Qué providencias ha tomado usted?, le preguntó don Benito.

—He mandado aprehender al señor don Delfín Sánchez y espero que a estas horas se haya cumplido la orden.

—Está bien, repuso don Benito. Veo con gusto que es usted digno del alto puesto que ocupa.

Momentos después se presentó desolada la esposa del señor Sánchez, rogando a su padre que interpusiese su alta influencia para que se devolviese inmediatamente la libertad al detenido.

Juárez oyó tranquilamente a su hija, y cuando concluyó de hablar le contestó: "Imposible es complacerte; la ley me lo prohíbe. Tu marido ha cometido una falta y preciso es que sufra el castigo consiguiente. Yo y todos los míos somos los que estamos más obligados a dar ejemplo de respeto a la ley, y los que debemos ser más severamente castigados por el desacato a esa misma ley."

Y el señor Sánchez fue sometido a juicio, el que se siguió por todos sus trámites hasta ser visto y fallado en jurado.

La muerte de Margarita

Restablecida la paz luego de sofocada la rebelión en Zacatecas y cuando Juárez podía respirar tranquilo de nuevo, el destino le asestó un nuevo golpe. Margarita, su compañera, fallece. Margarita, su complemento, la que tuvo que separarse con dolor de su esposo y permanecer en los Estados Unidos donde perdió a dos hijos. Margarita envejecida, con el cabello blanco y con el corazón lleno de dolor; la que en el exilio de Juárez en Nueva Orleans instaló una pequeña tienda en Etla y con grandes sacrificios le enviaba a su marido algún dinero; la que para reunirse con su compañero anduviera por caminos escabrosos llenos de bandidos y tropas enemigas. La esposa digna, serena y persuasiva, que mantuvo con la mayor economía su casa y a veces aconsejaba a Juárez sobre algún problema grave. Probablemente la preocupación que sintió doña Margarita por los ataques que sufrió Juárez agravó el cáncer que padecía desde 1868. El 17 de octubre de 1870, al salir del baño, Juárez fue atacado por una parálisis que casi le causa la muerte. Al saberlo, el congreso se declaró en sesión permanente y nombró una comisión para que fuera a visitar al presidente y le informara de su estado. Tres o cuatro veces se repitió el ataque hasta que se normalizó la salud de Juárez. El 24 de octubre se repitió otro ataque restableciéndose Juárez el 26.

A raíz de la enfermedad de Margarita, la familia se había trasladado a una casa de campo ubicada en la calle de Puente Levadizo, cerca de la iglesia de San Cosme, para descansar sin dejar Palacio Nacional.

Doña Margarita cayó enferma el 26 de octubre, el mismo día que se restableció su marido. En los últimos días de su mal, don Benito no se separó de su cabecera. El 2 de enero de 1871 murió la esposa del presidente Juárez. Margarita fue madre de 12 hijos, tres hombres y nueve mujeres. De los varones sólo uno alcanzó la mayoría de edad, Benito Juárez Maza, pero no tuvo hijos. La muerte de Margarita casi hizo enloquecer de dolor a Juárez. Había muerto la compañera ideal que fue el más grande apoyo en los momentos más difíciles de su vida. Margarita decía de su marido: "Es feo, pero es muy bueno." Juárez no tuvo otro amor ni otra pasión y su forzada separación aumentó su pena y sus sinsabores.

El duelo por esta pérdida fue unánime en toda la nación, pues la esposa de Juárez era querida por el pueblo gracias a sus innegables virtudes. El entierro tuvo lugar en el cementerio de San Fernando, donde acudió una multitud de 2 mil personas a pie y más de 200 carros. Muchas personas lucían moños de gasa negra en el brazo izquierdo o cintas negras anchas. Entre los más dolidos estaban los generales Aureliano Rivera y Miguel Negrete, quienes hacía poco se habían acogido a un indulto. Presidió el duelo el ministro de Relaciones, Sebastián Lerdo de Tejada, mientras que las oraciones fúnebres estuvieron a cargo de Guillermo Prieto y Joaquín Villalobos, quien exaltó la virtudes de la primera dama así: "Margarita ha sentido con la democracia y con la democracia ha gozado también. Jamás, ¡oh sí!, jamás la vanidad y el orgullo la levantaron a la fatuidad y al despotismo."

Triunfos y fracasos

Al comienzo del último año de su periodo presidencial, Juárez pudo comprobar los resultados de sus acciones de gobierno. Había reducido el ejército y se había quedado con los elementos más capaces pero las amenazas militares no habían desaparecido. El avance económico no se daba al ritmo que era requerido y la mayor parte de sus iniciativas en ese renglón habían sido rechazadas o pospuestas por el congreso. No se había avanzado en la reforma de la tenencia de la tierra y otras reformas sociales necesarias. Las relaciones diplomáticas no se habían restablecido del todo y el capital extranjero era escaso y limitado. Juárez había logrado el triunfo del republicanismo pero también provocó una centralización del poder político contrario al sentir de muchos republicanos. Hizo esfuerzos por la democracia pero no vaciló en recurrir al control de los comicios. La influencia de la iglesia había sido neutralizada pero existían aún fricciones con el clero. Se liquidó el contubernio del clero con la burocracia pero se dejó a la burocracia con entera libertad para cometer sus excesos, cuando anteriormente el clero le había servido de freno y contrapeso. La educación se volvió laica pero aún era inadecuada y pasaría mucho tiempo para que rindiera sus primeros frutos. La libertad de prensa fue instaurada pero los enemigos de Juárez usaron ese poder para tratar de obstaculizar al propio presidente que los defendía.

Aun con todo lo que restaba por hacer, Juárez había logrado importantes victorias y en el tiempo que le quedaba por gobernar continuaría forjando el camino para gran parte de los progresos que él no vería pero habrían de alcanzar sus sucesores. Es posible que Juárez viera en su trayecto varios fracasos de mayor o menor importancia y solamente pocos éxitos totales, con excepción de la gran victoria indiscutible de su vida: la creación de una nación mexicana que había perdurado.

La última reelección de Juárez

A la muerte de Margarita se decía que Juárez, abatido por la pena, abandonaría la lucha presidencial. Pero no fue así. En 1871 Juárez pudo haberse retirado a una posición respetable y ser recordado como un gran estadista. Una nueva generación se preparaba para gobernar y además existían los obstáculos constitucionales a la reelección. Sebastián Lerdo de Tejada se sentía con el apoyo necesario para disputarle el puesto. A su vez, Porfirio Díaz, a quien por sus hazañas militares se le reconocía como caudillo, no cejaba en su intento de suceder a Juárez.

A pesar de la gran amistad y afinidad que unía a Juárez y a Lerdo, surgieron conflictos entre ambos. Lerdo presentó su renuncia a mediados de 1870 pero no fue aceptada hasta enero del año siguiente. Renunció al gabinete de Juárez aunque conservó por supuesto el cargo de presidente de la Suprema Corte de Justicia. José María Iglesias también renunció, dando tácitamente su apoyo a Lerdo en la lucha por la presidencia.

El principal motivo de la renuncia de Lerdo fue la elección del ayuntamiento de la capital en diciembre de 1870. Debido a que ese órgano supervisaba las elecciones locales, era fundamental para el aspirante a la presidencia controlar a sus miembros. Quienes apoyaban a Lerdo habían obtenido el control sobre el ayuntamiento pero los juaristas alegaron que las elecciones habían sido fraudulentas y procedieron a elegir el suyo propio. No obstante, el congreso se opuso a la medida y ordenó a Juárez la instalación del ayuntamiento lerdista. Otros dicen que la verdadera causa de la renuncia de Lerdo fue que los partidarios de Díaz lo invitaron a que dejara el gabinete para formar un frente común en oposición a Juárez.

Con el apoyo de una importante fracción del congreso, Lerdo urgió a Juárez para que renunciara a la presidencia porque creía que un intento de permanecer en el cargo provocaría una revuelta armada de los porfiristas. Juárez, fiel a su norma, replicó que no podía renunciar "porque se lo prohibían la ley y su deber".

El grupo porfirista estaba formado por militares y burócratas desempleados y por algunos liberales molestos por la reelección. En la lucha por derrotar al enemigo común, lerdistas y porfiristas formaron alianzas en la cámara, destinadas a impedir a toda costa la reelección de Juárez. Los líderes juaristas intentaron por diversos medios romper la coalición antigobiernista, ayudados por la prensa projuarista. No se puede precisar con claridad hasta qué punto participó el presidente en esta sorda lucha; en todo caso, estaba al tanto de lo que hacían sus partidarios y lo más probable es que no cuestionara los métodos usados. Como él mismo dijo a uno de ellos después de perder una batalla legislativa: "Una cosa es legislar y otra cumplir las leyes. El que ríe al último ríe mejor..."

Aunque Lerdo representaba un peligro para Juárez debido a su influencia sobre ciertos cargos y funcionarios clave, el general Díaz era un obstáculo mucho mayor en términos de apoyo popular. Porfirio Díaz había obtenido una licencia para separarse del ejército y vivía en La Noria, una hacienda cañera cercana a la capital de Oaxaca. En realidad, se sabía que Díaz tenía en ese punto una fábrica de cañones para utilizarlos cuando llegara la ocasión.

Las elecciones se realizaron en el mes de julio de 1871, en medio de fuertes impugnaciones sobre su limpieza por parte de la oposición. En consecuencia, el 28 de septiembre, el ministro de Guerra informó al congreso que había recibido noticias de una rebelión en Nuevo León al mando del general Treviño, y pocos días más tarde se anunciaban otras revueltas en Sinaloa y en San Luis Potosí. Sin embargo, la noticia más destacada fue la del 1 de octubre, cuando la capital presenció nuevamente combates. Varios militares tomaron la Ciudadela y la cárcel de Belén, pronunciándose contra la enésima reelección de Juárez y a favor de Porfirio

Díaz. La Ciudadela era una fortaleza colonial que se utilizaba como fábrica y depósito de armas y municiones.

El pronunciamiento tuvo lugar a las tres de la tarde; Juárez dormía la siesta. Su yerno Santacilia le informó lo ocurrido: que se había sacado a presos de la cárcel de Belén para engrosar las filas y que el primer batallón de distrito servía de núcleo al movimiento. Juárez escuchó atento. Tomando su sombrero se puso de pie y se dirigió a la comandancia general de palacio, donde comenzó a dictar personalmente las órdenes necesarias para su defensa. Designó a Sóstenes Rocha para atacar a los rebeldes, quien con gran ímpetu logró cercar la Ciudadela, ametralló las casas vecinas, perforó paredes, saltó patios ayudado de puentes portátiles, utilizó una balsa para cruzar el foso que rodeaba la fortaleza y entró al edificio. Los jefes del movimiento pudieron escapar. En la Ciudadela quedaba casi íntegro el batallón conquistado por los porfiristas, quienes nunca recibieron los refuerzos prometidos por sus jefes. Rocha ordenó que todos sus miembros fueran fusilados y posteriormente se presentó en palacio y anunció escueto: "He acabado con todos."

Juárez se estremeció; ha corrido mucha sangre. Comienza en silencio el traslado de los cuerpos. El pueblo se vuelve hacia palacio y mira con inquietud y recelo. Más tarde se supo que los jefes de la sublevación habían sido los generales que se mostraron más dolidos durante el sepelio de Margarita Maza, los generales Aureliano Rivera y Miguel Negrete.

El congreso lo nombra presidente

El 7 de octubre se reunió la comisión escrutadora del congreso para dar el fallo final. Juárez había obtenido 5 mil 837 votos, Díaz 3 mil 555 y Lerdo de Tejada 2 mil 864. Para ser declarado presidente se requería obtener por lo menos la mayoría simple, es decir 6 mil 816 votos, y como ninguno de los candidatos cubría este requisito, la decisión final recayó en los diputados. Reelecto Juárez por la mayoría de los votos de los legisladores, la minoría se alistó para protestar. La prensa de la oposición impugnó con energía este resultado.

La represión contra los porfiristas no fue suficiente para contener el espíritu de la rebelión, sino que, por el contrario, lo exaltó. El 8 de noviembre, Porfirio Díaz expidió el Plan de la Noria cuando consideró que la obstinada reelección de Juárez lo despojaba de la presidencia. Díaz adoptó como lema la norma de la constitución de 1857 y la libertad electoral, a la vez que prometía una nueva constitución que habría de incorporar más libertad y menos gobierno. Esta decisión de cambiar la constitución fue causa de la ruptura de la alianza de porfiristas con el grupo lerdista. Sin hacer a un lado la constitución, Lerdo sería su sucesor legal. Pero como a Díaz no le interesaba allanar el camino de Lerdo a la presidencia, tenía que hacer a un lado el procedimiento constitucional. Ese rasgo del plan hizo perder a Díaz muchos partidarios porque el pueblo de México quería un gobierno legal y no que se constituyera una nueva dictadura militar.

En una de sus afirmaciones más reveladoras para los años venideros, contenidas en el plan, Díaz dijo: "Si el triunfo corona nuestros esfuerzos, yo regresaré a la paz de mi hogar, prefiriendo en cualquier caso la vida frugal y tranquila del oscuro trabajador a las ostentaciones del poder." El Plan de la Noria representaba el estallido de una nueva guerra civil pero nada perturbó a Juárez. Tenía una confianza ciega en su prestigio y en el apoyo del pueblo, sin darse cuenta de que éste comenzaba a dudar.

La lealtad de Manuel González

Durante la última reelección de Juárez, el general Manuel González fue electo diputado por el partido porfirista y ocupaba el cargo de gobernador de palacio. Cuando se proclamó el Plan de la Noria, González renunció a su cargo y le dijo al presidente:

–Señor, estoy comprometido a tomar parte de la revolución. Yo no sé desertar ni traicionar, y le digo a usted la verdad con toda franqueza, dejando a usted en libertad de proceder como lo crea conveniente.

Juárez contestó:

–Creo que va usted a cometer un error. Esta revolución no tiene pies ni cabeza, y he tomado las medidas para sofocarla. Pero no por eso impediré que cumpla usted con sus compromisos de partido. Vaya usted, pero el día que eso concluya no tenga usted reparo en volver a mi lado y en esta misma mesa donde deja usted su nombramiento de gobernador de palacio, lo volverá a encontrar como encontrará usted en este mismo lugar a su amigo, si es que vivo para entonces.

Se despidió con mucho afecto del general González, quien se retiró con lágrimas en los ojos.

El fracaso del Plan de la Noria

En cuanto estalló la rebelión, Juárez llamó a Rocha, el general que en tres ocasiones había conservado al presidente de la república en el poder. Investido de amplias facultades y armado con todas las fuerzas posibles a la mano, el infalible Rocha sofocó a la rebelión en Oaxaca (donde fue capturado y ejecutado el gobernador Félix Díaz) y en Zacatecas.

A mediados de 1872, los porfiristas huyen y Díaz se refugia en los Estados Unidos. Una vez más Juárez había resistido un ataque militar a su gobierno. En la última sesión del congreso, en diciembre, lee su informe:

> La república se mostraba amargada por la rebelión imponente. Ninguna otra sublevación contra las instituciones, después del triunfo de éstas sobre sus enemigos interiores y exteriores, se había alzado con proporciones tan terribles enfrente del gobierno legal [...] Merced a la bravura de las tropas del gobierno, y, sobre todo, con el auxilio del buen sentido nacional, la rebelión ha sido vencida enteramente, sin que pueda temerse un cambio que dé por resultado su funesto predominio. De antemano estaba condenada por la opinión pública, cuyos deseos se revelan cada día más claramente en favor de la paz y el orden, bajo las instituciones que él mismo ha adoptado.

Pero Juárez se equivocaba. Pues Díaz había cruzado la frontera y se aprestaba a reunir elementos de guerra. La revolución vuelve a prender: el general Márquez aparece en Sinaloa enarbolando la bandera de la no reelección, mientras que Donato Guerra organiza en Chihuahua una revuelta contra el presidente.

El último gobierno de Juárez

Juárez amaba el poder ya que sólo con él pudo derrotar a los conservadores, a la iglesia y a los invasores franceses; por lo demás, como bien lo sabía don Benito, la desigualdad de la población impedía tener una verdadera democracia. Esta vez Juárez habría de enfrentarse a los mismos viejos obstáculos pero agravados por una victoria electoral impugnada, una revuelta de gran proposición dirigida por un caudillo tan popular como Porfirio Díaz y la pérdida de adeptos que consideraron la reelección como un error.

Con la virtual derrota del Plan de la Noria en abril de 1872, Juárez se enfrentó con la oposición habitual en la cámara a prácticamente la totalidad de sus iniciativas, con excepción de una ley contra secuestros y bandolerismo, y otra que permitiría al presidente suspender las garantías individuales.

Una vez más, la recomposición de su gabinete fue motivo de acres censuras. Los nuevos ministros no eran populares y la permanencia de Mejía en el gabinete provocó molestias entre los liberales por asociársele a innumerables actos represivos. Juárez empezaba a cansarse de tantos problemas y, sin duda, se sentía enfermo. A principios de 1872 había sufrido dos ataques cardiacos menores, mientras que en el congreso los golpes no cesaban.

Después de la muerte de su mujer, Juárez ya era viejo y estaba enfermo. Cubierto de injurias, reliquia de un pasado glorioso, se le acusaba de ser un dictador aferrado al poder. Es verdad que Juárez, en su último periodo, se reeligió contra la ley, lo que determinó la repulsa de liberales de la talla de "El Nigromante" y de Altamirano, pero debemos preguntarnos si había un candidato mejor que él cuya vida austera estuvo consagrada al servicio de la nación. Aun conviniendo en que Juárez manifestó limitaciones como presidente, era injusto que se ofendiera a un hombre que se había ganado el cariño del pueblo, que había peleado por los nobles ideales de la reforma y alcanzado importantes logros. Se llegó al extremo de clamar abiertamente en un periódico el asesinato de Juárez. "Julio César fue más grande que Bruto, pero todo el mundo bendijo a Bruto por matarlo." Y en otro se decía: "Dada la necesidad de sacar a Juárez de la presidencia, debemos recurrir a ese método sin demora."

Se olvidaron que por él tenían una patria libre y soberana, se olvidaron sus sacrificios, su ejemplo de honradez y era sólo un viejo achacoso, un déspota, un dictador. Sin embargo, pese al brillante ministro Lerdo y el glorioso general Porfirio Díaz, el congreso votó por él y lo llevó a la presidencia.

La muerte

Amenazado por los dolores que comienzan a manifestársele, Juárez se da cuenta de que la obra a la que consagró su vida está en peligro de tomar otra dirección de la que él le marcara. Las ambiciones políticas se habían desbordado y volvía a surgir la amenaza de una guerra civil que sumiría a la nación en el caos y la anarquía. Enfrentado a la vejez y a la soledad, Juárez se preparó sin embargo a la lucha por conservar el poder; el que había ocupado por 15 años.

Toda su existencia se había visto enfrentado a un intenso trabajo que sólo podía resistir un hombre de gran fortaleza física y espiritual. Desde el día de la muerte de Margarita, don Benito se había vuelto más callado y ensimismado. La soledad íntima a la que se enfrentaba sólo era aliviada por el amor y la amistad que le manifestaban sus hijas y amigos más estimados. Tenía 66 años cumplidos.

El 17 de julio de 1872, a las seis de la mañana, el presidente Juárez, como era su costumbre, se encontraba alistándose dispuesto a pasar a su despacho para atender asuntos de gobierno. En su oficina lo esperaba don Darío Balandrano, redactor del *Diario Oficial*, quien le comentaba a diario las noticias relevantes que aparecían en los periódicos.

Inesperadamente, el presidente se puso de pie, dio algunos pasos a lo largo de la habitación y se oprimió la parte posterior de la cabeza con ambas manos. Preocupado, Balandrano le preguntó sobre su estado de salud, sorprendido en especial por la repentina palidez en el rostro de Juárez. Pasado un momento, el presidente le señaló que se encontraba bien y podía continuar los comentarios a las noticias. No habían transcurrido 15 minutos cuando volvió a levantarse, casi con violencia; se disculpó y suplicó a su interlocutor que lo esperara un momento y salió de la habitación en dirección al salón Iturbide, donde permaneció un rato. Recuperado de la dolencia, Juárez llamó a Balandrano y concluyeron el trabajo.

El presidente continuó sus actividades ordinarias entrevistándose con varios ministros y otros funcionarios. Al mediodía hizo una comida ligera en compañía de amigos y del ministro de Relaciones, don José María Lafragua, quien se preocupó por los signos de enfermedad de don Benito. Juárez restó importancia al asunto y después de despedir a sus colaboradores salió a pasear con su hija Manuela y su yerno Santacilia. De regreso a casa se le veía bien. Se negó a ir al teatro por la noche.

Más tarde conversó con don Manuel Dublán y don José Maza. Eran pasadas las 10 de la noche cuando se despidió y fue a su habitación. Comenzó a leer un libro que se refería a la entrada de Trajano a Roma y su largo gobierno. Entre las páginas de ese libro quedaría un escrito de Juárez que decía: "Cuando la sociedad está amenazada por la guerra, la dictadura o la centralización del poder es una necesidad como remedio práctico para salvar las instituciones, la libertad y la paz."

Intentó dormir, pero no pudo. Al poco tiempo empezó a sentir náuseas. Encendió la luz, despertando a su hijo Benito que dormía en la misma recámara. Al ver el malestar agudo de su padre intentó avisar a sus hermanas pero Juárez se lo impidió. Toda la noche sufrió malestares casi sin poder conciliar el sueño.

Al día siguiente, contra su costumbre, Juárez no se levantó a las 6 de la mañana; permaneció acostado. Ordenó a su familia que no se divulgara su mal y en caso de que preguntaran, se dijera que tenía un ataque reumático en una pierna. La familia determinó llamar al doctor Ignacio Alvarado, médico de cabecera del presidente, quien vivía en Popotla. Su hijo Benito se dirigió a caballo y a las 9 de la mañana regresó con el doctor. Comenzaban a producirse colapsos y dolores progresivos que le impedían encontrar reposo en ninguna posición. A pesar de los dolores continuos no pronunció ninguna queja y trataba de disimular el sufrimiento para no preocupar a sus hijas.

Aproximadamente a las 11 de la mañana, luego de una relativa mejoría, le vino un ataque repentino. El doctor Alvarado ordenó que le trajeran una bandeja con agua hirviente. Con pinzas empapó un lienzo y lo aplicó a la altura del corazón de don Benito. Al sentir el intenso dolor de la quemadura, Juárez se incorporó y le dijo al doctor: "Me está usted quemando." Alvarado le respondió: "Es intencional, señor, así lo necesita usted."

Como resultado el presidente mejoró ligeramente. Al mediodía, cuando su familia pasó al comedor, don Benito le relató al doctor algunos recuerdos de su infancia. Este volver a la infancia era un modo de conjurar a la muerte, enfrentándola a la vida naciente (lo mismo haría Porfirio Díaz, en su destierro de París, al hablar de Oaxaca). De pronto quedó en silencio y con tranquilidad le preguntó al médico: "¿es mortal mi enfermedad?"

El doctor dijo: "No es mortal, en el sentido de que ya no tenga usted remedio, señor." Juárez se quedó pensativo; comprendió que aunque quizá no moriría al momento, su existencia ya no sería larga. Enseguida continuó la relación de su vida. Una hora más tarde se repitió el ataque y el médico volvió a aplicar el paño de agua hirviente. Juárez se tendió sobre la cama, se abrió la camisa y esperó impasible el terrible tratamiento. En su rostro no se observó la menor expresión de dolor y soportó la prueba sin una queja, no obstante que en su pecho se había levantado una enorme ámpula.

De nuevo estuvo un tiempo sin molestias. A partir de entonces se prohibió la entrada a la habitación a toda persona. Sin embargo, don José María Lafragua pidió audiencia pero Juárez le envió un recado pidiéndole postergar la visita para otro día. Lafragua se marchó pero tiempo después regresó e insistió en ser recibido por tratarse de un asunto de importancia. Juárez, que sufría en esos momentos uno de los dolores más intensos, hizo un enorme esfuerzo y sentado en un sillón ordenó se hiciera pasar al ministro.

Casi una hora después de marcharse Lafragua, Juárez accedió a recibir al general Ignacio Alatorre, quien pedía instrucciones acerca de la lucha que iba a emprender contra los rebeldes de Puebla; y tan pronto se marchó el militar, el presidente se acostó de nuevo en su cama de latón con el águila nacional en la cabecera. A las siete de la noche empezaron nuevamente los dolores y los problemas respiratorios. El doctor Alvarado manifestó a la familia la gravedad de la situación y su posible desenlace mortal. Ante esto, Pedro Santacilia citó a los destacados médicos Rafael Lucio, Gabino Barreda y Miguel Jiménez para que ayudaran a don Ignacio Alvarado.

Al serle suministrado nuevos medicamentos, se produjeron vómitos y los médicos optaron por darle un tratamiento a base de morfina inyectada en la región del corazón.

Enterado de la gravedad de su amigo y compadre, acudió el general Ignacio Mejía, ministro de Guerra, quien permaneció a su lado. A las 10 y media de la noche se mandó avisar a varios ministros de la situación. José María Lafragua y Francisco Mejía acudieron de inmediato.

Cerca de las 11 de la noche don Benito llamó a su sirviente Camilo Hernández y le pidió le oprimiera con sus manos fuertemente el tórax donde sentía el dolor. Camilo cumplió las indicaciones. Poco más tarde el presidente, ya exhausto, hizo un esfuerzo, se recostó sobre su lado izquierdo, colocó su mano bajo la cabeza, cerró sus ojos y se quedó inmóvil. Su hijo Benito se acercó a su lecho y besó la frente de su padre.

Eran los últimos momentos de su existencia. El presidente agonizaba. A las 11 y media de la noche murió. El doctor Ignacio Alvarado dijo con emoción: "¡Acabó!"

Pedro Santacilia, con la desesperación en el rostro, se dirigió al doctor Gabino Barreda y le pidió se cerciorara si en realidad había muerto el presidente. El doctor Barreda se acercó al señor Juárez, encendió un fósforo y levantó uno de sus párpados para ver si había algún movimiento pupilar. Barreda se volvió hacia Santacilia y le afirmó: "El presidente está muerto."

El 18 de julio de 1872 murió Juárez en sus modestas habitaciones de palacio, espejo de su vida de absoluta honradez. Por ley ocupó el poder Sebastián Lerdo de Tejada. A nombre de la nación, el nuevo presidente agradeció el pésame del cuerpo diplomático: "Si la muerte de un hombre ilustre es una calamidad pública, apenas hay nombre que dar a la terrible desgracia que hoy pesa sobre el pueblo mexicano. Autor de la reforma y salvador de la independencia, el ciudadano Benito Juárez está colocado a una altura que no es dado medir."

Se oyeron los cañonazos en honor de la muerte de Juárez. Se preparó el cuerpo para ser puesto ante la mirada del pueblo y un artista tomó una mascarilla de su rostro sereno. En el Salón de Embajadores se colocó su ataúd abierto y durante varios días estuvo expuesto, visitado por una multitud del pueblo.

Los restos de Juárez fueron depositados en una cripta vecina a la ocupada por su esposa en el panteón de San Fernando. Durante el sepelio hubo cañonazos, muchas coronas de flores, crespones negros en los edificios y luto y llanto en la gente. Días más tarde, el congreso autorizó el gasto de 10 mil pesos destinados a un monumento mortuorio para los restos de Benito y Margarita, y otros 50 mil para la erección de una gran estatua de Juárez que nunca fue levantada.

Epílogo

Ha transcurrido más de un siglo desde la muerte de Juárez y el final de su gobierno. La conmemoración de su natalicio es un día de fiesta: los niños no asisten a la escuela. Poco reflexionamos sobre la trascendencia de su obra.

Juárez trató de liquidar la amarga herencia de la colonia al transformar a México en un país regido por leyes. Al igual que lo haría Lázaro Cárdenas en el siglo xx, Juárez trató de favorecer a los mexicanos más pobres. No obstante, el afrentoso problema de la desigualdad persiste hasta nuestros días y lo agrava la explosión demográfica que nace de la propia miseria y de la ignorancia.

Juárez venció a los conservadores y a los intervencionistas extranjeros; luego, Porfirio Díaz, héroe de la guerra contra el ejército francés de Luis Bonaparte, gobernó durante tres décadas. El país había sufrido 65 años de constante guerra civil, invasiones, deudas, despojos territoriales. Los mexicanos ansiaban sobre todo la paz. Díaz la logró pero a cambio de aplazar para un mañana que no amanece nunca la justicia y la democracia.

"Llegamos tarde al banquete de la civilización", escribió Alfonso Reyes. Nuestra única posibilidad de empezar a resolver en serio los gravísimos problemas que nos agobian a las puertas del siglo xxi consiste en una educación adecuada. No olvidemos el ejemplo de Juárez, quien gracias al estudio y a su talento personal se transformó en la principal figura mexicana del siglo xix.

Este libro terminó de imprimirse en marzo de 2008
en Litográfica Ingramex, S.A. de C.V., Centeno 162,
Col. Granjas Esmeralda, 09810, México, D.F.